THE ART OF GATHERING

모임을
예술로
만드는 법

프리야 파커

방진이 옮김

THE ART OF GATHERING
기획부터 마무리까지 성공하는 모임의 모든 것

원더박스

진실한 경외심과 공경심이 무엇인지 일깨워 주는

나의 아난드에게

우리가 모이는 방식은 중요하다. 모임은 일상에서 큰 부분을 차지하며 우리가 살아가는 사적인 세계와 공적인 세계 모두를 구성한다. 특정한 목적을 위해 사람들이 의식적으로 모이는 행위인 모임은 우리의 생각과 감정, 그리고 우리가 이 세계를 이해하는 방식에 영향을 준다. 모임의 내재적인 힘에 대해서는 정부가 가장 잘 이해하고 있을 것이다. 집회의 자유는 민주주의 국가에서 모든 국민이 누리는 기본권이자 독재 국가가 가장 먼저 빼앗는 권리 가운데 하나다. 왜 그러겠는가? 사람들이 모여서 정보를 교환하고 서로에게 영감을 주고 함께 지내는 새로운 방식을 시험할 때 벌어지는 일 때문이다. 그런데 우리는 우리가 모이는 방식에 대해 생각하는 일이 거의 없다.

우리는 누구나 처음에는 가족 내에서의 모임에서 시작해 자라면서 이웃 및 소꿉친구와의 모임, 학교 및 종교 모임, 회의, 결혼식, 주민 공청회, 콘퍼런스, 생일 파티, 제품 발표회, 이사회, 동창회, 가족 모임, 디너 파티, 박람회, 장례식을 비롯해 점점 모임 범위를 넓혀 나가고, 그렇게 인생의 대부분을 모임에서 보낸다. 그런 모임에서 보내는 시간은 대부분 지루하고 무의미하다. 우리의 마음을 사로잡거나 우리를 변화시키지 못하고, 모인 사람들이 서로 교감을 나누지도 못하는 순간들이다.

이미 많은 사람에게 명백한 이런 현실, 다시 말해 우리가 다른 사람과 만나서 보내는 많은 시간들이 실망의 연속이라는 사실을 입증한 연구들도 있다. 국제 개발 전문가인 던컨 그린은 《가디언》과의 인터뷰에서 "아주 가끔 예외도 있지만 콘퍼런스에서 제가 느끼는 감정은 무료함, 절망감, 분노를 오갑니다."[1]라고 고백했다. 그린만 그렇게 느끼는 것이 아니다. 2015년 《기업 근무환경 실태 보고서》를 위한 설문 조사에서 근로자들은 업무 수행에 가장 방해가 되는 요인으로 "쓸모없는 회의"[2]를 꼽았다.

심지어 사람들은 친구와 보내는 시간조차도 딱히 즐겁다고 느끼지 않는 것 같다. 2013년에 《전미 우정 실태 보고서》의 신뢰 위기 연구에 따르면 설문 응답자의 75퍼센트가 친구와의 관계에 불만이 있는 것으로 나타났다.[3] 또한 최근 젊은 세대의 영적인 삶을 다루는 《우리가 모이는 방식》이라는 보고서에서 앤지 서스턴과 캐스퍼 퀼은 "전통 종교가 젊은 세대를 끌어들이는 데 어려움을 겪는 동안 밀레니얼 세대는 종교를 대체할 무언가를 점점 더 절박하게 찾아 헤매고 있다."라고 적고 있다.[4]

이렇게 모임에 실망하면서도 우리는 여전히 같은 방식으로 모이고 있다. 우리 대다수는 모임을 계획할 때 마치 자동 모드를 실행하듯 진부한 기존 모임 공식을 그대로 따른다. 그러면서도 모임, 회의, 파티에서 저절로 좋은 화학 반응이 일어나 그런 진부한 요소들의 조합에서 마법처럼 환상적인 결과물이 탄생할 거라고 기대한다. 물론 그런 기대는 거의 언제나 헛된 희망이었던 걸로 판명되고 만다.

모임에 관해 조언을 구할 때에도 우리는 거의 언제나 모임의 물리적 측면을 다루는 사람들을 찾아간다. 이를테면 요리사, 에티켓 전문가, 플로리스트, 행사 기획자 같은 사람들에게 도움을 청한다. 그래서 의도치 않게 인간에 관한 과제가 사무적인 업무로 탈바꿈한다. 우리는 '사람들과 함께 무엇을 할 것인가?'라는 질문을 파워포인트, 초대장, 영상 및 음성 장비, 포크와 나이프와 스푼, 다과 같이 '무엇을 어떻게 준비할까?'라는 질문으로 축소한다. 우리는 모임 '준비물'에 집중하고 싶은 유혹에 빠진다. 그런 세부 사항들이 우리가 통제할 수 있는 유일한 부분이라고 믿기 때문이다. 나는 그런 믿음이 근시안적인 것이라고 본다. 그건 집단이 교감하는 방식, 모임이 중요한 이유를 잘못 이해한 결과물이다.

*

나는 모임이라는 과제를 대할 때 요리사나 행사 기획자가 아닌 집단 소통 및 분쟁 해결에 관한 전문 훈련을 받은 사람으로서 접근한다. 지난 15년간 나는 모임을 연구하고, 설계하고, 도우면서 지내 왔다. 그 모임들은 참가자 개개인과 그들이 속한 공동체를 변화시키는 걸 목표로 삼고 있었다. 요즘 나는 전문 조력자facilitator로 일한다. 나 같은 사람이 많이 활동하고 있지만 모임 '조력자'라는 말을 처음 들어 보는 사람도 있을 것이다. 조력자는 집단의 역학 관계를 설정하고 집단 내 소통을 이끌어 내는 기술을 훈련받은 사람을 일컫는다. 같은 공간에 모임 목적에 맞는 사람들을 모은 다음 그들이 함께 생각하고, 꿈꾸고, 논쟁하고, 상상하고, 치유하고, 신뢰하고, 더 큰 목적을 위해 교감하도록 돕는 것이 내가 하는 일이다. 내가 모임에 접근할 때 사용하는 렌즈는 모임에 참가한 사람과 사람들 사이에서 벌어지는 일에 초점을 맞춘다. 그 렌즈를 이 책을 읽는 당신과 공유하고 싶다.

전문 조력자로서 나는 모임에 참석한 사람들이 소속감을 느끼도록 온 힘을 다해 돕는다. 이제껏 살아오면서 꽤 오랫동안 나 자신이 어디에, 그리고 어떤 집단에 속하는지를 파악하느라 애써 왔다는 사실에 어느 정도 영향을 받았기 때문일 것이다.

내 어머니는 인도의 영적 중심지로 알려진 고대 도시 바라나시에서 소를 숭배하는 가문 출신이다. 아버지는 미국 다코타 주 남부에서 소를 도살하는 일을 업으로 삼은 가문 출신이다. 아주 긴 이야기를 짧게 요약하자면 부모님은 미국 아이오와 주에서 만나 사랑에 빠졌고, 부부가 되어 짐바브웨에서 나를 낳았고, 아프리카와 아시아의 어촌 마을을 돌아다니며 함께 일했으며, 사랑이 식은 뒤에는 미국 버지니아 주에서 이혼한 뒤 각자 길을 가고 있다. 어머니와 아버지 모두 자신이 속한 세계 및 자신의 세계관을 공유하는 배우자를 만나 재혼했다. 부모의 이혼 후 나는 어머니와 아버지가 새로 꾸린 가정에서 각각 2주씩 지내는 식으로 두 가정을 오갔다. 다시 말해 자유주의와 채식주의를 따르며 향을 피우는, 불교 및 힌두교 기반의 뉴에이지 세계와 보수적이며 육식을 즐기고 일주일에 두 번 교회를 가는 복음주의 기독교 세계를 오간 것이다. 내가 분쟁 해결 분야를 전공하게 된 건 어쩌면 당연한 일이다.

나는 버지니아 대학교에서 인종 간 관계에 관심을 두기 시작했고, 그 현실에 분노하면서 분쟁 해결 분야를 처음 만나게 되었다. 졸업한 뒤에는 미국과 해외의 지역 공동체에서 지속적 대화Sustained Dialogue라는 집단 토론 방식을 지도자들에게 가르치는 일을 했다. 이 모임 기법은 서로 다른 인종, 민족, 종교 간 단절된 관계를 변화시키는 것을 목표로 삼고 있다. 이 일을 통해 나는 서로 다른 사람들이 차이에도 불구하고 함께 모일 때 벌어지는 일에 매료되었다.

그 뒤로 나는 분쟁 해결 방법론을 다양한 상황 및 다양한 문제에 적용했다. 별 다섯 개짜리 호텔, 공원, 흙바닥, 대학교 기숙사 방 같은 데서 모임을 운영해 보았다. 인도 서부에서는 인종 차별에 저항하는 반란이 일어난 뒤에 공동체를 재건하는 데 어려움을 겪는 마을을 대상으로 워크숍을 진행했고, 짐바브웨에서는 자신들이 이끄는 시민 단체를 폐쇄하려는 정부의 위협에 맞서는 시민운동가들을 대상으로 워크숍을 진행했다. 중동 국가의 반정부 지도자들과 이들을 상대하는 유럽 및 미국의 전문가들이 모여 이슬람교와 민주주의의 관계를 탐색하는 콘퍼런스 자리를 마련하기도 했다. 주 정부 및 연방 정부 관료가 국가 차원의 빈곤 프로그램을 새로운 세대를 위해 어떻게 재구성하고 활성화할지를 고민하는 회의도 설계했다. 그 외에도 테크 기업, 건축 회사, 화장품 브랜드, 금융 기관의 모임을 조력하며 그 산업 분야의 미래에 관한 복잡하고도 어려운 토론을 벌이도록 도왔다.

나는 사람들이 자주 모임을 갖는 뉴욕에서 살고 있다. 나는 초대받은 손님이 되기도 하고 초대를 한 회주host가 되기도 한다. 어떤 역할을 하든지 나는 사람들이 잘 섞이도록 내가 중간에서 할 수 있는 사소하지만 중요한 행위들에 늘 관심을 둔다. '저녁 식사 모임에서 한 가지 질문을 던진 뒤 그 안에서 대화를 하도록 유도하는 것이 좋을까, 아니면 그냥 사람들이 자유롭게 수다를 떨도록 내버려 두는 것이 좋을까?' 또는 '교회 봉사자 중에 입이 가벼운 사람이 있는데 어떻게 해야 할까?' 같은 의문이 생겼을 때 내 친구와 친지는 내게 문자를 보내거나 전화를 거는 일을 당연하게 여긴다. 심지어 부모님이 이슬람교와 기독교로 종교를 달리하는 이민자 출신 친구는 아버지를 전혀 모르는 뉴욕의 친구들과 함께 돌아가신 아버지를 기리기 위해 독일에서 자신만의 시바(유대교 애도 의식 가운데 하나로 7일 동안 진행된다-옮긴이)를 어떻게 진행하면 좋을지 내게 묻기도 했다.

＊

여러 모임에 관여하는 사이, 나는 이사회 회의이건 생일 파티이건 집단이 모이는 방식이 그 모임에서 벌어지는 일과 그 모임의 성공 여부를 결정하는 핵심 요소라고 믿게 되었다. 따라서 이 책은 하나의 여정이면서 동시에 일종의 안내서이기도 하다. 다른 사람들과 함께하는 평범한 순간을 어떻게 하면 기억에 남고 의미 있는 순간으로 바꿀 수 있을지를 한 번이라도 고민해 본 모두를 위한 책이다.

이 책을 읽은 사람이 자신이 참여하는 모임에 대해 이전과는 다른 관점으로 접근하도록 돕고 싶다는 마음으로 이 책을 썼다. 이 책은 내가 중요한 행사를 진행할 때 고객 및 친구에게 권하고 나 스스로도 밟는 단계에 따라 구성되었다. 나는 가장 단순한 모임에조차 적용되는 기본 원칙이 존재한다고 믿지만 모든 모임이 이 책에 나오는 지침과 단계를 하나도 빠짐없이 적용해야 한다고 생각하지는 않는다. 모임에 유용한 것이 무엇이고, 모임 맥락에 부합하는 것이 무엇인지를 가장 잘 아는 사람은 바로 그 모임을 꾸리는 당신이기 때문이다.

이 책은 내 경험과 생각을 근거로 썼으며 그동안 성공한 방법과 실패한 방법 모두를 담고 있다. 다만 모임은 본질적으로 집단 과제이기 때문에 나는 100명이 넘는 회주를 인터뷰하면서 그들의 비법을 배우고 내 자신의 아이디어를 시험해 보았다. 회의 운영자, 행사 기획자, 서커스단 관리자, 퀘이커교 목사, 청소년 캠프 지도자, 장의사, 디제이, 경매사, 프로 윙슈트 비행단 지도자, 랍비, 코치, 합창단 지휘자, 공연 예술가, 코미디언, 게임 설계자, 일본 다도 스승, TV 프로그램 제작자, 전문 사진가, 자산관리인, 모금 행사 운영팀과 나눈 모든 대화가 이 책에 아이디어를 제공했다. 박물관 전시 행사, 강의, 회사 파트너 모임, 생일 파티, 여름 캠프, 심지어 장례식까지 나는 일부러 아주 다양한 모임을 사례로 들었다. 환경 및 조건에 관계없이 사람들이 창의성을 발휘하는 모습을 보여 주기 위해서다. 그런 사례들에서 영감을 받아 당신도 창의성을 발휘했으면 한다. 이 책에서 사례로 든 모든 이야기는 실화다. 다만 사적인 모임인 경우에는 이름, 세부 사항, 장소 같은 정보를 바꾸었다. 내가 대화를 나눈 다양한 사람들은 모두 아주 중요한 특징을 공유하고 있었다. 그들은 모두 사람들이 함께 모였을 때 벌어지는 일들에 매료되었다.

본론으로 들어가기에 앞서 내 선입견들을 미리 밝히겠다.

- 나는 모든 사람이 모임을 잘 꾸릴 수 있는 능력을 지니고 있다고 믿는다.
- 외향적인 사람만이 할 수 있는 일이 아니다. 실제로 내가 아는 뛰어난 회주 중에는 사회불안 장애를 갖고 있는 사람도 있다.
- 상사이거나 지도자일 필요도 없다.
- 멋진 집도 필요 없다.
- 다행히 모임을 예술로 만드는 법은 당신의 카리스마나 유머 감각에 달려 있지도 않다. 그랬다면 나야말로 곤란했을 것이다.
- 모임은 회주가 진정으로 고민하고, (종종 눈에 보이지 않는) 틀을 공들여 짜고, 새로운 시도에 대한 호기심, 열린 마음, 배려심을 지니고 있을 때 비상한다.

이제 시작해 보자.

Chapter

1

모임의 진짜 목적을
정하라

질문을 던져 봐야 한다.
다소 위험을 무릅쓰더라도 도전하는 모임인가?
분명한 입장을 취하는 모임인가?
몇몇 손님이나 회주를 기꺼이
흔들어 놓을 의도가 있는 모임인가?
모든 사람의 필요를 다 맞춰 주기를 거부하는 모임인가?

우리는 왜 모일까?

혼자서는 해결하지 못하는 문제를 해결하려고 모인다. 함께 축하하고, 함께 애도하고, 함께 기념하려고 모인다. 선택을 해야 할 때 모인다. 다른 누군가가 필요해서 모인다. 힘을 과시하려고 모인다. 경의를 표하고 업적을 기리기 위해 모인다. 회사, 학교, 마을을 세우려고 모인다. 환영하려고, 그리고 작별 인사를 나누려고 모인다.

이렇게 함께 모일 좋은 이유가 너무나 많기 때문에 우리는 우리가 왜 모이는지 정확하게 알지 못한 채 모이곤 한다. 이것이 모임의 역설이다. 모임을 의미 있게 이끌기 위해서 꼭 필요한 첫 단계를 당신만 건너뛰는 게 아니다. 하지만 모임의 목적을 선명하고 예리하게 정하고 거기에 충실해야 한다.

모임 목적을 정하지 않고 다음 단계로 넘어가 버리면 모임 목적에 대한 기존의 낡은 전제 또는 잘못된 전제가 모임 형태를 결정하게 된다. 그래서 아무런 결실 없이, 또는 사람들이 충분히 교감하지 못한 채 모임이 끝나 버린다.

우리는 일터에서 꼬리에 꼬리를 물고 이어지는 회의를 하다 하루를 다 보낸다. 그중 많은 회의가 이메일이나 10분짜리 간단 회의로 대체해도 무방한 것들이다. 대학교에서는 고개를 떨군 채 강의실 바닥만 쳐다보다 온다.[1] 같은 내용을 동영상으로 미리 전달한 뒤에, 강의 시간에는 학생이 어려워하는 부분에 집중해서 가르치는 게 나을 텐데도 말이다. 비영리 분야에서는 관례처럼 자선모금 행사를 연다. 그게 비영리 단체가 하는 일이니까. 그런데 그런 행사로 모금한 돈은 행사에 드는 비용에도 못 미치는 게 현실이다.

그러면서도 우리는 동네 공원을 더 안전한 장소로 만들 방법을 고민한다거나, 직장에서 승진을 못하고 고군분투하는 친구와 대응 전략을 짠다거나, 급감한 매출을 끌어올릴 수 있도록 사기를 진작하는 등, 모임에서 도움을 받을 수 있는 순간에도 모일 생각을 하지 않거나 바빠서 모이지 못하거나 (좀 더 현대적인 표현을 쓰자면) 다른 사람에게 시간을 내 달라고 부탁하기를 꺼린다. 남에게 폐를 끼치고 싶지 않은 마음이 워낙 만연해 있다 보니 자신이 죽었을 때 장례식을 하지 않기를 원한다고 말하는 사람이 점점 늘고 있다.[2]

요컨대 모임에 관한 우리의 생각이, 즉 우리가 언제 모여야 하는지 그리고 왜 모여야 하는지에 관한 생각이 혼탁해졌다. 우리는 실제로 모였을 때에도 우리 생각이 아닌 모범 답안(모임의 이상적인 형태라고 짐작되는 것)을 따르는 경향이 있다. 모임의 기술은 목적에서 시작한다. 우리는 언제, 왜 모여야 할까?

모임의 유형은 모임의 목적이 아니다

인맥 쌓기용 행사, 독서 모임, 자원봉사 사전 교육 같이 당신이 최근에 주최했거나 참석한 두세 모임을 떠올려 보자. 그런 모임의 목적이 무엇이었는지 당신이나 모임 회주에게 묻는다면 아마도 나는 조력자로 일하면서 자주 듣는 빤한 답을 또 듣게 될 것이다. 바로 모임에서 **해야 하는 일**이 무엇이었는지에 대한 생각을.

인맥 쌓기용 모임이었다면 당신은 이렇게 답할 것이다. 비슷한 분야의 사람들이 서로 만날 수 있게 돕는 것. 독서 모임이었다면 함께 책을 읽는 것이, 자원 봉사자 사전 교육이었다면 자원봉사자들을 교육하는 것이, 종교 소모임이었다면 교인들이 더 소규모로 만날 수 있도록 하는 것이 목적이라고 답할 것이다.

이렇게 순환논리가 대다수 모임의 준비 과정에서 기준이 된다.

"뭐가 잘못되었다는 거죠?"라고 물을지도 모르겠다. 인맥 쌓기용 행사의 목적은 인맥을 쌓는 것이지 않은가. 그렇다, 어느 정도는. 그러나 그게 전부라면 모임은 다른 수많은 인맥 쌓기용 행사와 똑같이 흘러갈 것이다. 사람들이 여기저기 돌아다니면서 어색하게 명함을 주고받는다. 숨을 쉬고 있고 내 이야기를 들어 주는 사람이라면 누구라도 붙들고서 엘리베이터 스피치(엘리베이터에 타서 내릴 때까지 60초 이내의 짧은 시간에 상대 마음을 사로잡을 수 있도록 준비된 프레젠테이션 - 옮긴이)를 쏟아 내지만 아무도 감탄하지 않는다. 일부 참석자는 불편한 감정을 느끼거나 불안해한다. 그리고 다시는 인맥 쌓기용 행사에 참석하지 않겠다고 다짐할 것이다.

우리가 모이는 더 근본적인 이유를 탐구하지 않으면 경솔하게 기존의 낡은 모임 양식을 반복하게 될 뿐이다. 그렇게 우리는 더 기억에 남는, 나아가 변화를 일으키는 무언가를 만들어 낼 기회를 놓치고 만다.

예컨대 인맥 쌓기용 행사를 기획할 때 주최 측이 잠시 멈춰서 이런 질문을 했다면 어땠을까. 이 모임의 목적은 사람들이 사업 파트너를 찾는 걸 돕는 것인가, 아니면 고객을 찾는 걸 돕는 것인가? 상품 판매를 돕는 것인가, 아니면 제품의 약점 보완에 필요한 조언을 얻을 수 있도록 돕는 것인가? 다양한 분야 사람들이 다른 분야 사람들을 되도록 많이 만나게 하는 것인가, 아니면 한 분야 사람들이 앞으로 꾸준히 연락할 동지를 만나게 하는 것인가? 이런 질문에 어떻게 답하느냐에 따라 행사 형식도 달라져야 한다.

모임을 기획할 때 우리는 종종 모임 유형을 모임 목적으로 혼동하는 실수를 저지르곤 한다. 우리 모임을 위한 선택과 전제를 우리와는 무관한 사람들, 양식, 맥락에 맡겨 버린다. 이사회, 워크숍, 생일 파티, 주민 공청회 같은 모임 유형을 아는 것이 그 모임을 기획하는 데 도움이 된다는 잘못된 믿음에 빠진다. 그리고 모임 목적을 명확히 하기도 전에 모임 양식과 그에 수반되는 활동과 틀을 정한다. 인맥 쌓기용 행사처럼 가벼운 모임뿐 아니라 재판 심리 같은 중요한 모임도 그런 식으로 접근한다.

아주 특별한 법정 실험

뉴욕 브루클린에 위치한 레드훅 지역 정의 센터The Red Hook Community Justice Center는 위압적인 공적 모임인 법정을 새롭게 만들기 위해 생겨났다. 가난과 범죄에 시달리는 동네가 위기에 처한 2000년에 설립된 이 센터는 지역 공동체가 법 집행 기구와 맺는 관계를 바꾸고자 했다. 센터 설립자들은[3] 단순히 범죄자를 가두기보다는 범죄로 인해 드러난 질병을 고치는 새로운 사법체계를 만드는 것이 가능한지 알고 싶었다.

알렉스 칼래브리스가 레드훅의 실험을 주도할 판사가 되었다. 그는 기존 사법체계에서는 자신에게 두 가지 선택지밖에 없다고 말한 적이 있다. "유죄 아니면 무죄였죠."[4] 이 체계의 문제를 알고 있는 판사들조차도 이런 틀을 깰 수 있는 여지가 별로 없었다. 따라서 센터 설립 추진위원회는 레드훅의 사법체계를 변화시키려면 새로운 모임을 만들어 내야 한다고 생각했다. 그러려면 아주 근본적인 질문에서 시작해야 했다. 우리가 바라는 사법체계는 어떤 목적을 추구하는가? 그리고 그런 목적에 걸맞은 법정은 어떤 모습이어야 할까?

전통적인 법정은 적대적인 관계에 토대를 둔다. 이 법정은 나름의 중요한 목적에 맞춰 설계되었는데, 바로 이해 당사자가 실랑이를 벌이는 과정에서 진실이 드러나도록 하는 것이다. 그러나 레드훅 지역 정의 센터는 다른 목적을 추구했다. 법정이 피의자, 판사, 변호사, 서기, 사회복지사, 주민 같은 사건의 이해 당사자가 모두 모여 범죄 행위를 무조건 벌하기보다는 더 나은 행동을 이끌어 내는 공간이 될 수는 없을까? 브롱크스에서 국선변호인으로 활동했고 현재 센터의 프로젝트 책임자인 아만다 버먼은 "우리는 센터에 배정된 사건을 문제 해결이라는 관점에서 접근합니다. 주택 관련 사건이든 형사 사건이든 가정 사건이든, 우리는 사건을 받고서 결국 이 질문을 던집니다. 문제는 무엇이고, 어떻게 해야 그 문제를 함께 해결할 수 있는가?"

새로운 목적은 그에 맞는 새로운 법정을 설계해야 하는 필요를 낳았다. 기존 법정은 이해 당사자들의 적대적인 관계 속에서 진실이 드러나도록 하는 데 초점을 맞췄으므로 판사는 두려운 존재여야 했다. 검찰 측과 변호인 측 자리는 나뉘어 있고, 험악한 표정의 간수와 동정적인 사회복지사와 심리학자도 배석한다. 참석자 모두 역할을 부여받는다. 내부 장식까지도 이런 목적을 강조한다. "기존 법정에서는 주로 짙은 색 나무를 써서 사안의 심각성, 심판, 권력이라는 메시지를 전달했어요."라고 버먼이 지적했다.

레드훅의 시범 법정은 아주 다른 관점에서 설계되었다. 레드훅 중심가에 있는 폐쇄된 가톨릭 학교 건물을 활용한 법정에는 햇살이 쏟아져 들어오는 창문과, 밝은 색 나무 벽과, 특이한 판사석이 있다. "설계자들은 판사석이 나머지 공간과 높이가 같아야 한다고 생각했어요. 그래야 판사가 자기 앞에 있는 소송 당사자와 직접 소통하고, 판사석으로 부를 수 있으니까요. 실제로도 판사가 그렇게 하고 싶어 하고요. 덕분에 사람들은 판사가 비유적으로든 문자 그대로든 자신을 내려다보지 않는다는 것을 알 수 있죠."

판사는 칼래브리스다. 그의 시범 법정은 경찰분서 세 곳의 구역에 관할권을 행사한다. 그 분서들은 이전에는 민사법원, 가정법원, 형사법원, 이렇게 세 개의 다른 법정으로 사건을 보냈지만 지금은 칼래브리스에게도 사건을 많이 보낸다. 칼래브리스는 배정되는 모든 사건을 직접 다루며 시간을 충분히 들여 사건의 배경과 관련 당사자를 익힌다. 많은 경우 피의자에게는 사회복지사가 배정된다. 사회복지사는 피의자의 임상학적 평가 과정을 감독하면서 피의자의 삶 전체를 파악한다. 첫 번째 공판 전에 이뤄지는 이런 종합 평가에서는 약물 중독 및 정신병력, 외상 유무, 가정 폭력 같은 요인들도 살펴본다. 평가 결과는 판사, 지역 검사, 변호인에게 공개된다.

심리 당일에 칼래브리스는 일반 법정의 판사와는 달리 엄격하지만 따뜻한 삼촌처럼 피의자를 대한다. 사건의 구체적인 내용을 확인하고 잘못된 내용은 없는지 변호인에게 묻는다. 소송 당사자 각각에게 충분히 이야기할 시간을 주고, 판사석으로 불렀을 때는 악수도 나눈다. 그는 소송 당사자가 현재 처한 상황을 세심하게 설명한다. "작은 글씨로 쓰인 조항에는 당신이 명시된 내용을 이행하지 않으면 당신을 건물에서 내쫓을 거라고 쓰여 있습니다. 하지만 누구도 그렇게 되는 걸 원하지 않아요. 그래서 제가 이 페이지 상단에 '12월 30일'이라고 크게 적어 놓았습니다." 이곳에서 사람들은 피의자와 소송 당사자가 다시 제 삶을 추스르고 잘 살아가기를 바란다는 것을 느낄 수 있다. 칼래브리스가 나아진 모습을 보여 주는 피의자를 칭찬하는 일도 곧잘 벌어진다. "누가 봐도 아주 좋은 결과를 냈습니다. 이 지역을 위해서도 아주 바람직한 결과지요. 모두 박수갈채를 보냅시다."[5] 그러면 모두가, 심지어 경찰관까지도 박수를 치는 광경이 펼쳐진다.

이 특별한 법정의 세칙에는 칼래브리스 판사가 재량껏 활용할 수 있는 다양한 도구들이 있다. 판사가 각 피의자를 살펴보고, 의사의 소견과 상황에 대해 내린 본인의 판단을 근거로 사회봉사, 약물 치료, 정신 건강 서비스, 트라우마 상담, 가족 분쟁 조정 등을 명할 수 있다. 가끔은 징역형을 부과해야만 한다고 결론 내릴 때도 있다. 칼래브리스는 《뉴욕 타임스》와의 인터뷰에서 이렇게 설명했다. "여기서는 합리적인 선에서 가능한 것보다 조금 더 많은 기회를 줍니다. 따라서 제가 어떤 사람에게 징역형을 부과할 때는 일반적인 경우보다 형이 두 배 정도 더 길어집니다."[6]

레드훅 지역 정의 센터는 최근 가시적인 성과도 내기 시작했다. 독립 평가 기관의 조사에 따르면 재범률이 성인에게서 10퍼센트, 청소년에게서 20퍼센트 줄었다.[7] 이 법정에서 다룬 사건 중 단 1퍼센트만이 법정 구속으로 이어진다. "저는 법조계에서 20년을 일했습니다."[8] 칼래브리스가 레드훅 지역 정의 센터를 다룬 다큐멘터리에서 말했다. "그런데 이제야말로 어떤 사람이 제 앞으로 떠밀려오게 된 문제의 원인을 바로잡을 진짜 기회를 얻은 기분입니다." 레드훅 지역 정의 센터의 운영진이 이런 성과를 올릴 수 있었던 이유는 그들이 왜 함께 모이고 싶었는지, 즉 이 모임의 진짜 목적을 파악하고 있었기 때문이다. 그들은 지역 문제를 함께 해결하고 싶었다. 그래서 그 목적에 맞는 법정을 만들었다.

모든 반복적인 모임처럼, 레드훅 지역 정의 센터의 실험은 아직 현재 진행형이다. 버먼은 말했다. 센터에서 함께하고 있는 사람들이 끊임없이 "우리 사명을 진실하게 수행해 내고 있는지 확인하고 있습니다. 이곳은 실험실이자 견본입니다. 기존과는 다른 방식을 추구해야만 합니다. 그것도 더 나은 방식을요."

이 장소를 실험실로 여김으로써 센터 사람들은 훌륭한 회주가 될 자유를 얻었다. "어떻게 모일지, 이 모임이 어떤 모습이어야 하는지에 관해 우리 머릿속에 제한은 없습니다." 버먼이 말했다. "모든 사건과 모든 당사자는 고유한 개별 사건과 당사자로 다루어집니다." 이런 태도 덕분에 그들은 법정 심리는 *이렇게 진행되어야만 한다*라는 선입견에서 벗어나 법정 심리를 *어떻게 진행할 수 있는가*라는 관점에서 접근할 수 있었다. 우리도 모임 고유의 목적을 재탐색하기 시작할 때 그런 사고방식을 활용해 보자.

형식에는 유효기간이 있다

법정 같은 공적 모임에서만 사람들이 기존의 모임 양식을 아무 의심 없이 따르는 게 아니다. 사적 모임에서도 모임 유형은 아주 쉽게 모임 목적으로 둔갑하곤 한다. 심지어 목적보다 더 목적 같아 보이기도 한다. 특히 오랜 시간이 흘러 의례화된 모임 양식일 때 더 그렇다.

고대부터 내려온 전통과 현대에 등장한 핀터레스트 게시판 때문에 사적인 모임을 기획하면서 선명한 목적을 선택하는 단계를 건너뛰기가 더 쉬워졌다. 대다수 사람들이 법정 심리의 목적이 무엇인지 잘 알고 있다고 생각하는 것처럼 우리는 생일 파티의 목적이 무엇인지, 결혼식의 목적이 무엇인지, 심지어 디너 파티의 목적이 무엇인지 잘 알고 있다고 믿는 실수를 한다. 예컨대 평생 처음이자 마지막이 될 올해의 생일에 여는 당신의 생일 파티가 무엇을 위한 것인지 묻지 않고 넘어간다면, 그러니까 예를 들어 당신 인생에서 지금 이 순간이 어떤 의미인지를 헤아려 보지 않는다면, 그 모임이 당신을 비롯한 참석자들의 인생 단계에 꼭 들어맞는 성장, 지지, 길잡이, 영감의 원천이 될 기회를 놓치고 마는 것이다. 모임이 당신과 다른 사람에게 그저 재미를 주는 데 그치지 않고 도움을 줄 수 있는 가능성이 사라진다. 돌아보면 나도 내 베이비 샤워에 남편이 오지 못하게 함으로써 똑같은 실수를 저질렀다.

당시 우리 부부는 첫 아이의 탄생을 기다리고 있었다. 내 여자 친구들이 베이비 샤워를 열어 주겠다고 했다. 대다수 사람들처럼 우리도 굳이 왜 시간을 따로 마련해 베이비 샤워를 하는지 고민하지 않았다. 그 친구들과 처음 계획하는 베이비 샤워도 아니었고 마지막으로 계획한 베이비 샤워도 아니었다. 의미 있는 모임의 가장 큰 적인 관례가 형성되어 있는 거나 마찬가지였다. 어쨌거나 친구들은 날짜를 정한 뒤 곧장 사무적인 부분들을 처리했다.

나는 들떠 있었다. 문제는 내 남편도 들떠 있었다는 점이다. 베이비 샤워 얘기를 꺼냈더니 자기도 참석하고 싶다고 말했다. 처음엔 남편이 농담하는 줄 알았는데, 곧 그가 진심이라는 걸 깨닫게 되었다.

나는 말도 안 된다고 생각했다. 그러나 시간이 어느 정도 흐른 뒤에는 남편의 말에도 일리가 있다는 생각이 들었다.

내 삶의 일부인 여자들과의 우정이 소중한 건 사실이지만 그것이 베이비 샤워의 가장 중요한 요소는 아니었다. 만약 내가 그 모임에 대해 더 진지하게 생각해 보았다면, 남편과 나 두 사람이 첫 아이를 환영하면서 결혼 생활의 새로운 장을 열고 새로운 역할을 맡게 된 것을 준비하는 모임으로 삼았을 것이다. 나는 엄마가 되고 남편은 아빠가 된다. 더 나아가, 의사가 지적했듯이 우리는 부부에서 가족이 되는 것이다. 내가 조금만 더 신경을 썼다면 남편과 내가 함께 그런 막중한 전환점을 맞이하는 데 도움이 되는 모임을 계획했을 것이다.

여자만 참석한다, 게임을 한다, 선물을 연다, 아이를 위한 뭔가를 손으로 만든다 같은 베이비 샤워의 일반 틀과 형식은 이와는 다른 목적을 염두에 두고 만들어졌다. 기존의 베이비 샤워는 임산부를 위한 의식이자 새로운 생명을 돌보는 데 드는 비용을 덜어 주려는 집단 노력의 산물이었다. 여자가 여자를 위해 모여드는 이 의식의 기본 형식은 육아 준비를 하고 완전히 새로운 정체성을 받아들여야 하는 유일한 사람이 엄마였던 시대의 분위기를 반영하고 있다. 만일 베이비 샤워가 그 모임 주인공이 처한 현실과 상황을 더는 대변하지 않는 목적을 중심으로 설계되었다면 이제는 어떻게 해야 할까? 어쩌면 '베이비 샤워'라는 명칭도 더는 적절하지 않을 수 있다.

목적이 더 이상 유효하지 않게 된 문제에 직면한 의례화된 모임은 베이비 샤워만이 아니다. 결혼식이나 성인식, 졸업식처럼 친밀한 영역에서 이루어지는 많은 의례화된 모임이 오랫동안 같은 형식으로 반복되다 보니, 우리는 그런 형식이 모임에 참석하는 사람들의 가치관이나 신념 체계에 어긋나게 된 뒤에도 그 형식에 정서적으로 얽매여 있다.

현대 인도에서도 그런 예를 찾아볼 수 있다. 전통 힌두교식으로 치러지는 결혼식에서 예식의 구조와 내용을 두고 갈등이 깊어지고 있다. 전통 양식에서는 마지막에 신랑과 신부가 일곱 걸음에 화덕 둘레를 한 바퀴 돌면서 한 걸음 뗄 때마다 서로에게 맹세하는 문장을 하나씩 말한다. 예식을 마무리하는 이 의식phera ceremony은 힌두교를 믿는 많은 가정에서 의미가 깊은 전통 의식으로서 인상적인 광경을 자아내기도 한다. 그래서 힌두교 가정의 거실 벽면은 대개 이 장면을 찍은 사진으로 도배되어 있고, 아이들은 그 사진을 보면서 자신의 결혼식을 상상하며 자란다.

그런데 맹세 문구가 결혼에 대한 구태의연한 관념을 담고 있다고 느끼는 젊은 커플들이 등장하기 시작했다. 이를테면 첫 맹세로 신랑이 신부에게 "당신이 내게 음식을 주면… 나는 가족에게 안녕과 행복을 주겠다."라고 말하면 신부는 "가정과 집안 살림 전체를 책임지겠다."라고 화답한다. "정절을 지키겠다"는 맹세는 신부만 한다. 일곱 가지 맹세 중에서 신랑은 네 개의 맹세를 아이들에 관한 내용으로 채운다. 그런데 신부의 맹세는 하나같이 신랑을 향해 있다. 그런 맹세의 밑바탕에 깔린 전제들이 그리는 이상적인 결혼은 현재에는 거의 아무도 바라지 않는 결혼이다.[9] 그러나 예비 부부가 자신들의 가치관을 더 잘 반영할 수 있도록 예식을 바꾸고 싶다고 말하면 부모는 충격에 빠지는 건 물론 크게 상처를 받기도 한다. 자기 세대의 전통을 거부당했다고 여기기 때문이다. 세대를 거치며 반복되다 보니 의식 형식이 권력을 휘두르게 된 것이다. 결혼식을 올리는 당사자들이 무엇을 원하든 상관없이 말이다.

의례화된 모임이 베이비 샤워나 결혼식 같은 친밀한 영역에만 적용되는 것은 아니다. 공적 영역에서도 의례화된 모임을 찾아볼 수 있다. 물론 의례화된 모임이 처음부터 의례화되어 있던 건 아니다. 원래는 특수한 과제를 해결해야한다는 필요에서 출발한다. 후보들의 입장이 어떻게 다른지 대중이 이해할 수 있는 방법을 찾아야 한다든지, 영업팀이 새 제품을 열렬히 환영할 방법을 찾아야 한다든지, 마을에 새 회관을 지을 돈을 마련할 방법을 찾아야 한다든지 하는 과제 말이다. 모임 틀은 이런 필요를 중심으로 사람들을 모으기 위해 설계된다. 그 뒤에 대통령 후보 토론회나 영업 회의나 자선 모금 행사 같은 모임이 해가 바뀌어서도 계속 반복되면, 사람들은 모임 목적뿐 아니라 모임 형식에도 의미를 부여하기 시작한다. 언제나 정해진 망치를 쓰고, 정해진 셔츠를 입는다. 사람들은 이런 형식적인 요소를 기대하게 되고 그런 요소에서 위안을 얻기도 한다. 시간이 흐르면 형식 자체가 사람들의 소속감과 집단 내에서 정체성을 형성하는 데 중요한 역할을 하게 된다. '이것이 바로 우리의 정체성이다.' '이것이 우리가 일을 처리하는 방식이다.' 라는 식으로.

이런 애착은 형식이 집단의 목적과 필요에 맞아떨어질 때 강력한 힘을 발휘한다. 그런데 레드훅 지역 정의 센터 사례에서 보았듯이 필요가 달라지고, 형식이 달라진 필요에 어울리지 않는다면, 모임 형식에 대한 집착은 오히려 그 필요를 희생하는 결과를 낳는다.

《뉴욕 타임스》의 '1면' 회의는 어떻게 달라졌는가

2014년 5월 딘 배케는 《뉴욕 타임스》의 편집국장으로 취임하면서 더는 뉴스 편집실이나 독자의 필요를 충족하지 못하는, 거의 70년이 된 오래된 모임도 함께 물려받았다. 《뉴욕 타임스》의 '1면' 회의는 세계에서 가장 파급력이 큰 회의 중 하나다. 1946년에 시작된 이 회의는 편집자들이 다음 날 1면에 실을 기사를 정하는 회의다.[10] 여기서 결정된 1면 기사들은 그날 주목해야 할 뉴스 쟁점이 무엇인지 전 세계에 제시하는 역할을 했다.

이 회의의 전성기에는 회의 목적이 명확했고 형식과 틀도 그 목적에서 도출되었다. 회의는 하루에 두 번 진행된다. 오전 10시 회의와 오후 4시 회의다. 두 번의 회의가 끝난 뒤 편집국에서는 다음 날 발표할 기사의 목록을 작성한다. 뉴욕 타임스 건물 3층 회의실에서 아서왕 시대를 연상시키는 육중한 나무 탁자를 가운데 두고 수십 년 동안 25~30명의 편집자들이 빽빽하게 들어앉아 회의를 진행했다. 편집자는 자기 부서의 주요 기사를 펼쳐 놓고 왜 그 기사가 A1면에 실려야 하는지를 최선을 다해 이야기했다.

"편집국은 가장 좋은 기사를 들고 와서 올림포스 신들에게 그 기사를 바치고, 그다음에 호된 비판을 받고, 어떤 제물이 받아들여질지를 놓고 결투를 벌였죠." 한 편집자가 얘기했다.

수십 년간 회의가 반복되다 보니 어느새 이런 형식이 의례화되었다. 이 회의에 참석한다는 건 영예의 표식이기도 했다. 젊은 편집자에게는 통과의례처럼 여겨졌다.《뉴욕 타임스》에 새 기자가 들어오면 오리엔테이션의 일환으로 이 회의를 참관할 수 있다.《뉴욕 타임스》의 편집자 카일 매시는 "오후 4시 회의는 일종의 전설이 되었다."라고까지 표현했다.

그러나 새롭게 편집국장이 된 배케가 보기에는《뉴욕 타임스》에서 가장 중요한 회의를 종이판 1면을 중심으로 운영하는 건 어리석은 일이었다. 대다수 독자는 종이 신문이 아닌 인터넷으로 기사를 접했다. 홈페이지 메인 화면과 종이 신문 1면은 완전히 다른 생물체였다. 전자는 하루에도 여러 기사를 바꿔 가며 띄웠다. 게다가 2014년 실시한 내부 혁신 보고서에 따르면 "독자의 3분의 1만이 홈페이지를 방문하는 탓에" 홈페이지의 "효용성이 줄어들고 있었다."[11] 점점 더 많은 독자가 SNS를 통해 기사를 접하면서 편집자의 이슈 선정 권한이 급속히 줄어들고 있었다. 또한 종이 신문의 1면이 독자의 집에 닿을 무렵에는 그 기사가 이미 온라인에 뜬 지 몇 시간, 심지어 며칠이 지나 있기 일쑤였다.

《뉴욕 타임스》는 디지털 시대라는 새로운 현실에 적응해야만 했다. 시대에 뒤처진 회의를 바꾸는 것이 그런 변화에 대한 의지를 보여 주고 변화의 속도를 높이는 방법이었다. "종이 신문에 집중하는 게 독자에게 더는 도움이 되지 않는 시대가 되었죠. 저널리스트에게도 좋지 않았고요." 편집국 부국장인 샘 돌닉이 설명했다. "우리는 편집실 문화와 가치관을 바꾸기 위해 일부러 회의를 바꿨습니다. 사람들이 종이 신문에 덜 신경 쓰기를 원했기 때문에 회의 초점도 종이 신문에서 조금 떨어뜨려야 했어요. 우리는 이 회의를 편집실의 가치관과 태도를 바꾸는 수단으로 활용했어요."

토론 주제, 발언에 쓰는 시간, 누가 더 많이 얘기하는가 같은 요소를 정비해 편집자 모임의 방식을 바꾸자 새로운 디지털 현실에 맞는 편집실 문화로 가는 길이 열렸다. 배케는 오전 회의가 《뉴욕 타임스》의 기자와 편집자 들이 그날의 뉴스를 여러 플랫폼에서 어떻게 다룰지 토론을 벌이는 공간이 되기를 바랐다. 그는 심오한 철학적 논쟁뿐 아니라 지극히 실용적인 논쟁도 벌어지기를 원했다.

"나는 회의에서 우리가 그날 정말로 초점을 맞추어야 할 기사가 무엇인지 드러나는 게 이상적이라고 생각합니다. 때로는 도심에 테러 공격이 벌어졌을 때처럼 그게 무엇인지 명확할 때도 있지만, 아닐 때도 있죠." 배케가 말했다. 그는 또한 편집실의 시선이 기사 배치에서 벗어나 기사 내용으로 향하기를 원했다. "플랫폼에서 자유로워져야 했죠. 그냥, 가장 좋은 기사가 무엇인지가 중요했습니다."

그리고 배케는 그런 새로운 목적에 맞게 회의 틀도 바꾸고 싶어 했다. 그는 회의 장소와 실내 환경을 바꿨다. 새로운 1면 회의실 설계도에는 아서왕 시대를 연상시키는 탁자가 사라지고 유리벽과 붉은색 안락의자가 등장했다. 그날 기사를 둘러싼 더 포괄적인 토론이 가능하도록 여유로운 분위기를 조성하는 데 힘썼다. 2017년 가을에 내가 1면 회의를 참관했을 때는 여전히 과도기였다. 새 회의실은 아직 공사 중이었으므로 그날 회의는 2층에 마련된 임시 회의실에서 진행되었다. 중앙에는 커다란 사각형 탁자가 놓여 있었고, 열두 개쯤 되는 초록색 회전의자가 탁자를 둘러싸고 있었다. 편집위원들은 모두 탁자 한 면에 나란히 앉아 있고, 여러 부서에서 온 편집자들이 나머지 세 면에 앉아 있었다. 워싱턴 지부 담당 부장은 스피커폰으로 연결되어 있었다. 벽 옆으로는 나머지 직원과 초대 손님들이 쪼르르 앉아 있었다. 《뉴욕 타임스》 홈페이지를 띄운 평면 스크린이 편집위원들 맞은편 벽에 걸려 있었다. 홈페이지는 1분마다 새로고침을 했다.

배케는 회의 시간도 바꿨다. 빠른 속도로 시시각각 변하는 새로운 세상에서 오전 10시는 오전 회의를 열기에는 너무 늦은 시간이었다. 그래서 그는 오전 회의 시간을 9시 30분으로 당겼다. 오후 회의는 다시 두 번으로 나누었다. 오후 3시 30분에는 소수 인원이 모여 종이 신문 1면에 나갈 기사를 정하고, 오후 4시에는 다음 날 나갈 기사를 살펴보는 시간을 가진다.

그동안 신성시되던 회의에 변화를 주면서, 배케는 자신이 그렇게 하는 이유를 편집실 전체에게 설명했다. 자신이 다른 사람들이 익숙해 있는 관습에 손대고 있다는 걸 잘 알고 있었기 때문이다. 2015년 5월 5일 직원들에게 보낸 이메일에 그는 이렇게 적었다. "아침에 더 빨리 움직이자는 건 뉴스와 사업의 우선순위를 좀 더 일찍 정리하자는 뜻입니다. 그리고 오후 회의에서 1면 회의를 분리한 것은 기사를 어디에 실을지에 대한 논쟁에서 벗어나 기사 그 자체에 집중하자는 뜻입니다. 다음 날 온라인 보도 전략도 짜고요."[12]

그러나 회의 시간과 환경을 바꾸는 것만으로 기존 모임 형식에 새겨진 가치관을 뿌리 뽑기는 쉽지 않았을 것이다. 회의 진행도 다르게 할 필요가 있었다. 기존에는 편집자의 기사 영업으로 회의를 시작했지만 내가 참관한 오전 회의에서는 그 전날 특정 기사 몇 개가 얼마나 읽혔는지와 같은 이용자 관련 통계 수치 보고로 시작했다. 편집자의 생각보다 독자의 생각에 초점을 맞춰 회의를 시작했다는 것은 《뉴욕 타임스》의 문화가 크게 변화했다는 신호다. 여러 부서의 편집자들은 자신들이 작성 중인 기사 내용을 공개했다. 그때 편집위원들을 비롯한 여러 직원들이 해당 기사에 대해, 그리고 그 기사의 중심 주제에 대해 구체적인 질문을 던졌다.

그런 질문들에서 새롭게 탄생 중인 《뉴욕 타임스》의 모습이 드러났다. 새로운 세법 안에 관한 기사를 논의할 때는 이런 질문이 나왔다. "이 새로운 세법과 관련해서 많은 독자가 궁금해하는 것은 과연 이것이 부자에게 어떤 영향을 끼치는가, 이지 않을까요?" 한번은 새로운 의학 논문 발표를 다룬 기사에 모바일 뉴스 알람 표시를 붙일 필요가 있는지를 두고 논쟁이 벌어졌다. 모바일 뉴스 알람 표시는 그 뉴스가 속보라는 것을 알리고 모든 《뉴욕 타임스》 구독자에게 전송된다. 이 논쟁의 밑바탕에는 다음과 같은 암묵적인 질문이 깔려 있다. '속보는 어떤 요건을 충족해야 하는가?' 한 디지털판 책임 편집자는 특정 기사를 언급하면서 기사가 이미 완성되었으니 원래 띄우기로 한 오후 3시까지 기다리는 대신 지금 당장 띄우면 안 되는지를 물었다. 그 질문을 던짐으로써 그는 편집자들에게 기사를 온라인에 내보내는 시기 결정 문제를 새로운 시각에서 접근하라고 밀어붙이고 있었다.

"《뉴욕 타임스》 이용자들이 자신들의 스마트폰으로 지금 현재 경험하는 것, 또는 지금부터 이어지는 두 시간 동안 경험하게 될 것에 회사 구성원들이 집중했으면 합니다." 모든 디지털 플랫폼을 총괄하는 부주필 클리포드 레비가 말했다. "저는 먼 앞날을 내다보고 계획을 세우는 사람들이 여전히 있다고 봐요. 그것도 물론 좋아요. 좋지만 지금 당장, 여기가 너무나도 중요합니다. 편집실의 그런 체질을 바꾸는 것이 우리의 장기 계획입니다." 그런 체질이 하루아침에 바뀌지는 않겠지만 매일 하는 회의는 그것을 조정하는 강력한 도구다.

《뉴욕 타임스》 편집 회의는 아직은 개선 여지가 많은 현재진행형 과제다. 어쨌거나 사람들은 그 회의를 비공식적으로는 여전히 1면 회의라고 부르고 있으니까.

당신도 당신이 알고 있는 모범 답안과는 맞지 않는 새로운 필요와 현실을 느끼고 있을지 모른다. 기존 틀을 따르면서도 어떻게든 될 거라고 막연히 기대하고 있을 수도 있다. 이전의 모든 월례 회의와 같은 방식으로 흘러가는 게 목적인 그런 월례 회의를 운영하는 것이라면 기존 틀을 따르는 것이 아주 큰 잘못이라고는 할 수 없다. 그러나 그렇게 하면 다른 이들이 그들의 문제를 해결하려고 고안한 모임 형식을 빌려 쓰는 꼴이 된다. 그런 형식을 고안한 사람들은 자신들의 필요와 목적을 고려했을 것이다. 당신도 레드훅 지역 정의 센터와 《뉴욕 타임스》처럼 **모임을 실험실로 여겨야 한다.** 그러지 않으면 모임이 잠재력을 다 발휘하지 못할 가능성이 커진다.

무언가를 추구하는 모임을 꾸리고 그 무언가에 충실하라

미국 시트콤 〈사인펠트〉는 "아무것도 아닌 것에 관한 쇼"로 유명하다. 모임 목적이 무엇인지 고민하지 않고 그저 모이기만 하면 아무것도 아닌 것에 관한 모임이 되고 만다. 그런데 특별히 누가 시키지 않아도 무언가에 관한 모임을 기획함으로써 의미 있는 모임의 토대를 마련하는 사람들도 많다. 나는 당신도 그런 사람들의 본을 받았으면 좋겠다. 더 나아가 그런 사람들보다 더 멀리, 더 깊이 나아가길 바란다.

대다수 모임의 목적은 숭고하고 가치 있어 보이지만 또한 지극히 당연하고 밋밋해 보이기도 한다. "우리는 환영 파티를 열었습니다. 새로 온 동료가 이 끈끈한 집단에 잘 적응할 수 있도록요." 내지는 "지난 한 해를 돌아보려고 생일 파티를 열었습니다." 같은 것들도 목적이기는 하지만 함께 모여야 할 만큼 의미 있는 이유일까? 질문을 던져 봐야 한다. 다소 위험을 무릅쓰더라도 도전하는 모임인가? 분명한 입장을 취하는 모임인가? 몇몇 손님이나 회주를 기꺼이 흔들어 놓을 의도가 있는 모임인가? 모든 사람의 필요를 다 맞춰 주기를 거부하는 모임인가?

이런 질문을 회의나 포커 모임이나 콘퍼런스에 적용하는 건 지나치다고 생각하여 반문할지도 모르겠다. 왜 '내 모임이 입장을 취해야' 하느냐고. 알라모 전투(미국 독립군이 텍사스의 알라모 요새 사수에 실패하고 전멸당했으나 이 소식이 애국심을 고취시켜 독립전쟁을 승리로 이끌었다고 전해지며, '전술적 패배, 전략적 승리'의 예로 꼽힌다-옮긴이)도 아닌데 말이다. 이전에도 그런 질문을 받았다. 고객에게 모임 목적을 더 깊이 파고들도록 밀어붙일 때면 어김없이 제3차 세계대전을 준비하라는 거냐고 따지는 듯한 눈빛을 받는다. 그러나 모임을 배수진을 치는 것으로 여겨야 그 모임만의 고유한 목적을 정하는 데 도움이 된다. 모든 사람을 만족시키는 모임도 가능은 하겠지만 그런 모임이 환희를 안기는 경우는 드물다. 배척할 준비가 된 모임은(그렇다고 반드시 배척해야 한다는 건 아니다.) 사람들의 마음을 사로잡을 가능성이 더 크다.

어떻게 해야 그런 모임이 될까? 어떻게 하면 모일 가치가 있는 무언가를 이끌어 낼 수 있을까? 예리하고, 담대하고, 의미 있는 모임 목적을 만들려면 어떤 재료가 필요할까?

핵심 재료 중 하나는 특수성이다. 모임 목적이 더 한정적이고 더 구체적일수록 더 촘촘한 모임 틀이 요구되고 더 큰 열정을 불러일으킨다. 나는 내가 해 온 일들 속에서 이 점을 깨달았는데, 내 고객 중 한 명이 이를 뒷받침하는 자료를 수집해서 알려줬다.

미트업Meetup은 오프라인 모임 기획을 돕는 온라인 플랫폼이다. 미트업을 활용한 다양한 모임 수천 개가 세계 곳곳에서 조직되었다. 수년간 미트업은 수백만 명이 모이는 일을 도왔다. 이 회사 설립자는 어떤 모임이 성공하는지 연구하기 시작했고 아주 놀라운 사실을 발견했다. 사람들은 모든 사람의 필요를 다 맞춰 주는 대규모 집단에만 관심을 보이지 않았다. 오히려 제한적이고 구체적인 소규모 집단에 더 큰 관심을 보였다. "모임이 더 특수할수록 성공할 가능성도 더 높았다." 미트업 공동설립자이자 CEO인 스콧 하이퍼만의 말이다.

미트업 플랫폼을 통해 모임을 조직할 때 거쳐야 하는 단계 중 하나는 모임에 명칭을 붙이고 무엇을 하는 모임인지 소개하는 글을 적는 것이다. 하이퍼만과 직원들은 모임 운영자에게 모임의 성공 확률을 높이려면 소개란의 문구뿐 아니라 모임의 명칭도 더 구체적으로 표현하도록 권했다. 이 전술은 "사람들의 시선을 끌고 사람들이 모임의 취지를 더 잘 이해하도록 도와준다. 사람들은 자신에게 꼭 맞는 무언가를 찾으면 마음이 동한다."는 이유에서다. 이스탄불이나 런던이나 톨레도에 있는 운영자가 모임 명칭을 정할 때 그 모임을 묘사하는 말을 더 많이 집어넣을수록 미트업이 "궁합"이라고 부르는 것이 높은 모임이 탄생할 가능성도 높아진다.

예를 들어 "개를 데리고 등산하는 성소수자 커플 모임"이라는 명칭을 붙이면 "등산하는 성소수자 커플 모임"이나 "개를 데리고 등산하는 커플 모임"이나 심지어 "개를 키우는 성소수자 커플 모임"보다도 더 친밀도가 높은 (그리고 어느 정도 시간이 흐른 뒤에도 더 잘 유지될 것으로 예상되는) 모임이 탄생할 것이다. 하이퍼만의 설명대로 "누가 참석하는지는 대개 어떤 모임인지와 관련"이 있기 때문이다.

그러나 "지나치게 특수한 모임을 꾸리면 사람이 충분히 모이지 않으므로 너무 제한적인 것과 너무 포괄적인 것 사이에서 균형을 잘 잡아서 소속감과 정체성과 연대감과 친밀감을 이끌어 내야 한다."

고유성도 또 다른 재료다. 이 회의, 이 디너 파티, 이 콘퍼런스는 당신이 기획한 다른 회의, 다른 디너 파티, 다른 콘퍼런스와 어떻게 차별화되는가? 나는 일본 교토의 다실을 방문한 적이 있다. 그곳에서 전통 다도회에 참석해 모임에 관한 그들의 지혜를 배웠다. 그날 다도회를 이끈 다도가는 16세기 다도가 센 리큐가 다도 의식을 치를 때 늘 명심해야 한다고 제자들에게 강조한 문구를 알려 줬다. 일기일회一期一會. 풀어 말하면 "한 번의 만남, 인생에서 다시는 반복될 수 없는 한 순간"쯤이라며 이런 설명도 덧붙였다. "우리가 다시 만날 수는 있지만 그렇다 하더라도 이 순간을 찬미해야 합니다. 만약 1년 뒤에 다시 만난다고 하면 그 1년 동안 우리는 새로운 경험을 하여 다른 사람이 되어 있을 것이고, 그런 새로운 경험과 변화가 우리 만남에도 스며들 테니까요." 모든 모임은 일기일회다. 모임을 가질 때 이 가르침을 머릿속 우선순위 목록 제일 위에 올려 두면 도움이 될 것이다.

나는 이 가르침이 유월절 원칙과 비슷하다는 생각을 가끔 한다. 유대교의 성스러운 명절인 유월절에 유대교 전통 의식에서 묻는 질문이 "오늘밤이 다른 밤과 어떻게 다릅니까?"이기 때문이다. 모이기 전에 스스로에게 묻자. 이 모임은 내가 주최했거나 내가 참석한 다른 모임과 어떻게 다른가? 이 모임은 다른 사람들이 주최하는 같은 유형의 모임과 어떻게 다른가? 이 모임에는 다른 모임에 없는 무엇이 있는가?

좋은 모임 목적이라면 논란의 여지도 있어야 한다. 당신 결혼식의 목적이 사랑을 찬양하기 위해서라고 하면 사람들을 미소 짓게 만들 수 있을지는 몰라도 그 목적에는 어떤 신념도 들어 있지 않다. 그런 목적에 반기를 들 사람이 있을까? 물론 결혼식은 사랑을 찬양하는 자리여야 한다. 그러나 논란의 여지가 없는 그런 목적은 의미 있는 모임을 꾸리는 어려운 작업을 수행할 때는 전혀 쓸모가 없다. 선택을 하는 데 아무런 도움이 되지 않기 때문이다. 초대 손님 목록, 장소, 한나절에 끝낼지 아니면 1박 2일에 걸쳐 길게 할지 같은 일로 불가피하게 갈등이 생길 때, 그런 목적은 길잡이가 될 수 없다. 이와 달리 **논란의 여지가 있는 목적은 선택의 여과지 역할을 한다.** 독립해서 자신의 가족을 꾸리기 전에 부모가 베풀어 준 사랑에 보답하는 행사라는 목적을 결혼식에 부여하고 그 목적에 충실하기로 결심했다면, 그런 목적은 논란의 여지가 있으며 당신의 선택에 도움을 줄 것이다. 피로연 장소에 한 자리가 남았다면 그 자리는 부모님이 오랫동안 만나지 못한 친구의 것이지 당신의 옛 대학 동기의 것이 아니다. 반면에 새로 탄생할 부부가 각자 자신이 마음을 터놓고 지내는 아주 친한 친구 집단을 하나로 엮는 자리를 마련한다는 목적에 충실하기로 했다면, 그런 목적 또한 논란의 여지가 있다. 그래서 앞서와는 다른, 그러나 명확한 답을 제시한다. 남은 한 자리는 부모님 친구 대신 당신 대학 동기에게로 돌아갈 것이다.

만약 이런 기준을 내 베이비 샤워에도 적용했다면 그 모임은 이렇게 달라졌을 것이다. 내가 아이의 탄생을 환영하는 것보다 더 특수한 목적을 찾아 나섰다면, 아마도 나는 그 모임을 나와 내 남편이 선례가 별로 없는 무언가를 시작하는 출발점으로 삼았을 것이다. 그리고 그 무언가는 바로 평등 육아가 되었을 것이다. 이것은 최근까지도 보기 드문 거라서 어떻게 해야 평등 육아에 성공할 수 있는지에 관한 조언이나 예시가 별로 없다. 대신 모든 것을 다 갖기가 얼마나 어려운지 경고하는 글과, 평등 육아를 고집하면 부부관계에 얼마나 치명적인지를 알리는 연구 결과밖에 없다. 이처럼 더 특수한 목적을 설정했다면 당시 우리 부부의 필요에는 더 적합했을 것이고, 우리가 선례가 상대적으로 부족한 길을 걷는 데 도움이 되었을 것이다.

예비 아빠와 다른 남성들이 동등하게 참여할 수 있는 자리를 만들었다면, 다른 많은 베이비 샤워들과는 구분되는 독특한 자리가 되었을 것이다.

베이비 샤워에 남성이 참석해도 되는가에 대해서는 좋은 의미에서 논란의 여지가 있다. 그리고 남성이 참석하는 베이비 샤워라면 그들을 위해 모임 형식을 재구성해야 했을 것이다. 우리는 우리가 속한 공동체에서 단순히 엄마가 아이를 키우고 아빠가 돕는 관계가 아니라 완벽하게, 실제로도 평등한 육아를 실천하는 부부가 되기를 바랐다. 이것은 논란의 여지가 있는 삶의 방식이고, 우리가 그런 삶을 살아가는 데 도움이 되는 베이비 샤워는 그런 논란의 여지가 있는 목적을 추구했을 것이다. 마찬가지로 레드훅 지역 정의 센터의 사례를 보면, 사법체계에 관여한 사람들이 모두 같은 것을 원하는 법정을 꾸린다는 목적은 논란의 여지가 있다. 힌두교식 결혼식에서 맹세 문구를 바꾸면서도 여전히 힌두교식 결혼식으로 진행하는 것은 논란의 여지를 낳는다. 이 또한 좋은 의미로 논란의 여지가 있는 것이다. 맹세 문구를 바꾸는 순간 전통을 존중하기는커녕 전통을 부수는 거라고 믿는 사람들도 있다. 마찬가지로 《뉴욕 타임스》 사례에서는 당연히, 적어도 얼마 동안은, 디지털판이 종이 신문보다 중시되어서는 안된다고 믿는 기자와 편집자가 있었다. 이들 모임의 목적은 모두 논란의 여지가 있었다. 그리고 그렇기 때문에, 어떤 면에서는 그런 논란에서 추진력을 얻을 수 있었다.

목적을 정할 때 도움이 되는 5가지 요령

내 고객과 친구 들이 모임 목적을 정하는 데 어려움을 겪을 때면 나는 그들에게 목적이 무엇인가에서 잠시 벗어나 왜 모이는가를 생각해 보라고 조언한다. 여기 그렇게 생각하도록 돕는 요령 몇 가지를 제시하겠다.

1. 큰그림을 보라: 큰그림을 보지 못한 화학 교사는 수업 목적이 화학을 가르치는 것이라고 말할 것이다. 가르치는 일도 그 자체로 숭고한 일이지만 이런 정의는 실제로 이 수업에서 학생들에게 어떤 경험을 제공하면 좋을지 결정하는 데는 도움이 되지 않는다. 대신 수업 목적을 어린 학생들에게 유기물의 세계와 평생 동안 지속될 관계를 맺을 기회를 주는 것이라고 설정하면 새로운 가능성이 펼쳐진다. 더 흥미진진한 수업을 기획하는 첫 단계는 큰그림을 보는 데서 시작한다.

2. 계속 파헤치자: 당신이 생각하는 모임 이유를 꼽아 보라. 우리 부서가 월요일 아침마다 하는 회의니까, 호수에서 바비큐 파티를 하는 것이 우리 가문 전통이니까 같은 이유가 떠오른다면 더 깊이 파고들어 다시 한 번 왜 모이는지 묻자. 다시 물을 때마다 또 다른, 더 근본적인 이유가 튀어나올 것이다. 그러면 또 다시 묻자. 왜 모이는가?

어떤 신념이나 가치관에 닿을 때까지 계속 묻자.

이웃들과 함께 여는 포트럭 파티처럼 간단한 모임을 가지고 '무엇을'에서 '왜'로 초점을 옮기는 방법을 살펴보자.

- 왜 포트럭 파티를 열까?
- 포트럭 파티를 좋아하고 매년 하는 행사니까.
- 왜 매년 하지?
- 본격적으로 여름이 시작되기 전에 이웃과 한 번쯤 모이는 것이 좋다고 생각하니까.
- 왜 여름이 시작하기 전에 모이는 것이 좋다고 생각하나?
- 글쎄, 아마도 바쁘고 정신없는 아이들 학기가 끝난 후에 시간을 내서 서로 안부를 묻고 다시 연결되는 기회로 여기기 때문인 것 같다.(미국은 한 학년의 교과 과정이 대개 9월에 시작해서 다음 해 6월에 마무리된다.-옮긴이)
- *아하.*
- 그런데 그런 기회를 갖는 게 왜 중요할까?
- 여름에는 이웃과 함께 보내는 시간이 많아진다. 그러다 보니 이런 게 공동체였지, 하고 기억을 떠올리게 되지. 그렇게 이웃 사이가 서로 친밀해지는 덕분에 동네가 살 만해지고. *아하.* 동네도 더 안전해지지. *아하.* 그리고 아이들과 나누고 싶은 가치가 살아 있는 동네가 되는 거야. 이를테면 낯선 사람이 무서운 사람은 아니다, 같은. *아하.* 이제야 진짜 '왜'가 조금씩 드러나기 시작하네.

'왜'라고 계속 물으며 파고들다 보면 어떤 통찰에 이르기도 하는데, 그 통찰은 모임을 설계하는 데 도움을 준다. 신간도서 홍보 행사를 기획하는 홍보 담당자를 도운 일이 있었다. 나는 홍보 담당자에게 그가 생각하는 이 행사의 목적이 무엇인지, 요컨대 행사를 통해 어떤 결과를 얻고 싶은지를 물었다. 그는 대략 "이 책을 올 가을 베스트셀러로 만드는 것"이라고 대답했다. 만약 그 답을 듣고 멈췄다면 행사를 설계하는 데 길잡이가 될 만한 모임 목적을 알아낼 수 없었을 것이다. 또한 솔직히 말해 그 답은 출판사 외부 사람들의 관심을 끌 만한 이유가 되지 못했다. 그래서 계속 물었다. 이 책이 올 가을 베스트셀러가 될 자격이 있다고 생각하는 이유는 뭐죠? 왜 이 책이 당신에게 그토록 중요한가요? 잠시 생각에 잠긴 그는 곧 얼굴이 환해지더니 이렇게 답했다. "관점에 따라 이야기가 완전히 달라질 수 있다는 점을 아주 강렬하게 표현하고 있거든요." *아하.* 그것은 의미가 있는 답이었으며 행사를 설계하는 길잡이가 될 만한 통찰이었다.

3. 이 나라가 당신 모임을 위해 무엇을 할 수 있는가를 묻지 말고 당신 모임이 이 나라를 위해 무엇을 할 수 있는가를 물어라: 나는 종종 고객과 친구에게 그들의 모임이 우리가 사는 세상이 직면한 더 큰 문제를 해결하는 데 기여할 방법을 모색하라고 종용한다. 이 모임은 어떤 문제를 해결하는 데 도움이 될 수 있을까? 이런 질문은 상공회의소나 교회 소모임에서 묻기에는 너무 거창한 질문처럼 여겨질 수도 있다. 그런데 만약 당신 나라의 문제가 서로 다른 집단 사람들이 서로 단절되었다거나 서로 진솔하게 소통하지 못하는 데서 비롯된다

고 생각한다면, 그런 통찰과 이론을 토대로 당신 모임을 서로 다른 집단들이 만나는 장으로 활용하겠다는 목적으로 분명하게 바꾸면 된다.

4. 원하는 결과에서 역순으로 짚어 나가자: 당신 모임을 통해 무엇이 달라지기를 바라는지 생각해 보자. 그런 다음 그 결과에서 역순으로 짚어 나가 보자. 몇 년 전 일터 모임을 개선하려고 나선 메이미 캔퍼 스튜어트와 타이 차오도 이 요령을 활용했다. 스튜어트는 퓨렐이라는 손세정제를 개발한 자기 가족 기업에서 일하며 성장했다. 스튜어트는 이 가족 기업의 회의가 "하루 중 무조건 가장 즐거운 시간"이었다고 회고했다. 그는 세상으로 나가 다른 회사에서 회의에 참석한 후에야 대다수 회의가 얼마나 끔찍한지를 알게 되었다. 그래서 회의 진행 방식을 연구하고 어떻게 하면 더 나은 방향으로 이끌 수 있을지를 고민하다가 미티오Meeteor라는 회사를 차려서 기업들이 더 나은 모임을 가질 수 있도록 돕고 있다.

스튜어트와 차오의 핵심 아이디어는 모든 모임이 "원하는 결과"에 초점을 맞춰서 기획 및 운영되어야 한다는 것이다. 이런 방식으로 모임을 설계하지 않으면 절차가 모임을 규정해 버린다는 사실을 발견했기 때문이다. 예컨대 분기 실적을 논하는 모임은 절차를 중심으로 조직된 모임이다.

그들이라면 이렇게 물을 것이다. 분기 실적을 논함으로써 어떤 결과를 얻고 싶은가? 신제품 개발팀에게 도움이 되는 신제품 관련 아이디어를 제안하고 싶은가? 팀워크를 다지기 위해서? 앞으로의 계획을 세우려고? 함께 머리를 맞대고 전략을 짜려고? 무언가를 만들어 내기 위해? 원하는 결과가 무엇인지를 정하면 모임 초점을 어디에 맞추어야 할지 알 수 있다. 그렇게 할 때 장점이 또 있는데, 사람들이 그 모임에 참석해야 할지 말지를 결정하는 데 도움이 된다는 점이다. 심지어 그런 결과를 얻기 위해 꼭 모일 필요가 있는지, 아니면 이메일을 돌리는 것만으로도 충분한지 회주가 결정하는 데에도 도움이 될 수 있다.

결과에 초점을 맞춰야 한다는 말이 일터라는 맥락에서는 당연하게 들려도, 친구 모임이나 가족 모임까지 그래야 한다는 건 이상하게 들릴 수 있다. 그러나 결과에서 시작해 역순으로 짚어 가는 것은 사적인 모임에도 유용할 수 있다. 일 관련 모임이 아니더라도 당신은 사람들에게 가장 귀중한 자원인 시간을 달라고 요청하고 있다. 당신은 사람들이 앞으로 당신에게 맡기게 될 시간을 성실하게 관리할 의무를 지고 있으며, 따라서 참석자들이 모임을 계기로 어떻게 변하기를 바라는지에 대해 미리 숙고해야만 한다. 그렇다고 당신이 바라는 결과가 무엇인지 거창하게 발표할 필요는 없다. 그저 당신이 왜 그런 모임을 계획하는지 스스로 명확하게 이해하는 데 도움이 될 정도만 고민하면 충분하다. 가족 간 갈등을 풀기 위해 그동안 쌓였던 감정들을 허심탄회하게 털어 놓는 자리를 마련하는 것이 목적인 추수감사절 모임과, 바쁘고 힘들었던 한 해를 보낸 뒤 가벼운 마음으로 즐기는 자리를 마련하는 것이 목적인 추수감사절 모임은 서로 다를 것이다. 어떤 결과를 얻고 싶은지 알고 있으면 선택을 할 때 그 결과가 길잡이가 되어 준다.

5. 정말로 아무 목적이 없을 때: 여기서 다룬 단계를 전부 밟았는

데도 여전히 당신이 모임을 열려고 하는 진짜 목적을 알 수 없다면, 이 책에서 다루는 의미 있는 모임을 계획하려 하지는 말아야 할 것이다. 그저 가벼운 모임으로 대신하면 된다. 친한 사람끼리 편안하게 시간을 보내는 그런 모임. 아니면 사람들에게 시간을 되돌려 줘도 좋을 것이다. 그런 다음 모임을 설계하고 진행하는 데 길잡이가 되어 줄 특별하고 고유하고 논란의 여지가 있는 목적이 생겼을 때 다시 모임을 계획하자.

목적 감수성을 높여 주는 표

아무것도 아닌 것에 관한 모임을 무언가에 관한 모임으로 바꿀 때 도움을 줄 표다.

모임 종류	유형이 곧 목적이다 (다시 말해 목적이 없다)	기초적이고 지루한 목적이지만 노력은 하고 있다	목적이 독특하고 구체적이며 논란의 여지 (여러 대안이 가능)가 있다
회사 워크숍	함께 사무실을 나서서 다른 환경에서 모인다	다가올 한 해에 집중하기 위해	- 서로 진심으로 대하는 문화를 만들고 실천하기 위해 - 우리가 왜 이 회사에 입사했고, 왜 이 일을 하는지를 돌아보고 합의하기 위해 - 현재 회사 전체가 어려움을 겪고 있는 원인인 영업팀과 마케팅팀의 갈등 관계를 해소하기 위해

개학 전날 오리엔테이션	부모와 아이들이 다가올 새 학기를 준비할 수 있도록	신입생과 그 가족이 새 학교와 그 공동체에 잘 적응할 수 있도록 돕기 위해	- 주중에 학교에서 가르치는 가치관과 태도를 보호자가 방과 후와 주말에도 잘 유지해 달라고 부탁하기 위해 - 보호자들 간 친목을 도모하기 위해
종교 소모임	대형 모임을 조금 더 작은 단위로 나누려고	모두가 소속감을 느끼도록 돕기 위해	- 우리가 하고 싶어 하는 것을 계속할 수 있도록 도울 모임 지원 - 남의 시선을 신경 쓰지 않고 어려움을 나눌 수 있는 모임 지원
생일 파티	내 생일을 축하하려고	지난 1년을 돌아보려고	- 나를 좋은 사람으로 만들어 주는 사람들과 함께하려고 - 앞으로 1년간 성취하고 싶은 목표를 정하고 그 목표를 이룰 수 있게 도와줄 사람들과 함께하려고 - 형제 사이 친목 다지기
가족 모임	가족을 한자리에	스마트폰 사용을 금지하고서 함께 시간을 보내려고	- 어른이 된 사촌 형제가 배우자나 아이들 없이 친목을 쌓을 시간 마련 - 할아버지 사망 이후 새로운 세대를 끌어들이고 젊은 세대들의 가치관에 맞는 가족 모임 문화를 형성하려고
책 축제	독서를 장려하려고	책을 통해 공동체 의식 고취	- 책과 책에 대한 사랑을 통해 인종을 뛰어넘는 공동체 의식 고취

멀티태스킹과 겸손의 늪

내 경험상 많은 사람이 모임의 진짜 목적을 찾지 못하는 이유는 목적이 무엇인지 명확하게 알지 못하거나 어떻게 목적을 찾는지 몰라서다. 그런데 나를 포함한 많은 사람들은 모임에 더 심오한 목적을 부여하고 싶어 하면서도 두 가지 내면의 저항에 부딪히곤 한다. 하나는 멀티태스킹을 하고 싶은 욕구이고 다른 하나는 겸손함이다. 내가 아는 한 사람(여기서는 S라고 부르겠다.)이 디너 파티를 열기로 했을 때 그 두 가지 모두에 시달렸다.

S가 내게 도움을 구한 건 디너 파티를 설계하면서 혼란에 빠졌기 때문이었다. 그냥 평범한 저녁 식사 자리가 아닌 것만은 분명했다. 그는 말로는 표현하지 못했지만 어쩐지 이 저녁 식사가 특별하기를 바라는 것 같았다. 그런데 왜 디너 파티를 여는지조차 설명하지 못했다. 그래서 어떻게 디너 파티를 계획해야 할지도 알 수 없었다.

디너 파티를 여는 이유가 무엇인지 내가 물었을 때 그가 제일 먼저 내놓은 답변은 이것이다. "이 커플이 우리 부부를 초대해 저녁을 대접했거든요. 우리도 이 커플을 초대하는 것이 예의잖아요."

엄밀히 말하면 이것도 목적이다. 그러나 대단한 목적은 아니다. 그래서 나는 계속 질문을 던졌다. S와 이야기를 나눌수록 아직 완성되지 않은 목적들이 튀어나왔다. 아주 친하게 지내는 친구들끼리 돌아가면서 저녁 식사를 대접하는 관례 이어 가기, S의 삶에 더 의미 있는 대화가 필요해서, 남편의 새로운 사업 기회를 늘리기 위해서….

하나같이 모임을 열기에 충분한 목적들이었지만 서로 양립하기 어려운 목적들이었다. 편안함에 초점을 맞춘 목적은 남편에게 새로운 사업 기회를 줄 사람들을 초대한다는 목적과는 어울리지 않는다.

친한 친구들에게 유쾌한 자리를 제공한다는 목적은 새로운 얼굴의 등장으로 활기를 얻는 멋진 대화라는 목적과는 상반된다. S는 미완의 여러 작은 목적들을 디너 파티 하나에 모두 욱여넣으려 하고 있었다. 하지만 그렇게 **많은 목적을 단번에 만족시킬 수 있는 모임은 어디에도 없다.**

S도 모임에 목적이 있어야 한다는 걸 알고 있었다. 그래서 더 강력한 목적을 찾고자 내게 도움을 구한 것이다. 이 모든 것을 알면서도 S는 멀티태스킹을 하고 싶은 본능으로 내달려서, 하나의 모임에서 확실한 어떤 것이 아닌 많은 무엇들을 하기를 바랐다.

계속 질문을 던지면서 나는 S가 여러 가능한 무언가 중 하나를 정해서 그것에 충실하도록 이끌려고 애썼다. 이 디너 파티가 어떤 식으로든 성공적으로 끝난다면 손님이 마지막에 어떤 것을 기억하기를 바라는가? 계속 이야기를 나눌수록 S는 더 많은 아이디어를 냈고, 점점 더 신나 했다.

얼마 지나지 않아 S는 자신에게 가장 중요한 건 그동안 다소 틀이 정해져 있던 모임 패턴을 깨는 새로운 모임을 만드는 것임을 깨달았다. 더 젊었던 시절, S 부부는 일을 통해 새로운 사람들을 만났었다. 그런데 나이가 들자 남편은 자기 사업을 조그맣게 시작했고 아이들도 대학에 진학하면서 독립을 해 버려서 부부는 예전만큼 모임을 가질 기회가 많지 않았다. 그러다 보니 어느 순간 늘 같은 사람들을 만나 비슷한 대화를 반복하고 있었다. S는 친구들을 사랑했지만 늘 보는 친구들과 디너 파티를 하다 보니 부부가 우선순위에 두고 있는 모험과 다양성에는 그다지 보탬이 되지 않았다. S는 앞으로 선례가 될 수 있는, 참신하고 생기 넘치는 디너 파티를 열어야겠다고 결심했다. S는 남편에게 새로운 사업 기회를 제공하거나 친구의 초대에 화답한다는 미완의 목적은 일단 제쳐 두고 새로운 사람들과 의미 있게 소통하는 것에 초점을 맞추기로 했다.

단 하나의 중요한 무언가를 중심으로 모임을 설계한다는 사실에 S는 들떠 있는 동시에 두려워했다. 기존에 모임을 설계하던 방식은 비록 목적은 없었지만 간단했다. 그 모임들은 아무 문제 없이 순조롭게, 무난하게, 큰 노력을 들이지 않아도, 압박감을 느낄 새도 없이 흘러갔을 것이다. 하지만 내가 인도하는 모임은 대단한 무언가에 충실해야 했다.

'내가 뭐 대단한 사람이라고 이런 식으로 모이려고 하지?' 사람들은 스스로에게 묻는다. '내가 감히 뭐라고 내 생각을 다른 사람에게 강요하려 하지? 거창한 목적은 주 정부 디너 파티나 회사 워크숍에는 어울릴지 몰라도 내 가족 모임/디너 파티/오전 회의에서 그렇게 하는 것은 너무 건방지고, 야심차고, 진지한 것 아닐까?'

이런 겸손함은 당신이 너무 안달하는 것처럼 보이고 싶지 않다는 욕구, 느긋하고 침착하고 평온하게 모임에 임하는 것처럼 보이고 싶은 욕구와 관련이 있다. 그러나 좋은 모임은 결코 차분한 활동이 아니다. ***냉정을 유지하고 싶다면 북극에나 가시라.*** 또한 겸손함은 다른 사람에게 폐를 끼치면 안 된다는 관념에서 비롯되기도 한다. 많은 모임을 지배하는 이런 망설임은 당신이 모임에 열정을 쏟으면 손님에게도 좋은 일이라는 점을 간과하는 데서 비롯된다.

가장 중요한 목적이 무엇인지가 점점 더 명확해지자 S는 한 번의 모임에서 여러 가지를 얻으라고 부추기는 내면의 목소리를 잠재웠다. 그리고 '내가 뭐라고…'로 시작하는 성가신 질문, 즉 겸손해지라는 압박감도 물리쳤다. 참신함과 생기발랄이라는 목적에 초점을 맞춘 S는 세 커플을 초대하기로 했다. 한 커플은 남편이 최근에 맡은 프로젝트를 통해 알게 된, 남편이 호감을 느끼고는 있지만 아직 자주 만나는 사이는 아닌 남성의 커플이었다. 다른 한 커플은 젊었는데 그중 한 명이 예전에 남편의 제자였다. 그리고 나머지 한 커플은 S 부부를 초대해 저녁을 대접한 커플이었다.

그 마지막 커플을 언급할 때 내 귀가 쫑긋 섰다. 버리기로 한, 케케묵은 미완의 목적이 다시 쓰레기통에서 되살아나 돌아온 건 아닌지 걱정했다. 나는 물었다. "마지막 커플은 왜 초대하는 거죠? 의무감에서인가요?"

S는 정말로 그 커플을 초대하고 싶다고 말했다. 이 디너 파티에 친한 커플 하나는 초대해서 기존 친목 집단에게 언제나 같은 고루한 방식으로 교류해야 하는 건 아님을 일깨워 주는 계기를 마련하고 싶다는 것이었다. 그런 의도라면 S가 결정한 새로운 목적에도 부합했다.

S는 모두가 한 대화에 참여하기를 원했다. 그리고 새로운 얼굴의 등장이라는 아이디어에 맞춰 그는 모든 손님이 제각각 무언가를 드러내고 서로 공감대를 형성할 수 있는 질문을 던지고 싶었다. S 부부는 둘 다 이민자 출신이었다. 그래서 손님들에게 '고향'이란 무엇을

뜻하는지 묻기로 했다.

S의 남편이 먼저 시작했다. "어머니가 최근에 돌아가셨는데, 그때 어머니를 찾아뵙는 게 제가 태어난 나라와의 마지막 연결고리였다는 것을 깨달았습니다. 그리고 고향에 대한 제 생각도 바뀌었지요. 지금의 정치 분위기로 봐서는 미국인의 정체성 자체가 논쟁 대상이잖아요. 여러분에게는 '고향'이 어떤 의미인가요?"

이민자 출신과 미국에서 나고 자란 사람들이 모여 있는 자리에서 모두가 이 질문을 함께 고민했다. 그 결과 도발적이면서도 아름다운 대화가 오고 갔다. 이 질문은 S가 원했던 결과를 이끌어 냈다. 새로운 사람들의 이야기를 들을 수 있었고, 더 포괄적인 시사 쟁점에 대해서도 이야기할 수 있었다. 사람들은 웃고, 질문을 던지고, 눈물을 보였다. 이 주제가 보편적이면서도 지극히 개인적인 정서를 건드렸기 때문이다.

며칠 뒤, S는 한 참석자로부터 감사 인사 이메일을 받았다. "당신이 한 멋진 질문에 대해 지금도 생각하고 있어요. 남편과 저는 집에 오는 길에도 내내 그 이야기를 했답니다. 그리고 지금은 아이들과도 그 주제로 이야기를 나눠요! 고맙습니다."

모임 목적이 공식적이거나, 딱딱하거나, 과시욕에 차 있을 필요는 없다. 이타적이거나 어떤 공익을 위한 목적일 필요도 없다. 스코틀랜드에서 열리는 골든 리트리버 축제에는 수백 마리 개와 보호자들이 몰린다. 그 축제는 경탄스러울 만큼 명확하지만 우주 전체로 보면 하찮은 목적을 추구한다. 골든 리트리버 종을 탄생시킨 19세기 귀족 트위드머스 경을 기념하는 것이다. 나체 행렬이 장관인 코니아일랜드 인어 축제에도 명확한 목적이 있다. 여름의 시작을 환영하는 것이다. 섹스 파티조차도 목적이 있다. 남의 시선을 의식하지 않아도 되고 뒤탈이 날까 염려하지 않아도 되는 장소에서 자유롭게 성관계를 맺는 것이다.

목적이 있다는 것은, 왜 모이는지를 알고 참가자들에게 그런 모임에 함께하는 영광을 안기는 것이다. 그리고 일단 목적이 머릿속에 확실하게 박혀 있으면 모임을 설계하고 진행할 때 직면하는 문제들을 해결하기가 훨씬 쉬워진다.

목적은 모임의 문지기다

모임 목적이란 영감을 주는 콘셉트 그 이상이다. 그건 중요하든 사소하든 모임의 모든 세부 사항을 결정하는 여과지다. 모임을 꾸리는 일은 장소, 시간, 음식, 식기, 쟁점, 주제, 발화자를 비롯해 다양한 것을 선택하고 또 선택하는 과정이다. 왜 모이는지를 알면 그 선택이 실제로 쉬워진다. 특히 그 '왜'가 구체적이고 흥미로운 데다 도발적이기까지 하면 더더욱 그렇다.

목적을 문지기로 삼자. 목적이 당신 모임에 무엇을 들이고 무엇을 막을지 결정하게 하라. 어떤 요소에 대해 무슨 선택을 해야 할지 모르겠다면, 그것이 아무리 작고 사소한 것일지라도 모임 목적으로 돌아가 그 목적에 맞는 선택을 하자.

앞으로 나올 장들에서는 더 좋은 모임, 더 의미 있는 모임, 더 대담한 목적을 추구하는 모임을 꾸리고 싶을 때 꼭 해야 하는 선택들 몇 가지를 함께 살펴볼 것이다. 그 전에 내가 자문을 했던 어느 책 축제 사례로 이 장을 마무리하고자 한다. 이 사례는 목적은 정했지만 그것에 충실하지 않아 그 목적을 선택 길잡이로 삼겠다는 결심이 굳건하지 않으면 어떤 일이 벌어지는지를 보여 준다. 목적을 문지기로 삼지 않으면 이런 결과가 벌어진다.

이 책 축제는 미국의 한 대도시에서 매년 열리는 행사다. 행사를 처음 시작했을 때만 해도 축제를 여는 것 자체가 꿈이자 목표였다. 그래서 초기에는 축제 목적이 그저 계속 존속하는 것 그 이상도 이하도 아니었다. 그 목적은 달성했다. 이 축제에는 매년 수천 명이 방문한다. 이제 행사 주최자들은 새로운 목적을 정해야 할 때가 왔다고 느꼈다. 축제는 앞으로도 매년 열릴 것이다. 그렇다면 이 축제는 무엇을 위한 축제인가? 이 축제로 무엇을 이룰 수 있을까? 이 축제는 어떤 가치가 있는가?

축제 운영진은 내게 연락해 이 질문에 조언을 부탁했다. 이 축제는 다음 단계로 어떤 목적을 동력으로 삼아야 할까? 누군가 축제 목적이 공동체를 묶어 주는 역할을 하는 것이라는 아이디어를 냈다. 물론 책이 그 매개체가 될 것이다. 그런데 이 야심만만한 축제가 이 도시를 연결한다는 과제를 감당할 수 있을까? 이 축제가 대단한 독서가들을 좋은 시민으로 만드는 데 일조할 수 있을까?

방향이 아주 훌륭해 보였다. 책 축제가 길잡이로 삼기에 적합한 구체적이고, 독특하고, 논란의 여지가 있는 목적이었다.

이제 이 후보 목적이 문지기 역할을 해 볼 때가 왔다. 책 축제 목적이 도시 공동체를 더 친밀하게 묶는 것이라면 어떤 변화가 필요할까? 이 모임에서 무엇을 더하고 무엇을 빼야 할까? 우리는 머리를 맞대고 아이디어를 내기 시작했다.

내가 아이디어를 하나 제안했다. 각 강연을 책과 작가로 시작하는 대신 청중이 짧게나마 서로와 의미 있는 교류를 하는 2분짜리 활동을 하면서 시작하면 어떨까? 사회자가 도시나 책에 관한 질문 세 가지를 던지고 청중들이 옆에 앉은 낯선 사람과 그 질문 중 하나를 가지고 토론하는 것이다. 당신은 왜 이 도시에 왔나요? 이곳 출신인가요? 아니면 어떤 사정이 있어서 왔나요? 어린 시절에 가장 큰 영향을 받은 책은 무엇인가요? 어떻게 하면 이 도시가 더 살기 좋은 곳이 될까요? 이런 질문으로 강연을 시작하면 청중은 서로 존재를 인지하게 될 것이다. 또한 낯선 사람에게 말을 걸지 않는다는 암묵적인 규율을 깰 것이다. 아마도 사람들이 강연장을 떠난 후에도 그 규율에 얽매이지 않도록 격려할 것이다. 또한 사람들 안에서 이 도시의 애서가라는 집단 정체성을 일깨울 것이다. 이런 질문을 하지 않는다면 계속 휴면 상태로 남아 있을 바로 그 정체성을.

이 아이디어를 제안하자마자 운영진 중 한 명이 근심 어린 목소리로 말했다. "하지만 작가에게 할애된 시간을 빼앗고 싶지는 않아요." 잠자코 있던 진짜 목적이 잠에서 깨어나 고개를 들고 앞으로도 죽 우선순위에 놓일 것을 주장했다. 모두 이론상으로는 "공동체를 접착하는 풀 역할을 하는 책 축제"라는 아이디어를 좋아했다. 그러나 이 새로운 무언가를 지키려면 다른 것을 희생해야 한다는 첫 징조에 모두들 화들짝 놀랐다. 운영진은 공동체를 묶어 주는 것을 책 축제의 목적으로 삼을 준비가 되어 있지 않았다. 그것이 강연 구성을 바꾸거나 다른 무언가에 할애된 시간을 빼앗는 것이라면 말이다. 운영진의 목적은 그들이 인정하건 안 하건 책을 홍보하고 책을 읽고 작가를 칭송하는 것이었다. 그래서 시민들이 연대감을 형성할 수 있는 2분 동안만이라도 작가를 기다리게 해야 한다는 것에 거부감을 표시했다.

운영진은 우리 대다수처럼 행동했다. 겉으로 드러나지 않은 다양한 동기에 따라 모임을 설계하고, 더 고귀한 목적을 향해서는 진심이 깃들지 않은 손짓만 했다. 내가 이 책에서 제시하는 방식으로 모이려면 먼저 모임의 목적을 정하고 진심을 다해 그 목적에 전념해야 한다. 그러면 다른 선택은 자연스럽게 결정된다. 모임 기획 초기에 결정해야 하는 것으로는 누구를 초대할 것인가와 어디에서 모일 것인가 같은 것이 있다.

Chapter

2

_____

목적에 맞춰서
버려라

모두가 초대되었다면 아무도 초대되지 않은 것이다.
진정한 모임이라고 할 것이 없는 셈이 되니까.
문을 닫아야 비로소 방이 마련된다.

하나, 누구를 초대할 것인가

목적에 맞는 손님 목록 작성하기

모임 목적이 탄탄한지 아닌지 처음으로 시험에 빠지는 지점은 초대 손님 목록을 작성할 때다. 이론을 실천으로 옮길 첫 기회다. 작가 강연을 시작하는 방식을 바꿀지 말지를 논의한 책 축제 운영진처럼, 당신이 모임 목적이라는 이상에 얼마나 충실하게 임할 것인지를 평가받는 자리다. 당신이 모임 목적이라는 제단에 초대장을 희생양으로 바칠 준비가 되어 있음을 보여 줘야 한다. 나는 새로운 모임 목적에 잔뜩 흥분해 있다가 누구를 초대하고 누구를 초대하지 말지를 결정하는 과정에서 압박감을 못 이기고 용기가 사그라들어 버린 회주를 여럿 만났다. 모임 문을 열어 두고 싶은 욕구, 다른 사람 기분을 상하지 않게 하고 싶은 욕구, 미래에 올지도 모를 기회를 열어 두고 싶은 욕구는 목적이 있는 모임을 꾸리는 데 위협이 된다.

사람들을 오지 못하게 하는 게 어렵지 사람들을 초대하는 건 쉽다. 우리는 어릴 때부터 많으면 많을수록 더 좋다고 들어 왔다. "영혼이 더 많이 모여들수록 더 즐겁다"라고 네덜란드 격언은 말한다. "바보가 더 많을수록 웃을 일이 더 많아진다"라고 프랑스 격언은 단언한다. 이런 부류의 조언이 엄청나게 많지만 그런 것들에 맞서야만 한다. 목적을 가지고 배제하는 법을 배워야만 목적이 있는 모임을 시작할 수 있다. 문을 닫을 줄 알아야 한다.

나도 모임 문을 닫는 게 즐겁지 않다. 그래서 그런 원칙을 어길 때도 있다. 그러나 어떤 모임에서나 진지한 고민 끝에 배제하는 일은 매우 중요하다. 꼭 참석하지 않아도 되는 사람을 초대하는 것은 더 심각한 문제 증상이기 때문이다. 무엇보다 모임 목적에 확신이 없고, 모임 목적과 손님에 전념하지 않는다는 뜻이다.

우리는 때로는 이전에 초대받은 것에 보답해야 한다는 생각으로 불필요한 초대를 한다. 때로는 딱히 필요를 못 느끼는 관습에 부응하기 위해 불필요한 초대를 하기도 한다. "마케팅팀을 초대 안 할 수는 없어요. 대놓고 뺨을 후려치는 거나 마찬가지인걸요. 늘 오는 사람들이에요." 때로는 초대하지 않아서 겪게 될 후폭풍이 두려워서 불필요한 초대를 하기도 한다. 그렇게 초대된 손님은 흔히 모임의 물을 흐리는 데 도가 튼 사람들이다. 퇴임했지만 경영진 워크숍에 참석하고 싶어 하는 설립자를 어쩔 수 없이 초대하는 경우도 있다. 워크숍 목적이 설립자 퇴임 후 새로 취임한 CEO의 권위를 세우기 위한 것인데도 말이다. 마침 놀러 온 이모를 상견례 자리에 초대하기도 한다. 이모도 오면 좋을 거라고 가볍게 생각하는 것이다.

이론적으로는 그 자리에 있지 않아야 하지만 오지 못하게 막기 힘든 사람이 있을 때, 그냥 흐름에 맡기는 편이 더 쉽고 더 선한 선택처럼 느껴진다. 그러나 정말 생각이 있는 회주라면 그런 불필요한 초대가 오히려 비겁한 행동이고 모임 목적에 맞지 않는 사람은 초대하지 않는 것이 더 선한 행동임을 잘 안다.

배제라는 친절

정말로 많으면 많을수록 좋을까, 아니면 오히려 끔찍할까? 나는 이 질문에 대한 답을 두고 한참 고민한 운동 모임의 일원이던 적이 있다. 원래는 친구 여섯 명이 매주 이틀 공원에 모여 강사를 초빙해 함께 운동을 했다. 복근을 키우면서 이야기와 조언을 주고받았다. 모임은 잘 유지되었다. 친구들 대부분이 늘 기다리는 시간이기도 했다. 그러다 한 명이 휴가를 갔다. 분기마다 미리 돈을 지불하는 것이 관례였기 때문에 그 친구는 돈을 날릴 수밖에 없었다. 친구는 "더 나은" 제안을 했다. 나머지 구성원들에게 이메일을 보내 자기 친구를 소개하면서 그 친구가 자신을 "대신"할 거라고 말했다. 몇몇은 이런 제안에 놀라고 불편한 감정을 느꼈지만 왜 그런지 구체적으로 표현을 하지 못했다.

그런 대체 구성원 투입을 제안하는 것이 우리의 모임 목적에 어긋난다고 본능적으로 느꼈던 것 같다. 그런데 문제는 다른 데 있었다. 우리는 모임 목적이 무엇인지 한 번도 제대로 논의한 적이 없었던 것이다. 어느 날, 한 친구가 그 제안이 왜 썩 내키지 않는지를 딱 짚어 말했다. "이건 수업이 아니야." 우리 모임이 무엇이 아닌지 말함으로써 우리 모임이 무엇인지가 더 명확히 드러났다. 비록 직접 논의하지는 않았지만 구성원 모두가 이해하고 있는 우리 모임의 목적은 운동을 하면서 친구와 함께 시간을 보내는 것이었다. 운동 모임 형식을 빌린 친목 모임이었다. 어쩌다 보니 친구들로 채워진 운동 수업이 아니었다. 모두들 바쁜 삶 속에서 자신이 선택한 특정 사람들과 때마다 예정된 방식으로 만나고 교류하는 방법을 찾고자 마련한 모임이었다.

일단 이런 목적에 대해 이야기를 나누고 이것이 우리 운동 모임의 목적이라는 데 합의를 본 뒤에는 그 친구가 야기한 특수한 문제에 대처하기가 쉬워졌다. 우리는 모임에 그 친구를 대신할 사람을 들이지 않기로 했다. 낯선 사람의 등장은 서로 이야기를 기꺼이 나눌 수 있는 친밀감을 해칠 것이기 때문이었다. 다른 한편으로는 앞으로 또 올 거라는 보장이 없는 새로운 구성원에게 다양한 운동 루틴을 가르치는 데 시간을 허비해야 한다는 불편도 있었다. 그동안 암묵적으로 존재하던 목적을 소리 내어 말하고 동의한 뒤에는 누가 모임 목적에 꼭 맞는 구성원인지가 명확해졌다. 또한 이 모임에서는 많으면 많을수록 즐겁기는커녕 더 끔찍해진다는 것이 판명되었다. 새로운 사람을 순순히 받아들이는 것은 선해 보이긴 하겠지만, 자신을 드러낼 따뜻하고 편안한 공간이라는 전제 아래 모임에 꾸준히 참석한 나머지 다섯 명에게는 잔인한 일이 된다.

이런 식으로 모임 목적이 분명해지더라도 "부디 오지 마세요."라고 말하기는 결코 쉽지 않다. 그것이 많은 모임이 예의라는 미명 아래 엉뚱한 사람에게 점령당하는 이유이기도 하다. 그러니 능력 있는 회주라면 반드시 명심해야 한다. 기분을 상하지 않게 하려 애쓰느라 모임과 모임 구성원을 지키지 못하는 일이 벌어질 수도 있다는 것을. 나는 (내가 아주 소중히 여기는 가치인) 포용과 배려라는 이름으로 누가 모임에 속하고 왜 속하는지 경계선을 긋는 데 실패하는 사례를 너무 많이 봐 왔다.

물론 포용이 모임 목적이자 정체성이라면 느슨한 경계선도 괜찮을 수 있다. 심지어 필수 요소일 수도 있다. 그러나 다른 많은 모임에서는 아주 훌륭한 목적이 과도한 배려 때문에 곤경에 빠진다.

버락 오바마의 이모는 그에게 이런 조언을 했다. "모두가 가족이라면 아무도 가족이 아닌 거란다."[1] 혈통이 종족을 만들고 국경이 국가를 만든다. 모임도 마찬가지다. 따라서 오바마의 이모 말에서 필연 명제를 하나 도출한다면 이것이다. **'모두가 초대되었다면 아무도 초대되지 않은 것이다.'** 진정한 모임이라고 할 것이 없는 셈이 되니까. **문을 닫아야 비로소 방이 마련된다.**

앞서 언급한 운동 모임에서 나는 포용에 반대하는 입장에 있었다. 그런데 그보다 몇 년 전 다른 모임에서는 유사한 상황이 벌어졌을 때 포용에 찬성하는 입장이었다. 시간이 흐른 뒤에야 문을 닫는 것이 왜 선한 선택이었는지를 깨달을 수 있었다.

그 모임은 친구들과 함께 주말을 보내는 연례 행사였다. 지금부터 그 모임을 '해변으로 돌아가기'라고 부르겠다. 우리는 전문 교육 프로그램을 함께 진행하는 아주 친한 사이였다. 우연히 해변으로 여행을 가자는 제안이 나왔다. 해변으로 떠난 우리는 프로그램 진행 과정에서 받는 엄청난 압박감에서 벗어나 한껏 여유를 누렸으며, 매주 이어지는 빡빡한 일과 속에서는 허용되지 않던 풀어진 모습을 하고 있을 수 있었다. 공놀이를 하고, 바비큐 파티를 하고, 어떤 순서로 술을 마시는 게 좋은지를 두고 논쟁을 벌이고, 늦은 밤 댄스 경연을 펼쳤다. 모임 첫해는 물론이고 그다음 해에도 모두가 이 주말이 오기를 손꼽아 기다렸다. 비록 말로 표현하지는 않았지만 이 모임의 기본 목적이 함께 시간을 보내면서 스트레스를 풀고 연대한다는 것임은 모두가 인지하고 있었다. 그렇지만 솔직히 아무도 이런 목적을 심각하게 고민하지 않았다. 어느 날 모임 목적이 시험대에 오르기 전까지는.

세 번째 해에 접어들었을 때, 구성원 중 두 명이 연애를 하고 있었다. 연애 상대가 같은 프로그램 멤버는 아니었다. 그런데 두 사람 모두 연인을 모임에 데려 오고 싶어 했다. 외부인의 참석 가능성을 두고 우리는 많은 이메일과 대화를 주고받았다. 그리고 데려 오지 말라고 부탁하기로 결론을 내렸다. 한 명은 더는 거기에 미련을 두지 않고 혼자 오기로 했다. 만난 지 얼마 되지 않은 때였으므로 별로 문제될 것이 없었다.

그런데 다른 한 명은 달랐다. 장거리 연애인 데다 곧 파병될 예정이었으므로 사정이 복잡했다. '해변으로 돌아가기'가 하필이면 파병 전 여자친구와 보낼 수 있는 마지막 2주 기간에 예정되어 있었다. 더 나아가 그는 자신이 프로그램 친구들과 어떻게 지내는지를 여자친구에게 보여 주고 싶어 했다. 그가 모르는 자신의 다른 면을 보여 주고, 자신이 그와 떨어져 지내는 이유를 이해시키고 싶어 했다. 그래서 여자친구와 함께 오고 싶다고 다시 한 번 요청했다. 처음에 우리는 빌린 장소에 한 명이 더 머물 공간이 없다고 답했다. 그는 자기들은 근처 다른 장소에 머물면서 낮에만 오겠다고 말했다. 그런 제안도 결국 거절당했다. 우리는 말을 아꼈고 분위기는 어색해졌다. 군인 친구는 결국 모임에 참석하지 않기로 했다. 뭔가 이상한 기분이 들었다. 우리는 누가 모임에 올 수 있고 모임 목적이 무엇인지를 두고 고민할 수밖에 없었다.

원래는 모두가 모임 정체성과 모임 목적이 무엇인지 몰랐지만 고민 끝에 진실을 깨닫게 되었다. 운동 모임 사례에서도 보았듯이 **갈등은 종종 목적을 명확하게 드러낸다.** 우리 모두가 이미 알고 있었듯이 이 모임에는 일정한 규칙과 의식이 마련되어 있었고, 특별한 마법 같은 힘이 생겨나 있었다. 그때는 모두가 명확히 깨달은 것은 아니지만, 마법 가운데 하나는 이 모임이 한 동성애자 친구에게 매우 드문 공간이었다는 점이다. 그는 가까운 친구를 뺀 나머지 사람들에게는 자신이 동성애자라는 사실을 굳이 밝히지 않았다. 그에게 이 모임은 그런 성정체성을 일부러 숨기지 않아도 되는 곳이었다. 당시에는 이것이 '해변으로 돌아가기'의 큰 기둥이라는 사실을 모르는 친구도 많았지만, 그건 그에게만이 아니라 완전히 자유로워진 그와 함께 있는 것을 좋아하고 그를 아끼는 이들에게도 중요한 요소였다. 이 요소는 그 친구에게는 매우 크게 작용했고 나머지 구성원에게는 미묘하게 작용하고 있었다. 이 모임은 우리 모두가 남의 눈치를 보거나 미래의 평판을 걱정하는 일 없이 자신을 있는 그대로, 심지어 한동안 잊고 지낸 자아를 마음껏 드러낼 수 있는 공간이었다. 아무도 그런 목적을 정식으로 선언한 적은 없지만 많은 구성원에게 그 목적은 암묵적이고도 필수불가결한 것이 되었다. 구성원 대부분이 이런 입장이었던지라 외부인이 들어오면 모두에게 안 좋은 분위기가 조성될 거라고 생각했다. 전쟁이 났든 말든, 군인의 여자친구를 받아들일 수는 없었다.

몇 년 뒤 우리 모임의 동성애자 친구는 커밍아웃을 했고 자기 분야에서 권위자가 되었다. 나는 이 모임이 그 친구를 다독이고 그에게 자유로운 피난처를 제공함으로써 그가 그런 지위에 오를 수 있게 도왔다고 믿고 싶다. 당시에 나는 군인의 여자친구를 초대하자는 입장이었지만 지금은 왜 당시에 초대하지 않은 것이 옳은 결정이었는지 이해한다. 많으면 많을수록 끔찍해질 수 있는 경우였다. 외부인의 참석을 거부함으로써 우리는 친구들이 자신을 마음껏 드러낼 수 있는 공간을 지켰다.

이 사례를 돌아보고 나니 모임이 시작할 때부터 모두가 동의하는 명확한 목적에 뿌리를 단단히 박고 있지 않으면 종종 뒤늦게라도 구성원 자격이라는 문제가 제기되고 모임 목적을 고민할 수밖에 없게된다는 사실이 더 뚜렷해진다. 앞서 언급한 운동 모임에서도 마찬가지였다. 우리는 모임이 누구를 위한 것인가, 라는 논쟁을 벌이기 전까지는 모임 목적에 대해 생각해 보지 않았다.

다시 한 번 강조하지만 누구를 초대할 것인가, 라는 문제를 고민하면서 뒤늦게 목적을 찾아 되돌아가는 것은 말리고 싶다. 이 두 사례는 경계선을 그어서 누가 들어오고 누가 못 들어오는지를 명확히 하기 전까지는 모임 목적이 다소 모호하고 추상적으로 남아 있을 수도 있다는 점을 보여 준다. 누군가를 배제하면 목적이 여행을 시작한다. 여러 사람과 함께 모임을 기획할 때는 혼자 할 때와는 달리 모임 목적을 정하는 일뿐 아니라 (이상적으로는) 다른 기획자와 함께 그 목적을 명확히 하는 일에도 시간을 들여야 한다. 우리는 왜 이 모임을 기획하는가? 누구를 초대해야 할까? 그 이유는?

달리 말하면 **고민 끝에 결정된 배제는 선할 뿐 아니라 선언문 역할도 하여, 초대 손님에게 모임 목적이 무엇인지를 전달하는 중요한 과제를 수행한다.**

노라 아부스타이트는 내가 아는 아주 뛰어난 회주다. 그는 고인이 된 자기 아버지 이야기를 내게 들려주었다. 그의 아버지인 오스만 아부스타이트는 독일에 이민 온 이집트인이었다. 노라가 들려준 이야기는 누구를 들여보내지 않는지가 모임 성공과 실패를 가르는 기준점이 될 수 있음을 완벽하게 보여 준다.

오스만은 1957년 화학 박사 과정을 밟기 위해 독일 소도시 기센으로 갔다. 안타깝게도 기센에는 학생들이 모일 만한 장소가 없었다. 교수와 고루한 마을 어른들의 시선에서 벗어나 자기들끼리 자유롭게 시간을 보낼 그런 장소 말이다. 그는 기센 최초로 학생들만 출입할 수 있는 술집을 차리기로 했다. 이집트 쇠똥구리를 기리기 위해 술집 이름은 '스카라베'라고 지었다. 오스만의 직감이 맞았다. 다른 학생들도 학생들끼리 모여 시간을 보낼 수 있는 장소를 갈망하고 있었고, 분위기가 자유로운 스카라베로 몰려들었다. 당시에는 맥주를 유리잔에 따라 마시지 않고 병째 마시면 천박하다고 여겼는데 스카라베에서는 맥주를 병째 냈다. 그런데 이런 반항적인 서비스나 학생들로 북적인다는 사실 때문에 스카라베가 전설이 된 것은 아니다. 그보다는 그곳에 없는 것 때문에 유명해지고 인기를 끌었다.

이 술집에 들어가려면 밖에 있는 문지기에게 학생증을 보여 줘야 했다. 가끔 학생이 아닌 사람이 문 앞에 나타나곤 했지만 들어오지 못했다. 이런 배제는 규칙을 분명히 보여 주는 데 도움이 되긴 했지만 그다지 주목받지는 않았다. 어느 날 기센 시 부시장이 찾아오고 나서야 흥미로운 일이 벌어졌다. 문지기는 부시장이 들어오지 못하게 막았고 부시장은 들어가겠다고 고집을 부렸다. 오스만이 나와 상황을 정리했다. 그는 규칙을 고수했고 부시장을 돌려보냈다. 이런 더 과감하고 대담한 배제 덕분에 스카라베는 명성을 날리게 되었다. 명확한 목적이 있고 그 목적을 지키는 술집이었다. 60년이 지난 지금도 스카라베에는 활기가 넘친다.

어떻게 배제할 것인가

이제 당신 머릿속에는 이런 질문이 떠오를 것이다. 어떻게 하면 선하게 배제할 수 있을까?

이 질문은 특히 규모가 크고 복잡한 모임을 기획하는 고객과 일할 때 나도 자주 직면하게 되는 문제다. 그럴 때 나는 이렇게 다시 묻는다.

누가 모임에 어울릴 뿐 아니라 모임 목적에 기여하는가?

누가 모임 목적에 위협이 되는가?

모임 목적과는 무관한데도 초대해야 한다는 부담감을 느끼게 만드는 사람은 누구인가?

내 고객은 첫 두 질문에 답하면서 모임의 진짜 목적을 서서히 파악하기 시작한다. 당연히 모임에 어울리고 모임 목적에 부합하는 사람은 초대해야 한다. 그리고 이보다는 조금 더 어렵지만, 누가 봐도 모임 목적에 어긋나는 사람을 배제하는 것도 받아들이기 쉽다. (그렇다고 그 사람을 언제나 배제하게 되는 것은 아니다. 예의와 습관이 종종 조력자보다 더 강력한 힘을 발휘한다. 그래도 회주는 누가 모임에 없어야 하는 사람인지는 인지하고 있어야 한다.)

대개 세 번째 질문이 시험대가 되곤 한다. 누군가가 모임 목적에 위협이 된다고? 그렇다면 그 사람을 왜 초대하면 안 되는지가 명확하다. 그런데 목적과 무관한 사람을 초대하는 게 왜 문제가 될까? 존을 초대하는 게 어때서? 어떤 모임에나 존이 있다. 마케팅팀의 존, 친구의 여자친구의 동생 존, 마침 놀러 온 삼촌 존. 존은 성격도 좋고 모임에 적극적으로 해를 끼치지도 않는다. 대다수의 존은 초대해 준 것만으로도 감사하게 생각한다. 때로는 더 적극적으로 참여하고 와인도 몇 병 들고 온다. 당신도 존인 적이 있을 것이다. 나도 물론 존이었던 적이 있다.

깊이 생각한 뒤 의도적으로 배제할 때 핵심은 존을 매몰차게 돌려보낼 용기를 내는 것이다. 그러려면 관점을 바꿔야 한다. 모임 목적에 부합하는 사람이 아니라면 모임에서 초점을 흐릴 뿐이라는 사실을 알아야 한다. 그 사람이 딱히 초점을 흐리는 행동을 하지 않더라도 말이다. 왜냐하면 그 사람은 당신 모임에서 실제로 자리를 차지하고 있고 당신(과 친절한 다른 손님들)은 그를 환영하고 배려하려 할 것이기 때문이다. 그러면 그 모임에 참석한 실제 이유와 모임 목적에 부합하는 사람들에게 쏟을 시간과 관심이 줄어들 수밖에 없다. 특히 작은 모임에서는 모임에 참석한 한 사람 한 사람이 모임 전체의 역학에 영향을 준다. 잘, 그리고 **일부러 배제한다는 것은 당신이 누구와(모임 목적에 부합하는 손님) 무엇을(모임 목적) 정성껏 대할지 다시 한 번 확인하는 것을 뜻한다.**

내가 늘 부딪히는 문제 중 하나는 회주가 복수인 모임에서는 회주가 한 명 늘 때마다 존의 수도 늘어난다는 것이다. 누가 존인지를 두고 갈등이 생겼다면 스스로에게 물어볼 만한 유용한 질문이 하나 더 있다. 이 모임의 1순위 구성원은 누구인가?

한 번은 정치 운동에 관여하는 여러 세대의 지도층 인사 40명을 초대한 해변 리조트 모임을 기획한 적이 있다. 각기 다른 단체를 대변하는 운영위원 넷이 모임을 기획하고 있었다. 초기에 초대 손님 목록에 합의를 했지만 종종 그러듯이 뒤늦게 합류 요청들이 들어왔다. 초대받지 못한 사람이 참석을 원하기도 했고 초대받은 손님이 지인을 데려오고 싶다고 부탁하기도 했다. 중요한 후원자 한 명이 친구와 함께 회의에 참석하고 싶다고 전했다. 운영위원 한 명은 그 요청을 받아들여야 한다고 말했다. 안 그러면 그 후원자가 오지 않을까 봐 걱정한 것이다. 그러나 다른 운영위원이 그 친구는 사실상 존이라고 지적했다.

나는 운영위원들에게 각자 이 질문에 답해 보라고 조언했다. 이 모임의 1순위 초대 손님은 누구인가? 이 모임의 1순위 초대 손님은 지도층 인사 40명이었다. 만약 이 모임에서 이 40명이 더 포괄적인 안건에 합의한다면 이 정치 운동에 획기적인 전기를 마련할 수 있었다. 운영진은 목적을 구체화하는 과정에서 이 모임이 부리게 될 마법들 가운데 하나가 지도자들이 각자의 다양한 목표를 더 포괄적인 통합 목표와 연결시킬 수 있는 가능성 열기라는 것을 깨달았다. 그러기 위해서는 지도자들이 서로 진심으로 소통할 수 있는 모임을 기획해야 했다. 그리하여 우리는 친한 친구를 데려오면 그 후원자의 관심이 친구에게 조금은 쏠릴 것이고, 그것이 다른 지도자들과 허심탄회하게 교류하지 않을 핑곗거리가 될 거라는 결론에 도달했다. 운영진은 그 후원자에게 친구는 데려올 수 없다고 알렸다. 그래도 그는 모임에 참석했다.

한번은 어느 브라질 기업에서 모임을 조력하고 있었다. 이 기업의 한 부서가 신도시 건설 계획을 세우는 데 도움을 줄 모임이었다. 우리는 전 세계에서 전문가 열두 명을 초대해 현대적이고, 대담하고, 지속 가능한 도시를 설계할 새롭고도 혁신적인 방법을 온종일 고민하는 자리를 마련했다. 모임 시작 직전에 회사 CEO가 직원 열 명을 데리고 와서 그 회의를 지켜보게 하고 싶다고 말했다. 회사 측 모임 참석 인원이 거의 두 배는 늘어나는 셈이었다. 우리는 다시 물었다. 이 모임의 1순위 초대 손님은 누구인가? 고객인 기업이다. 가장 근본인 목적은 무엇인가? 이 기업이 활용할 수 있는 정치 자본과 리스크 수용 범위를 확보하게 해 줄 대담한 아이디어를 얻는 것. 우리는 방청객이 늘어도 그들이 존은 아니라는 결론을 내렸다. 더 많은 사람이 신도시 건설 계획 수립의 초기 단계를 지켜보고 이 허무맹랑한 아이디어에 흥미를 보인다면 모임 목적을 달성하는 데 도움이 되기 때문이다. 그리고 그 사람들이 흥미를 보이고 기대를 품는다면 프로젝트 후반 단계에도 도움이 될 것이다. 우리는 그 직원들을 초대하기로 했다.

방청객 수가 초대 손님 수보다 많았으므로 회의 형식과 배치를 살짝 바꿨다. 우리는 방청객이 맡은 역할을 강조하기로 했고 방청객 규모를 최대한 활용하기로 했다. 회의실에 의자를 두 겹의 원 모양으로 배치했다. 원 하나가 다른 원 하나를 둘러싼 모습이었다. 안쪽 원에는 의자 열두 개를 배치해 전문가들이 앉게 했고, 내가 그들에게 짧은 모두 발언과 활발한 토론을 유도할 예정이었다. 바깥쪽 원에는 의자들이 중심을 향하도록 배치했다. 고객과 방청객의 휴대전화기는 전부 회수했고 바깥쪽 원에서 모임을 조용히 지켜보게 했다. 늘어난 참석자 수와 바깥쪽 원의 활기 덕분에 안쪽 원의 참석자들도 더 들뜬 분위기에서 모임을 진행할 수 있었다. 사람들이 진짜로 그들의 아이디어에 귀를 기울이고 있었기 때문이다. 그것도 아주 많은 사람들이.

사려 깊은 배제는 다양성을 활성화한다

이런 질문을 할 수도 있다. 배제를 허용하는 건 시대 흐름에 역행하는 것은 아닐까? 모임에서 배제는 우리가 오랫동안 맞서 싸운 적이 아닌가? 배제는 아무리 깊이 생각한 뒤 의도적으로 한다고 해도 다양성에는 독이 되지 않을까?

그렇지 않다.

나는 인종 간 대화를 중재하면서 조력자로서 삶을 시작했다. 나는 서로 다른 인종 출신인 부모를 두었다. 서로 다른 이들이 한자리에 모여 우리가 사는 세계를 이해할 때 발산되는 힘만큼 내가 열정적으로 믿는 것도 없다. 그리고 그것이 내가 존재하는 이유이기도 하다.

그러나 다양성은 활성화되어야만 의미가 있는 잠재된 특성이다. 활용될 수도 있지만 그냥 존재만 할 수도 있다. 도시 전체가 참여하는 책 축제의 참가자들은 매우 다양하지만 운영진이 그 다양성을 침묵하게 했다. 무대 위에서 주고받는 대화에만 집중하고 있으면 다양성을 활용하기 힘들다. 독자들에게 시간을 주어 서로 이야기를 나누게 하면 다양성에서 더 많은 결실과 통찰을 이끌어 낼 수 있다. 다른 한편 '해변으로 돌아가기'에서는 다양성이 최고로 활성화되어 있었다. 학교에서는 자신을 숨겨야 했던 구성원이 그 공간에서는 자신을 드러낼 수 있었다. 그리고 배제를 통해 그런 다양성이 활성화될 수 있었다.

내가 말하는 **사려 깊은 배제란, 어중이떠중이가 모여 다양성이 묻히는 대신 모임에 경계를 세워서 모임 내부의 다양성이 부각되고 강조될 수 있도록 하는 것을 의미한다.**

저드슨 저택Judson Manor 사례를 살펴보자. 이곳은 오하이오 주에 있는 은퇴자 공동체인데 입주자를 두 집단으로만 명확하게 한정하고 있다. 바로 음대 학생과 은퇴자다. 노인 시설의 개념을 새롭게 정립한 저드슨 저택은 1920년대에 지어진 호텔을 리모델링해서 사용하고 있다. 이곳은 여느 은퇴자 공동체와 다를 바 없었지만, 2010년 한

임원이 근처 클리블랜드 음대 학생들이 숙소 부족으로 고생한다는 이야기를 전해들은 뒤 한 가지 실험에 돌입한다.[2] 저드슨 저택 이사회는 클리블랜드 음대에서 학생 두 명을 초대해 노인 120명과 공짜로 살게 했다. 대신 그 학생들은 음악회를 열거나 음악 치료 수업을 제공하면서 이곳 노인들과 시간을 보내야 했다. 나중에는 학생 입주민이 다섯 명으로 늘었다. 이사회는 음대생들이 노인들의 고독과 치매와 고혈압 치료에 도움이 되기를 기대했다. 이 아이디어는 노인이 젊은이와 교류하면 건강이 좋아진다는 연구 결과에 근거하고 있었다.[3] 대신 학생들은 예술가라면 누구나 꿈꾸는 것을 얻는다. 온전히 자신만을 바라보는 들뜬 관객이다. 그리고 모두가 꿈꾸는 것도 얻는다. 공짜 숙소다. (이와 같은 세대 혼재 공동체 실험은 더 많은 주목을 받으며 네덜란드에서도 실시되었다.[4])

이 실험은 사려 깊은 배제와 활발한 다양성의 사례이자, 그 두 가지가 어떻게 함께 갈 수 있는지를 잘 보여주는 사례다. 아무도 저드슨 저택이 다양성이 없는 공간이라고 말할 수 없다. 그곳은 부유한 나라라면 으레 갈라져 있기 마련인 두 집단, 바로 노인과 젊은이를 만나게 하는 것을 사명으로 삼고 있다. 그 목적을 잘 수행하기 위해 이 공동체는 '누구'와 '왜'를 아주 좁게 규정했다. 저드슨 저택의 관장 존 존스는 이렇게 차이 나는 두 세대가 단지 함께 사는 데서 그치지 않고 서로를 북돋게 하기 위해 힘을 쏟았다.

"잘 어울릴 수 있을까? 여기에 지원하는 이유가 건전한가? 진심으로 우리 공동체에 섞이고 싶어 하는가? 단지 학교에서 지내는 동안 머물 공짜 숙소를 찾는 이들에게 기회를 주고 싶지는 않습니다."[5] 이 프로그램을 다룬 다큐멘터리에서 존스가 말한다. 노인들과 자기 시간을 나누려는 남녀노소 모두에게 이 프로그램을 개방했다면 이 실험이 그렇게까지 성공하지는 못했을 것이다. 또 배경이나 전공에 상관없이 어떤 학생이든 받아들였더라도 지금처럼 성공하지 못했을 것이다. 같은 음대생이더라도 여기서 거주하지 않고 그저 시간이 날 때 잠깐 들러서 봉사활동을 하게 했어도 지금처럼 운영되지는 않았을 것이다. 다른 어떤 경우에라도 이 실험은 중심을 잃었을 것이다. 더 개방적으로 운영했다면 저드슨 저택에서 기대하는 세대 간 교류는 지금처럼 활발하지 않았을 것이다.

이 학생들이 지나고 있는 나이와 인생 단계에 담겨 있는 특수한 힘이 공동체 구성원들을 북돋웠다. 젊은이들이 곁에 있어서 무엇이 특별한지 무엇인지 물었을 때 한 노인은 "그들에게는 생명력이 넘치죠."라고 답했다.[6] 이와 달리 학생들은 "조부모가 아주 많이" 생겨서 좋다고 답했다. 대니얼 파르빈이라는 학생 입주자는 "백 살은 되는 할머니 할아버지랑 이야기를 나누다 보면, 그러니까 예순이나 일흔 살 되는 할머니 할아버지라도 제 평생의 네 배를 사신 분들이잖아요, 그런 분들이랑 이야기를 한다는 것 자체가 믿기지 않을 때도 있어요. 다들 웬만한 건 다 경험해 본 분들이라 조언을 구하기도 좋아요."[7]라고 얘기하기도 했다. 그리고 음악이 이 두 세대가 관계를 맺는 첫 연결고리가 되어 주었다.

내가 저드슨 저택에서 얻은 교훈은, 모임의 특별함이 꼭 똑같은 특성을 가진 사람들로만 모임을 한정한다는 뜻은 아니라는 점이다. 어떤 모임 유형들에서는 구성원 자격을 넓게 잡았을 때 구성원들 사이 관계가 얄팍해진다. 사람들을 연결하는 선이 너무 다양해서 그중 어느 것도 의미 있는 것이 되기 어렵기 때문이다. 신중하게 배제하면 평소 간과되는 특별한 관계에 집중할 수 있다. 너무 다양한 사람들을 들여 봉사 프로그램을 진행했다면, 저드슨 저택 역시 다른 많은 요양원과 비슷하게 굴러갔을 것이다. 구성원을 철저히 한정한 덕분에 노인 요양 서비스가 젊은 예술가와 나이 든 청중 사이의 관계 맺기로 탈바꿈할 수 있었다.

나는 대학교에서 인종 간 대화 모임을 조력하면서 모임에 다양성을 부여하려면 특수성이 전제되어야 한다는 발상을 처음 접하게 되었다. 내가 조력한 대화 프로그램은 '지속적인 대화'였다. 베테랑 외교관이 창설한 소모임으로, 갈등 상황들에 대해 사람들이 심도 깊은 대화를 나눌 수 있도록 하는 게 목적이었다. 나는 버지니아 대학교에 다니고 있었고 어느 인종인지 또렷하게 드러나지 않는 외모였다. 그래서 많은 사람들이 내게 던지는 첫 질문은 "너는 어떤 인종이니?"였다. 나보다 더 심한 질문을 받는 사람들도 많았다. 이미 수많은 인종 갈등의 역사를 지니고 있는 버지니아 대학교에서 인종 간 충돌이 벌어지는 것을 여러 번 목격한 나와 친구들은 '지속적인 대화'가 대학 구성원들이 서로 이야기를 나누도록 유도할 수 있을 거라는 기대로 그 프로그램을 시작했다.

그 뒤로 몇 년간 우리는 스무 개가 넘는 1년짜리 소규모 대화 모임을 운영했다. 각 대화 모임은 12~14명으로 구성되었으며 격주로 만나서 매번 세 시간 동안 주어진 주제로 진지하게 대화하고 서로 관계를 맺었다. 나는 학생 사회자로 활동했으며 다른 학생 사회자들과 매주 만나 점검 시간을 갖는 회의의 운영자이기도 했다. 점검 회의는 우리가 사회자로 대화 모임을 운영하면서 배운 것을 짚어 보고 서로의 방식을 응용하고 실험하기 위한 회의였다.

모임 구성을 가지고 실험하기 시작했을 때, 학생 사회자들은 가장 분위기가 좋고 대화가 활발한 모임은 포괄적인 다문화 모임이 아니라 역사적으로 갈등 관계에 있는 두 집단만으로 구성된 모임이라고 보고했다. 해가 바뀌어도 흑인-백인, 유대인-아랍인 같은 특정 관계(다른 대학에서는 공화당 지지자-성소수자)에 집중한 대화 모임이 참석율도 가장 높았고 대화도 가장 열띠게 나눴다(가장 바람직한 결과)고 보고했다. 또한 사회자들은 이들 모임이 단순히 흥미로운 대화를 나누는 데 그치지 않고 실제로 근본적인 돌파구를 찾아 가고 있다고 느꼈다. 그러나 그런 집중력을 유지하려면 각 모임의 대화 주제와 맞지 않는 배경을 지닌 지원자들을 배제하면서, 우리가 왜 그런 결정을 했는지를 사려 깊이 설명해야 했다.

모임 크기는 어떻게 잡을까

고객에게 여기서 다룬 내용대로 따르게 하면 모임 목적에 맞춰 초대 손님을 한정해야겠다고 마음먹는 이도 나온다. 그럴 때면 어김없이 해결해야 하는 문제가 생긴다. 어떻게 배제 사실을 알릴 것인가?

가장 정직한 방법은 모임 참석 의사를 밝힌 사람에게 모임 목적을 설명하는 것이다. 모임 목적은 회주 개인의 것이 아니다. 모임은 그 자체로 생명력을 지닌다. 따라서 모임 목적에 맞지 않는 지원자들에게는 그들에게 맞지 않는 모임이라고 말을 해 줘야 한다. 모임 크기를 핑계 삼아도 된다. 그렇게 해도 거짓말을 하는 것은 아니다. 모든 모임에는 목적에 맞는 이상적인 크기가 있는 법이니까. 모임 장소에서 벌어지는 일들을 마음대로 부릴 수 있는 마법 주문은 없다. 모임은 과학도 아니다. 그러나 모임 규모는 사람들이 모였을 때 얻어지는 결과에 영향을 끼친다. 활발하면서도 내밀한 대화가 모임에서 가장 중요한 요소라면 8~12명이 적당한 크기다. 여덟 명보다 적으면 관점 다양성이 부족해지고, 열두 명보다 많으면 발언 기회를 갖지 못하는 사람이 생긴다. 따라서 누구를 초대하고 누구를 초대하지 않을지를 결정할 때는 두세 명을 더 끼워 넣거나 빼면 모임 크기가 달라져서 구성원 간 상호작용도 근본적으로 달라진다는 것을 알고 있어야 한다. 만약 모임 목적이 어떤 결정을 내리는 것일 때는 사공이 적을수록 더 나을 수도 있다. 참고로 미국 연방대법원은 일부러 의사 결정자 수를 홀수로 정해서 다수결이라는 의사 결정 형식에 힘을 실어 준다.

내 경험상, 모임마다 가장 이상적인 매직넘버가 있다. 조력자마다 그 숫자를 다르게 보기도 하고 대략적인 숫자이기는 하지만, 일단 내 매직넘버 목록은 다음과 같다. 6인, 12~15인, 30인, 150인.

6인: 이런 소규모 모임은 유대감을 쌓으면서 의견과 감정을 솔직하게 공유하기에 안성맞춤이며 사례나 일화를 나누며 토론하기에 좋다. CEO들의 친목 모임인 '젊은 경영인 협회'는 각 분과를 여섯 명으로 구성해 그 분과 내에서 서로 고민과 조언을 진지하게 나눌 수 있게 돕는 매우 정교한 교류의 장을 제공한다. 다만 이런 모임에서는 관점 다양성을 확보하기 어렵고 참가자 모두가 적극 참여해야 한다. 모임이 성공하려면 구성원 모두가 조금씩 더 노력해야 하는 것이다. 종교 단체에서는 흔히 교인들에게 매주 만나 저녁 식사를 함께하면서 기도 제목, 기쁜 일과 슬픈 일을 공유하는 여섯 명 정도로 구성된 구역 모임에 가입할 것을 권유한다. 그런 모임을 통해 종교 단체를 더 친근한 공간으로 느낄 수 있도록 말이다.

12~15인: 그다음으로 주목할 숫자는 12다. 열두 명 정도라면 신뢰와 친밀감을 쌓을 수 있고, 공식으로든 비공식으로든 사회자가 필요하다면 한 명으로도 충분하다. (더 큰 규모의 모임에서 조력자가 여러 명 필요할 때는 참가자 수를 12로 나눠서 적절한 조력자 수를 구하는 것이 업계의 관례다.) 다른 한편으로는 참가자가 열두 명일 때는 건설적인 이질성, 즉 신비감과 호기심을 어느 정도 불러일으킬 수 있다. '지속적인 대화'에서는 모든 토론 모임이 언제나 8~12명으로 구성되었다. 유명한 아서왕 전설에 따르면 원탁에는 열두 명이 둘러앉았다. 예수의 제자도 열두 명이었다. 새로운 부서가 생길 때마다 숫자가 늘어나는 미국 대통령 자문위원단은 현재 부통령과 장관 열다섯 명으로 구성된다. 나는 조력자로 일하면서 스타트업 다수가 확장하는 과정에서 구성원이 열두 명쯤 되었을 때 사람 문제가 발생하기 시작한다는 것을 알게 되었다. 나는 이 지점을 '탁자 시점'이라고 부르기도 한다. 어떤

조직의 구성원 전체가 더는 한 탁자에 둘러앉을 수 없게 되는 시점이라는 뜻이다. 이 시점을 거치면서 이전에는 훈훈했던 분위기가 갈등과 불신으로 돌아선 테크 기업의 자문을 맡은 적이 있다. 직원 수가 열두 명 미만일 때는 언제든 회의실에서 각자 의자 하나를 차지하고 뭐든 논의할 수 있었지만, 직원 수가 스무 명이 되자 그런 즉흥 회의에서 배제되는 사람들이 생길 수밖에 없었다. 그런 배제는 효율성을 높이는 데는 도움이 되었지만 회사 분위기는 달라질 수밖에 없었다.

30인: 참가자가 서른 명쯤 되면 의도했든 의도하지 않았든 파티 분위기가 나기 시작한다. 소규모 모임이 친밀감을 높이는 데 좋다면 서른 명 이상의 모임도 나름 장점이 있다. 파티 하면 떠올리게 되는 시끌벅적하고 활기 넘치고 기대로 들뜬 분위기가 형성된다. 이런 모임에서는 모두 함께 하나의 대화에 참여할 수는 없다. 물론 경험 많은 조력자가 참가자들의 자리 배치에 신경을 써서 하나의 대화를 이끌어 가는 것을 지켜본 적이 있기는 하다.

150인: 그다음으로 주목할 숫자는 100~200이다. 모임 역학을 염두에 두는 회의 운영진과 이야기를 나누어 보면 늘 100~150명이 적절하다고들 말한다. 구체적인 숫자는 사람마다 다르지만 하나같이 이 정도가, 한 운영위원의 말을 빌리면 "참가자 모두가 친밀감과 신뢰로 연결되었다고 확실하게 느껴지는 지점"이다. 이 숫자를 넘으면 "단순한 청중이 된다." 스파크 콘퍼런스Spark Conference는 언론 분야 선도자들이 모이는 실험적인 모임이다. 100명으로 시작했으나 70명이 모일 때 더 밀접한 분위기가 조성되었다. 의제를 현장에서 즉흥으로 만들어 진행되는 많은 언콘퍼런스는 대개 100명을 상정하고 디자인된다. 내가 아는 어느 벨기에 호텔 경영인은 고객에게 결혼식에는 150명을 초대하라고 권유한다. 150명이 손님 모두가 서로를 한 번씩은 만날 수 있는 숫자여서 손님 전체가 일종의 유기체처럼 움직일 수 있다고 생각해서다. 이런 숫자 영역은 일부 인류학자들이 부족이 자연스럽게 형성되는 숫자라고 여기는 것과 대략 일치한다. 150명은 모두가 원한다면, 그리고 조금만 노력을 들이면 서로에게 한 번은 인사를 건넬 수 있는 숫자다. 150이라는 숫자는 또한 사회학자 로빈 던바 Robin Dunbar가 사람이 안정적으로 우정을 유지할 수 있는 인원수로 주장한 것과도 일치한다. '부족' 숫자를 초과해도 물론 좋은 모임이 될 수 있지만, 그럴 때 사람들은 대개 더 작은 소규모 하위그룹으로 나뉘어서 상호작용을 하게 된다.

무리를 이룬 사람들: 이런 숫자를 훨씬 넘어서는 군중이 있다. 매년 미국 테네시 주에서 열리는 보나루 뮤직 앤 아트 페스티벌, 4년마다 열리는 월드컵 경기나 올림픽 경기, 2011년 이집트 카이로의 타흐리르 광장에 모인 시위대, 1995년 워싱턴 DC에 모인 백만의 행진, 메카 순례 같은 거다. 이런 모임의 목적은 친밀감이나 유대감을 쌓는 것이 아니라 이렇게 모인 군중의 시끌벅적한 기운을 나누고 퍼뜨리는 것이다.

둘, 어디에서 모일까

장소는 넛지다

모임 목적은 정했고 충실하게 이행하기로 굳게 결심했다. 초대 손님 목록도 작성했다. 그렇다면 어디에서 모여야 할까?

장소 선택은 흔히 목적을 제외한 다른 요소들이 결정한다. 비용이 장소를 정한다. 아니면 시설이나 접근성이 정한다. 그도 아니면 누군가가 손을 들어 자기 뒷마당에서 해도 좋다고 말했기 때문에 정해지기도 한다.

사무 처리의 편의를 이유로 장소를 정한다면 사무가 목적을 정하는 꼴이 된다. 원래는 사무가 목적을 보조해야 하는데도 말이다.

이렇게 반박할지도 모르겠다. 장소는 그냥 장소에 불과한 것 아닐까? 모건이 자기 뒷마당에서 해도 좋다고 해서 그곳에서 모임을 갖는 게 크게 문제될 일인가?

문제는, **장소에는 대본이 따라붙는다**는 점이다. 비록 종이 대본은 아니더라도 우리는 특정 장소에 부착된 엄격한 대본을 따르는 경향이 있다. 법정, 이사회, 궁전에서는 그에 맞는 예의를 갖춘다. 해변, 공원, 클럽에서는 각각 다른 모습을 내보인다. 내가 속한 전문 조력자라는 부족의 일원인 패트릭 프릭은 이렇게 말했다. "환경은 목적을 보조해야 한다." 그가 어느 기업의 지도부 모임을 조력하게 되었을 때 고객 측에서 이사회실을 모임 장소로 지정했다고 한다. 그래서 그는 "제 선택 폭이 95퍼센트는 줄어들었네요."라고 답했다. 왜 그런 말을 했을까? 프릭은 설명했다. "사람들이 이사회실에 들어서는 순간 늘 하던 행동 패턴을 반복할 테니까요. CEO가 상석에 앉고, 나머지 사람들은 그곳에서 어떻게 행동해야 하는지에 대해 완벽하게 훈련되고 세뇌된 걸 따르죠. 지위에 따라 정해진 자리에 앉고, 언제 말해야 하고 언제 말하면 안 되는지를 알고 있죠. 그런 식인 거예요."

어느 인터뷰에서 제리 사인펠트도 장소가 코미디 쇼의 성공률에 끼치는 영향에 대해 비슷한 사실을 지적했다. "장소가 거의 8할을 차지하죠. 모든 코미디언이 그런 경험이 있을 겁니다. 코미디 클럽에서 잘했어요. 그래서 그걸 본 어떤 부자가 '음, 이 사람을 파티에 불러야겠군.' 하고 생각합니다. 그래서 당신은 그 파티에 불려 갑니다. 거실이나 괴상하게 꾸민 파티룸에 서게 되죠. 그리고 망하죠. 왜냐하면 장소의 분위기가 8할을 차지하기 때문이에요. 장소가 맞아야 청중을 상대로 유리한 고지에 설 수 있어요."[8]

윈스턴 처칠의 말을 살짝 비틀어서 인용하자면, 먼저 장소를 정하고 당신의 여러 자아 중 누구를 내보낼지를 정하라. 초대 손님 목록 작성이 누가 당신 모임의 목적에 가장 도움이 되는지를 정하는 과정이라면, 장소 선택은 그렇게 선택된 손님들이 자신을 온전히 드러내고 최고의 손님이 되도록 어떻게 유도할 것인가를 정하는 과정이다.

그렇다면 모임 목적에 가장 적합한 장소는 어떻게 고를 수 있을까?

목적을 체현하는 장소

우선 모임 목적을 체현하는 장소를 찾아야 한다. 장소가 목적을 체현하면 사람들의 머리만이 아니라 몸과 마음 전체가 경험의 장에 몰입하게 만들 수 있다.

미국 보스턴에 본사가 있는 젠틀 자이언트 무빙 컴퍼니의 CEO 래리 오툴은 신입 사원을 교육할 때 체현을 활용한다. 직접 신입 사원들을 이끌고 달려서 보스턴을 한 바퀴 돌고 마지막으로 하버드 경기장의 계단을 뛰어오른다. 이런 지역 순례는 신입 사원에게 자신이 합류한 직장에 대해 (사무실에서 여는 오리엔테이션으로는 전할 수 없는) 무언의 메시지를 전달한다. 이곳에서 일하려면 체력이 뒷받침되어야 한다, 어려운 일을 할 때는 스포츠 경기를 한다는 감각으로 동료와 소통하고 협력하고 격려하면서 해야 한다, 같은 메시지를. 이 회사가 매년 보스턴에서 가장 일하기 좋은 회사로 꼽히는 것도 당연하다.

목적을 체현하려 한다고 해서 특별한 장소가 필요한 것은 아니다. 때로는 기존 공간을 재정비하는 것만으로도 충분하다. 웬디 운은 뉴욕 현대미술관의 교육부장이다. 운이 맡은 일은 세계적으로 유명한 이 미술관에 대중이 좀 더 쉽게 접근할 수 있도록 돕는 것이다. 어느 미술관에서나 논란의 여지가 있을 만한 역할인데, 대개 미술관의 실권은 큐레이터가 쥐고 있기 때문이다. 그래서일까? 미술관들은 때로 그들에 의한 세상을 넘어 그들만을 위한 세상처럼 보이기도 한다. 미술관이 일반인에게도 친근한 공간이어야 한다는 목적은 동료 큐레이터와 예술계로부터 권위를 인정받을 수 있는 전시회를 열고

자 하는 큐레이터의 욕구와 종종 갈등을 빚는다. 운 같은 사람의 역할은 그런 큐레이터의 욕구에 끊임없이 도전하는 것이다. 큐레이터의 권위에 맞서는 한이 있더라도 예술이 외부에 전달되는 방식에 의문을 제기하고 대중의 입맛에 맞게 재조정하는 미술관 내부의 목소리가 되어야 한다. 운의 역할은 사람들에게 큐레이터가 신성하다고 여기는 것도 실은 신성하지 않으며, 미술관이 대중에게 맞춰야 한다는 사실을 환기하는 것이다.

운이 하는 일에는 언젠가 미술관에서 교육 담당자가 되고 싶어 하는 대학원생을 대상으로 강의하는 것도 들어 있다. 첫 수업 날, 오후 3시 정각에 강의실 문이 열린다. 강의실 중앙에는 하얀 의자들이 뒤죽박죽 엉망진창으로 쌓여 있다. 강의실은 마치 의자가 층층이 쌓인 거대한 광장과 같다. 학생들은 당황하며 잠시 멈칫한다. 서로를 멀뚱히 쳐다보다가 운을 바라본다. 운은 조용히 지켜볼 뿐이다. 아무런 힌트도 주지 않고.

마침내 학생들은 서로 이야기를 주고받기 시작한다. 조금씩 자신감이 생기면서 대화에도 점점 유머가 묻어난다. 다 함께 의자를 하나하나 내리고 재배치한다. 그 과정에서 학생들은 특별한 지시가 없는 상황에서 그 의자들을 어떻게 할지 정해야 한다. 이 의자를 어디에 둘까? 옆 사람과 간격은 어느 정도여야 할까? 줄지어 놓을까, 원형으로 놓을까? 남들과 다르게 의자를 놓는 사람이 있다면 어떻게 해야 할까?

내가 모임을 잘하는 데는 돈이나 특이한 식기가 필요 없다고 말할 때는 이런 걸 의미한다. 화려한 장소가 필요한 게 아니다.

운의 강의실은 지극히 평범한 장소다. 어느 건물에나 있는 특별할 것 없는 공간이다. 하지만 의자들을 어지럽게 뒤섞어 놓는 간단한 조치 하나만으로도 운은 자기 목적을 체현한 장소를 만들어 냈다. 운의 목적은 무엇이었을까? 미래의 미술관 교육 담당자들에게 미술관에서는 그 무엇도 신성하지 않다는 것을 가르치는 것이다. 뉴욕 현대미술관에서조차 의자 더미를 예술 작품으로 착각해서는 안 된다는 사실을 일깨운다. 그리고 예술은 사람들이 참여할 때만 진정한 의미가 부여되며, 미술관은 사람들과 소통할 때만 생명력을 얻는다는 것도. "제가 이렇게 하는 이유는 기존 교수법에 깃들어 있는 위계질서에 도전하기 위해서예요. 사회적 공간, 물리적 공간, 정서적 공간의 설계는 사람들이 아이디어와 콘텐츠를 다루는 방식이나 서로 교감하는 방식에 영향을 줘요. 저는 학생들에게 소통을 위해서는 실제로 '공간'을 설계해야 한다는 것, 그리고 그런 설계를 통해 참여를 유도해야 한다는 것을 보여 주고 싶었어요." 그 뒤로 몇 주 동안 이어진 수업에서 운은 이 미래의 미술관 교육 담당자들에게 어떻게 그런 소통을 이끌어 낼 수 있는지를, 어떻게 하면 자신이 믿고 지키려 애쓰는 참여형 미술관을 이뤄 낼 수 있는지를 가르친다. 그러나 그 첫날만큼은 비용을 전혀 들이지 않으면서도 잊지 못할 인상을 남기는, 자신이 말하고자 하는 바를 모두 체현한 장소로 수업을 대신한다.

나는 조력자로 일하면서 고객들에게 자신들의 모임 목적과 공명하는 공간과 장소를 선택하도록 이끈다. 인생에서 자신이 가야 할 길을 찾으려고 모인 워크숍이라면 산티아고 순례길로 가는 길에 있는 프랑스 남부의 12세기 수도원을, 건축 회사가 미래 도시를 논하는 워크숍이라면 로스앤젤레스를 내려다보는 할리우드 힐스를, 코미디언들이 개그 감각을 한 단계 끌어올리려고 만나는 거라면 풍자 신문 《어니언The Onion》의 유명한 작가실을 장소로 삼으면 좋을 것이다. 나는 장소가 고객에게 영감의 원천이 될 때, 모임 참가자에게 모임 목적을 더 친숙하게 느끼게 도와줄 때, 그 모임을 조력하는 내 일이 훨씬 더 수월해지는 것을 늘 경험한다. 그런 장소에서는 이미 모임 목적을 반은 달성한 것이기 때문이다.

당신의 모임을 떠올려 보자. 다음 영업 교육 과정에서는 직원들에게 지하철역에서 버스킹을 하면서 하루를 보내게 하면 어떨까? 영업 직원들은 자신들이 하는 일의 가장 극단적인 형태를 경험하면서 서로에게 연민을 느끼고 연대감을 쌓게 될 것이다. 다음 대학 동창회는 묘지에서 열면 어떨까? 조금 으스스하기는 해도 젊은 시절에 품은 이상을 실현하려면 시간을 소중하게 여겨야 한다는 사실을 온몸으로 느끼는 계기가 될 것이다.

안타깝게도 모임 장소가 모임 목적을 체현하는 데 실패하는 사례가 훨씬 더 많다. 모임 목적을 체현하는 장소 찾기를 주저하는 광경을 보고 있으면 코미디 쇼가 연상될 정도다. 한번은 해양 보호를 기치로 내건 한 단체와 일했다. 미국 동부의 갑갑한 사무실에서 직원들을 해방시키고자 샌디에이고 근처에서 팀 워크숍을 갖기로 했다. 일정을 보니 너무 빡빡했다. 나는 바다에 갈 시간이 있겠느냐고 물었다.

운영진은 "아, 할 일이 너무 많아서 바다에는 안 가려고요."라고 답했다. 이 단체에는 바다를 너무나 사랑해서 자신들의 인생을 바다에 바치겠다는 사람들이 모여 있다. 바다에서, 바다 근처에서 시간을 보내면 지친 팀에 활력을 불어넣고 그들의 핵심 목표를 다시 환기하는 기회가 될 텐데도 이 워크숍은 그런 기회가 되지 못했다.

샤또 원칙

프랑스어로 샤또château는 성城을 뜻한다. 샤또 원칙을 가장 좁게 이해하면 다음과 같다. '프랑스인들에게 그들이 얼마나 잘났는지와, 그래서 당신이 없어도 그만이라는 사실을 일깨우고 싶지 않다면 절대로 샤또에서 만나서는 안 된다.'

선명하고 특별한 목적이 있는 모든 모임에서는 더 많이 유도해야 하는 행동이 있는가 하면 제재해야 하는 행동도 있다. 만약 모임 목적이 어떤 식으로든 구성원과 유대감을 쌓는 것이라면 모두가 서로의 이야기에 귀를 기울이도록 유도하고 반박하는 일은 되도록 자제시켜야 한다. 만약 모임 목적이 슬럼프에 빠진 회사를 낡은 아이디어와 사고방식에서 벗어나게 하는 것이라면 앞서 모임과는 정반대를 지향해야 할 것이다. 장소 선택권이 손님들의 행동을 조절하는 (회주에게 주어진) 가장 강력한 수단 가운데 하나라는 사실을 놓치는 회주가 많다. 능숙한 회주는 자신이 원하는 행동을 이끌어 내고 자신이 원하지 않는 행동은 제어하는 장소를 고른다. 이 원칙을 따르지 않는 바람에 한 은행장은 아주 큰돈을 잃었다. 성을 대여하는 비용을 제외

해도 아주 큰돈이었다.

"나는 죽는 그날까지 기꺼이 떠들어 대겠소. 우리가 선택한 장소 때문에 그 협상이 물 건너갔다고 말이요." 지금은 은퇴해서 샌프란시스코 베이 에리어에 정착한 투자자 크리스 바렐라스가 말했다. 2001년 바렐라스는 투자은행에서 일했다. 그는 시티그룹의 상무이사이자 시티그룹의 기술부서 총괄 책임자였다. 그가 뉴저지 주에 본사를 둔 통신회사 루슨트를 대리해 프랑스 대기업 알카텔과의 인수합병 프로젝트를 맡게 되었다. 무려 200억 달러짜리 프로젝트였다.[9] 합병 과정은 매우 복잡했으며 거의 1년에 걸친 논의 끝에 마침내 합병안을 마무리할 수 있을 것처럼 보였다. 딱 한 번의 회의만이 남아 있었다. 두 회사의 최고경영자가 얼굴을 맞대고 최종으로 신뢰를 확인하는 자리였다.

이 모임 전까지 양측은 합병에 도움이 되는 허구를 충실하게 유지했다. 이 합병은 "평등한 두 회사 간 결합"이어야 했다. 하지만 알카텔이 둘 가운데 더 규모가 크므로 루슨트에 맞춰서 "잠시 몸을 낮추는 척하고 있을 뿐이라는 것"을 누구나 알고 있었다. 다만 바렐라스에 따르면 그때까지는 두 회사가 평등하다는 인식이 거의 모든 회의를 지배했다. 그래서 협상이 그럭저럭 순조롭게 진행되었다. 그런데 장소 선택을 잘못하는 바람에 그런 분위기를 망치고 말았다.

처음에는 마지막 회의 장소로 별 특징 없는 뉴저지 주의 한 공항호텔을 선택했다. "아무도 우리가 뭘 하는지 모르도록 하려고요."라고 바렐라스가 말했다. 언론의 눈을 피하는 것이 매우 중요했다. 협상이 결렬될 경우에 받을 타격을 최소화하고 "협상 내용 유출을 방지하기 위해서"였다. "시장의 반응이 부정적이면 협상에 해가 될 수도 있었다." 그런데 마지막 순간에 알카텔 전무이사의 건강에 이상이 생기는 바람에 프랑스에서 만났으면 좋겠다는 요청이 들어왔다. 그래서 파리에서 서쪽으로 한 시간 정도 떨어진 샤또 데 메스닐이라는 성을 회의 장소로 정했다. 알카텔의 자회사가 소유한 성이었다. "분명히 알카텔이 자사 워크숍에서 늘 사용하던 장소였겠죠. 회사 내부에서 자기들끼리 계획을 점검하거나 전략을 세우는 워크숍을 열기에는 괜찮은 장소였을 겁니다. 그러나 합병 협상에는 전혀 맞지 않는 장소였죠." 바렐라스가 말했다.

방 개수만 해도 55개에 달하는 이 성은 루이 13세 시대 양식으로 리모델링되어 있었다. 페르시아 양탄자, 황금빛 프레스코화, 샹들리에, 유명한 프랑스 군인들의 초상화 같은 것으로 꾸며져 있었다. 벽에 죽 걸린 유명한 프랑스 군인들의 초상화 가운데는 최근에 프랑스인을 자신들과 동등하다고 여긴 영국 사람들을 골탕 먹인 인물의 초상화도 있었다. 사흘 간 매일 열여덟 시간씩 양쪽 회사의 이사진, 최고경영진, 은행가, 회계사, 변호사를 비롯한 소수 인원이 이 성에 모여 최종 합의안을 조율했다. 그러다 마지막의 마지막 순간에, 그것도 《월스트리트 저널》에서 인수 가격을 포함해 합병 소식을 발표한 후에, 루슨트 회장 헨리 샤흐트가 회의장을 박차고 나가 버렸고 합병은 무산되었다.

당시 상황을 전한 보도 기사에 따르면 대표이사 수를 두고 양쪽이 이견을 좁히지 못하던 상황에서 샤흐트 회장이 전략상 그렇게 나간 것이라고 한다. 그러나 그 행동에는 감정이 들어가 있기도 했다.《뉴욕 타임스》보도에 따르면 "알카텔이 루슨트 테크놀로지를 인수하는 데 가장 큰 걸림돌로 작용한 것은 자존심이었다."[10] BBC 또한 "루슨트 측이 매우 기분이 상했다고 한다. 알카텔이 이 협상을 동등한 두 회사 간 합병으로 보지 않는다고 판단했기 때문이다."라고 논평했다.[11]

그렇다면 왜 1년 내내 아주 성실하게 서로 동등하다는 전제를 잘 유지하다가 갑자기 그러지 않았던 걸까? 그 이유를 콕 집어 말하기는 힘들다. 그러나 바렐라스는 확신하고 있었다. "그 성이 알카텔 사람들에게서 프랑스인의 본성을 끄집어냈어요."

"무도회장에 앉아서 이런저런 논의를 하고 있었어요. 그런데 알카텔 사람들이 으스대면서 오만하게 구는 것이 막 눈에 보였어요. 뉴저지에 있었다면 그렇게까지 대놓고 자신들의 우월한 입장을 자연스럽게 내보일 수 없었겠죠."라고 바렐라스는 말했다. 알카텔 측 사람들은 "우리가 인수하면" 같은 말까지 입에 올리기 시작했고, 그 말을 들은 루슨트의 최고경영진은 "꼭지가 돌았다." 루슨트 측은 알카텔의 태도에 경악했다고 바렐라스는 말했다. 결국 루슨트 회장은 이렇게 선언했다. "우리는 나가겠소." 그렇게 협상은 결렬되었다.

그로부터 25년간 더 많은 합병 건을 다룬 뒤에도 바렐라스는 여전히 자신의 주장을 바꾸지 않고 있다. "저는 그 회의 장소가 밑바탕에 감춰져 있던 사실을 강화했거나 부추겼다고 99퍼센트 확신합니다. '동등한 회사 간 합병'이라는 허구를 폭로한 거죠. 알카텔 사람들이 편안하게 여기는 장소이다 보니 루슨트에게 느끼는 우월감을 자연스럽게 드러냈어요."

수십억 달러짜리 합병 건을 협상하는 자리가 아니더라도 샤또 원칙은 여전히 유효하다. 사람들은 주변 환경에 영향을 받는다. 따라서 모임 목적에 부합하는 장소와 분위기에서 모임을 열어야 한다. 때로는 성에서 모이는 것이 모임 목적과 아주 잘 맞을 수도 있다. 그러나 알카텔이 하루 더 겸손함을 유지했어야 하는 이 사례에서는 피해야 할 장소였다. 그러지 않았기 때문에 모두가 아주 큰 비용을 치러야 했다.

5년 뒤 루슨트와 알카텔은 마침내 합병했다.[12] 다만 이 합병은 루슨트의 새 회장과 최고경영진이 추진했다. 그리고 아마도 협상 중에 성 근처에는 얼씬도 안 했을 거라고 믿는다.

탈맥락화

장소를 잘 선택하면 사람들에게 당신의 모임이 궁극적으로 무엇에 관한 것인지 신호를 보낼 수 있다.(체현) 모임이 최고의 성과를 낼 수 있도록 사람들 행동을 어느 정도 통제할 수도 있다.(샤또 원칙) 그런데 장소는 또 다른 역할을 할 수 있으며 해야만 한다. 사람들을 탈맥락화하는 것이다.

탈맥락화는 간단히 말해 사람들의 습관을 깨는 것, 일상이라는 최면에 걸린 사람들을 깨우는 것이다. 조력자인 나는 질문을 던지고 신체 활동을 유도해서 그런 효과를 낸다. 그러나 공간 선택으로도 탈맥락화에 성공할 수 있다. 웬디 운의 사례에서도 봤듯이 약간의 탈맥락화를 꾀할 때조차도 다른 무엇보다 상상력과 노력이 필요하다. 복잡하게 생각할 필요 없다. 사람들이 어떤 활동을 하면 안 된다고 생각하는 그런 장소에서 그 활동을 하는 것 정도로도 충분하다.

예를 들어 저녁 식사는 대개 육지에서 하는 것이 가장 좋다고들 생각한다. 적어도 그렇다는 것이 통념이다. 1940년대 그리스의 칼라마타라는 마을에서 어느 날 밤 영국 여행 작가 패트릭 리 퍼르모와 그의 친구들은 달리 생각했다. 찌는 듯한 무더위 속에서 선창가에 앉아 음식이 나오기를 기다리던 중 퍼르모와 일행 두 명은 아무 말 없이 쇠로 된 식탁을 들고 바다로 들어갔다. 세 사람은 허리까지 물에 담그고서 잠자코 음식이 나오기를 기다렸다. 식당 문을 열고 나온 웨이터는 퍼르모의 말에 따르면 "놀라서 선착장의 빈 곳에 멍하니 있다가 곧 우리를 발견하고는 즐거운 눈빛을 얼른 감추고 바다로 성큼성큼 들어와" 음식을 차렸다.[13] 주변 손님들은 이 광경을 재미있어 하며 바닷속 손님들의 천연덕스러움에 감탄하며 와인을 선물했다. 그러니 《뉴욕 타임스》에 실린 퍼르모의 부고에서 그의 "식사 자리"는 "유럽에서 가장 활기가 넘치는 것으로 유명했다."[14]라고 전한 것도 이해가 된다.

저녁 식사 모임은 원래 바다에서 여는 게 아니다. 그래서 퍼르모는 바다에서 저녁 만찬을 즐겼다. 당신도 **다음 모임 장소를 생각할 때 그 모임을 열면 안 되는 장소를 떠올려 보라.** 그리고 그곳에서 모임을 열자.

그러나 운의 강의실 사례에서도 보았듯이 탈맥락화는 평범한 장소에서도 가능하다. 유명한 사진작가 플래톤 안토니우의 일화를 살펴보자.

플래톤이 찍은 사진은 한눈에 알아볼 수 있다. 그는 오랫동안《타임》의 표지 사진을 찍었고《뉴요커》에서 고정 사진작가로 일했다. 그를 대표하는 사진 스타일은 피사체를 얼굴 솜털이 보일 정도로 밀착해서 찍는 것이다. 플래톤은 지미 카터부터 버락 오바마까지 미국 현직 대통령을 전부 찍었다. 힐러리 클린턴과 도널드 트럼프도 그들이 대통령 후보로 나서기 훨씬 전부터 찍었다. 앙겔라 메르켈, 토니 블레어, 8대 UN 사무총장 반기문 같은 전 세계의 정치 지도자와 블라디미르 푸틴, 짐바브웨의 로버트 무가베, 리비아의 무아마르 카다피, 이란의 마흐무드 아마디네자드 같은 악명 높은 독재자의 사진도 찍었다. 플래톤은 권력자뿐 아니라 미얀마의 아웅 산 수지(가택 구금 상태일 때), 반푸틴 운동을 벌이는 인디밴드 푸시 라이엇, 타흐리르 광장의 시위대, 그리고 에드워드 스노든까지 권력에 도전하는 운동가의 사진도 찍었다. 또한 조지 클루니, 오노 요코, 보노를 비롯한 수백 명에 달하는 연예인의 사진도 찍었다.

그런데 플래톤을 보면서 주목해야 하는 부분은 그가 찍은 수많은 유명 인사가 아니라 그가 그 사람들에게 행사한 통제력이다. 대개 언론 대변인과 이미지 컨설턴트가 따라붙는 이런 명사들은 대중에게 보여 주고 싶은 모습만 보여 주려고 신경을 쓴다. 플래톤은 그것과는 다른, 진짜 모습을 담는 데 초점을 맞춘다.

플래톤은 가능하면 이런 유명 인사를 뉴욕 소호에 있는 자신의 스튜디오로 초대해 사진을 찍는다. 그러나 그에게 장소 선택권이 없을 때가 더 많다. 게다가 대통령을 찍을 때는 제대로 된 사진을 얻을 시간이 10분에 불과할 때가 다반사다. 심지어 비좁은 호텔방에서 또는 대학교 캠퍼스나 콘서트장, 심지어 유엔 본부 건물 한쪽 구석에서 사진을 찍어야 할 때도 있다. 그럴 때는 자신이 원하는 만큼 공간에 통제력을 행사할 수 없다. 그러나 **어떤 상황에서나 그는 자신이 찍는 유명 인사가 앉을 낡고, 삐거덕거리고, 하얀 페인트가 칠해진 나무 궤짝을 들고 간다.** "먼저 '제 사무실에 들어오세요.' 하고 초대를 하죠. 사실 웃기는 얘기예요. 대개는 제가 그 사람의 사무실에 들어가고 있거든요." 그는 사진에 담는 사람이 누구이건 그 오래된 하얀 궤짝에 앉게 했다. 물론 때로는 대통령 수행팀이 그 궤짝을 보고 정색을 하는 경우도 있다고 한다. "대통령께 그런 궤짝에 앉으시라고 할 수 없어요."라고 말이다. 그러나 플래톤이 누가 그 궤짝에 앉았는지 말하고 나면 언제나 순순히 따른다고 한다.

플래톤은 피사체인 사람들을 그들의 맥락에서 들어내어 새로운 상황에 데려다 놓는다. 그리고 나무 궤짝을 이용해 자신의 이전 작업들(사진과 피사체)과 그들을 연결한다. 그는 대통령과 단 7분을 보낼 뿐이지만 그 7분은 촬영 대상자가 아닌 플래톤의 공간과 이야기에 의해 규정된다. 수년간 끌고 다니다 보니 나무 궤짝은 결국 망가졌다. 그는 조수에게 새 궤짝을 마련해 이전 것과 마찬가지로 낡고 해진 것처럼 보이도록 손보게 했다. 그 궤짝은 지도자를 왕좌에서 잠시나마 내려오게 하는 투지 넘치는 상징이 되었다.

경계, 면적, 인구밀도

위에서 정리한 핵심 사항들이 모임의 전반적인 환경을 선택하고 꾸미는 데 도움이 될 것이다. 일단 환경 설정이 끝나면 더 현실적인 문제들을 처리해야 한다. 예를 들면 실내 장식, 탁자와 의자, 물건들의 크기 같은 것. 따라서 경계, 면적, 밀도에 관해 몇 가지 제안을 하겠다.

경계

목적이 있는 모임에서는 닫아야 하는 문이 상징적인 문이기만 한 것이 아니다. 뛰어난 회주는 물리적인 문에도 신경을 쓴다. 모임에는 경계가 필요하다. **모임 공간은 폐쇄된 공간일 때 가장 효율적으로 작동한다.** 사진가와 안무가 들은 종종 작업실 문을 전부 닫고 작업을 시작한다. 플래톤이 설명했듯이 "공간의 기운이 밖으로 새 나가는 것을 확실하게 차단하기 위해서"다.

식당에서는 이 원칙이 수시로 위반된다. 대개 의자가 두 줄로 서로 마주보는 형태로 식탁이 차려져 있어서 상석이 없고는 하기 때문이다. 한번은 식당에서 친구 다섯 명과 저녁 식사를 함께했다. 우리는 정사각형 식탁 세 개를 이어 붙인 다음 양옆으로 의자를 세 개씩 서로 마주보게 나란히 놓고 앉았다. 저녁 내내 여섯 사람이 하나의 대화를 이어 나가기 힘들었다. 가운데 앉은 친구는 테니스 시합을 구경하는 사람처럼 왼쪽과 오른쪽을 자꾸 번갈아 봐야 했다. 결국 대화는 두 그룹으로 나뉘어 각각 진행되었다. 죽 이어진 식탁의 양 끝이 '구멍'으로 남아 있었다. 포근하거나 친밀한 느낌이 들지 않았다. 실은 웨이터에게 식탁 하나는 치워 달라고 부탁한 다음 이어진 두 식탁 양 끝에 한 사람씩 앉으면 되는 거였다. 그러면 (우리의 몸으로) 닫힌 공간이 마련되어 서로 이야기를 나누기가 더 쉬웠을 것이다. 그리고 하나가 되었다고 느꼈을 것이다.

닫힌 공간은 모인 사람들이 긴장을 풀게 돕고 모임이 최대 효과를 거둘 수 있는 대안 세계를 만들어 낸다. 소풍을 가서는 끝없이 펼쳐진 잔디밭에 그냥 앉기보다는 담요 한 장을 깔아 두는 것 같은 간단한 조치만 취해도 충분하다. 사방이 유리창인 회의실이라면 창문을 종이로 가려서 사적인 공간으로 바꿔도 좋다. 회의실에 의자 하나가 남고 아무도 거기에 앉지 않을 거라면 그 의자를 치우고 탁자에 앉은 사람들이 조금 더 촘촘히 앉게 하는 것도 한 가지 방법이다. 한 파티 플래너는 이렇게 설명했다. "담요 위에 있을 때는 그 담요 주변에서만 맴돌죠. 울타리가 쳐져 있기 때문은 아니에요. 다만 그 담요가 정신적인 구조물이 되는 거예요. 담요 위에 앉느냐 잔디 위에 앉느냐의 문제가 아니에요. 참가자들만의 안전하고 편안한 마음 공간을 만드는 것이 중요하다는 거예요."

게임 설계자 에릭 짐머만은 자신과 동료가 로스앤젤레스의 전시회에서 실시한 실험 이야기를 들려주었다. 그들이 만든 보드게임에서는 둥글게 굽은 벽 네 개를 사방에 세워서 원형을 이루게 했다. 그래서 그 안에 들어가 보드게임을 하면 동굴 안에 있는 듯한 느낌이 들었다. 지나가던 사람들은 호기심을 느껴 들어왔고 게임 참가자들은 게임에 몰입한 나머지 해가 지고 늦은 시간이 되었는데도 계속 게임을 했다. 전시회 운영진이 다른 전시 시설들을 다 치운 뒤, 짐머만과 동료들도 보드게임 사방에 세운 벽들을 철거해야 했다. 그래도 보드게임은 그대로 두었다. 그런데 벽이 철거되자 게임 참가자들이 하나둘 흥미를 잃고는 뿔뿔이 흩어졌다. 게임을 계속해도 되는 상황이었는데도 말이다.

"벽이 사라지자, 보드게임에는 전혀 손을 대지 않았는데도 참가자들로서는 더는 게임을 할 기분이 들지 않았던 거죠." 짐머만이 말했다. "활력이 싹 빠져나가 버렸어요." 게임 장소의 경계가 사라지자 참가자들은 대안 세계에 있다는 느낌도 함께 잃어버리고 말았다.

장소 옮기기

회의를 바다 한가운데서 해야만 깊은 인상을 남길 수 있는 건 아니다.(물론 가능하다면 한 번쯤 시도해 보길 적극 권한다.) 한 연구 논문에 따르면 하루 저녁 동안 이뤄진 실험에서 일정이 바뀔 때마다 장소를 옮기기만 해도 사람들이 각 일정을 더 잘 기억하는 데 도움이 된다고 한다. 기억의 작동 원리 전문가인 에드 쿠크는 파티의 각기 다른 순서를 잘 기억하게 하고 싶으면 파티를 두세 개의 흥미로운 부분들로 나누어서 각각 다른 장소에서 한 부분씩 보내라고 조언한다. "그렇게 하면, 나중에 파티를 떠올렸을 때 희미한 대화들이 뭉뚱그려져 '아, 그래 재미있었지.'쯤으로 귀결되지 않고, 각 시점에 벌어진 특별한 일들을 기억할 수 있게 됩니다. 여행을 다녀온 것처럼 되는 거죠. 그것도 이야기가 있는."[15]

면적

모임 공간의 크기도 모임 목적에 맞춰야 한다.

한번은 누군가의 마흔 살 생일 파티에 초대를 받았다. 훌륭한 파티가 되는 데 필요한 모든 요소가 갖춰져 있었다. 넓고 아름다운 장소, 맛있는 음식, 무료 알코올음료를 제공하는 바, 활기 넘치는 밴드, 200명의 손님들. 그런데 무슨 이유에서인지 나는 저녁 내내 어깨 너머를 기웃거리며 파티가 시작되기를 기다렸다. 손님이 전부 왔는데도 연회장이 여전히 텅 빈 것처럼 느껴졌다. 사람들이 워낙 멀찍이 떨어져 있다 보니 새로운 사람과 인사를 나누려면 말 그대로 연회장을 가로질러 저쪽으로 한참을 걸어가야 했다. 그날 나는 저녁 내내 소수의 지인들과만 시간을 보냈고 애써 적극적인 사교 활동은 하지 않았다. 밴드가 신나는 음악을 연주했을 때도 사람들이 모여들기는 해도 그냥 서 있기만 할 뿐 춤은 추지 않았다. 무엇이 문제였을까?

공간이 너무 컸다. 연회장은 체육관만 했다. 다른 사람과 우연히라도 부딪힐 일이 없었다. 그렇게 부딪혀야 고개를 돌리면서 새로운 사람을 만날 텐데 말이다.

한번은 한때 미군 기지로 쓰였던 샌프란시스코 소재 프레시디오 공원을 앞으로 어떻게 활용할지 논의하는 브레인스토밍 모임을 이틀 동안 진행하게 되었다. 골든게이트 국립공원 관리단에서는 워크숍의 저녁 일정을 대중에게 개방했다. 많은 사람들이 와서는 미국 전역의 박물관 교육 담당자들이 하는 강연을 들었다. 주제는 "사람들이 참여하는 공간을 만들려면 무엇이 필요한가?"였다. 우리는 모임 분위기를 끌어올리기 위해 칵테일을 먼저 대접함으로써 강연 내용을 직접 시연하고자 했다.

사람들이 하나둘 모여들기 시작했을 때, 모임 조직위원 가운데 한 명이 우리가 모이는 공간이 칵테일 파티를 벌이기에는 너무 넓다는 사실을 깨달았다. 그는 그 자리에서 기지를 발휘했다. 우리가 하루 종일 작업한 메모 보드를 전부 끌고 와서 강연장의 한 부분을 막아 반원 모양의 공간을 만든 것이다. 사람들은 전체 강연장에 흩어져 있지 않고 그 반원 안으로 들어와서는 교실처럼 배치된 의자들에 앉아서 대화를 나누기 시작했다. 몇 분 지나지 않아 분위기는 한껏 고조되었다. 조직위원이 재빨리 모임에 적합한 공간 크기를 알아차린 덕분에 분위기가 가라앉아서 사람들이 실망하는 일을 막을 수 있었다.

매주 있는 직원회의가 열리는 공간에 들어가는 순간 자동으로 그 회의 모드에 들어가듯이 우리는 주어진 환경을 정해진 것으로 받아들이는 경향이 있다. 방 한가운데에 탁자가 놓여 있으면 그대로 둔다. 의자가 탁자의 마주보는 두 면에만 놓여 있어도 의자를 옮기지 않는다. 의자를 나머지 면에도 두면 더 친밀한 분위기를 조성할 수 있는데도 말이다. 그러니 다음번에 모임 장소에 가면 메모 보드 몇 개만으로도 공간 분위기를 바꿀 수 있다는 사실을 기억하자.

인구밀도

그날 행사에서 그 조직위원은 행사마다 적절한 인구밀도가 있다는 것을 이해하고 있었다. 그리고 나도 그 뒤로 행사 기획자와 공간

설계자들이 행사 종류에 따라 적합한 인구밀도 기준을 세우고 있다는 사실을 알게 되었다. 행사 기획자인 빌리 맥은 다음 표를 기준으로 손님 1인당 면적을 정하면 모임에서 바라는 분위기를 낼 수 있을 거라고 장담한다.

분위기 파티 종류	우아하게	활기차게	불타오르게
디너 파티	1.85제곱미터	1.39제곱미터	해당 없음
칵테일 파티	1.11제곱미터	0.93제곱미터	0.74제곱미터
밤샘 파티/댄스 파티	0.74제곱미터	0.56제곱미터	0.46제곱미터

출처: https://www.apartmenttherapy.com/party-architecture-density-how-to-plan-a-party-5359.

그는 "초대 손님 수를 정할 때는 파티 장소의 면적을 표에 나오는 면적"으로 나누면 된다고 조언한다.[16] 만약 파티 장소의 면적이 37제곱미터이고 우아한 디너 파티를 계획하고 있다면 20명을 초대하면 된다. 만약 불타오르는 댄스 파티를 열고 싶다면 같은 공간에 80명을 초대하면 된다. 맥은 파티에서 종종 손님들이 부엌으로 모여드는 이유 중 하나가 손님이 하나둘 떠나면서 사람들이 본능적으로 적정 인구밀도를 유지하려고 좁은 공간을 찾아 나서기 때문이라고 설명한다.

태평한 회주가
되지 말자

손님은 일단 모임이라는 당신의 왕국에 들어서기로 선택한 이상 당신의 통치를 받고 싶어 한다. 배려하고, 존중하고, 세심한 그런 통치를 기대한다. 당신이 통치하지 않으면 손님들에게 헌신하는 모임이 아니라 당신이 손님들에게 보여 주고 싶은 이미지를 강요하는 모임이 된다.

지금까지 대담하고 명확한 모임 목적을 세우는 법과 그 목적에 맞춰 초대 손님 목록을 작성하고 모임 장소를 고르는 법에 대해 알아보았다. 이제 모임의 회주인 당신의 역할에 대해 생각해 볼 차례다. 모임은 어떻게 운영해야 할까?

자유방임은 배려를 가장한 이기주의다

사업상 모임이든 가족 모임이든 고객이나 지인에게 회주 역할이 무엇이라 생각하느냐고 물으면 대부분은 답하기를 망설인다. 회주 역할에 대해 이야기하려면 회주에게 주어진 권력에 대해 이야기해야만 하고 권력에 대해 이야기하려면 그것이 존재한다는 것을 인정해야 하기 때문이다. 대다수 사람들은 이런 이야기를 듣고 싶어 하지 않는다. 시간과 노력을 들여서 모임을 준비함에도 불구하고 많은 사람들이 되도록 모임 진행에 끼어들지 않으려고 한다.

그러나 선장이 없는 배를 타고 싶은 사람이 있을까? 디너 파티에서 나서서 무언가를 더해야 할지 말지를 고민했던 S의 사례(1장 참고)에서처럼 나는 언제나 회주에게 자신에게 권력이 주어졌다는 사실을 받아들이고 배의 조타륜에 손을 얹으라고 조언한다. 그러나 그런 내 조언은 언제나 무시당한다.

한번은 워싱턴 DC에서 연방 정부 및 주 정부의 정치 지도자들이 복지 정책을 논하는 회의 운영을 도운 적이 있다. 운영진은 참가자들이 서로 유대감을 쌓을 수 있도록 회의 전날 하나의 대화에 모두가 참여하는 친목 디너 파티를 열자는 내 제안을 받아들였다. 이 디너 파티에서 참가자들이 마음을 열고, 대담한 아이디어를 펼치고, 더 나아가 관점을 바꿔서 다음 날 있을 정책 토론회에 더 인간적으로 접근하도록 유도하기 위해서였다.

이 디너 파티 일정이 정해진 뒤 한 참가자가 디너 파티에는 올 수 없지만 다음 날 회의에는 참석하겠다고 알려 왔다. 나는 운영진에게 그런 요청은 거절해야 한다고 단호하게 말했다. 디너 파티는 부차적인 일정이 아니었다. 모임 설계의 핵심 부분이었다. 참가자 모두가 유대감을 쌓아서 기존 회의와는 완전히 다른, 더 창의적인 논의로 이어질 잠재력을 이끌어 내야 하는 자리가 바로 디너 파티였기 때문이다. 그런데 그런 과정을 함께하지 않은 누군가가 하루 늦게 나타나면 변하지 않은 자신의 관점을 고집해 전체 분위기를 흐리게 된다.

네 명의 운영위원은 문제를 일으키고 싶지도 않고 주요 인사의 심사를 건드리고 싶지도 않았으므로 내 조언에 반박했다. 그 정치인이 결정할 문제라는 것이었다. 다행히도 운영진의 원로가 내 조언을 받아들여서, 그 정치인에게 두 모임 모두 참석해야 하며 한쪽에 참석할 수 없으면 그 다음 날 회의에도 참석할 수 없다고 알렸다. 그 정치인은 두 모임 모두에 불참했다. 디너 파티에서 의미 있고 솔직한 대화를 나누면서 참석자들의 태도가 달라진 것을 본 운영진은 왜 내가 이 저녁 모임에 참석하지 않은 사람이 다음 날 회의에 갑자기 끼어들면 분위기에 악영향을 준다고 말했는지 이해할 수 있었다.

한번은 뉴욕 브루클린의 한 옥상에서 열린 집들이에 참석했다. 저녁 식사를 마친 뒤 분위기가 다소 정체되었고 사람들은 방황하면서 계속 머물러야 할지 떠나야 할지 고민하고 있었다. 이런 분위기를 느낀 나는 집들이를 연 커플에게 늑대인간 게임을 하면 어떻겠느냐고 제안했다. 러시아의 어느 심리학 교수가 개발한 늑대인간 게임[1]은 참가자들이 서로 친해질 기회를 주고 가라앉던 분위기를 되살려서 그날 모임에 다시 활력을 불어넣을 것이었다. 내 제안을 들은 회주 한 명이 얼른 그 게임을 해서 사람들의 집중력을 되살리고 싶어 했다. 주위를 둘러본 그는 다른 손님들도 흥미를 보이는 것을 알아챘다. 다만 냉소적인 표정을 한 손님도 몇몇 있었다. 그 몇몇 냉소적인 표정에 주눅 든 그는 게임을 포기했다. 회주로서 권력을 행사하는 일에 익숙하지 않았던 것이다. 아무것도 하지 않으면 실패도 하지 않는다고 생각했을 수도 있다. 그렇게 그 순간이 지나갔고 사람들이 흩어져서 끼리끼리 모이는 바람에 다시 분위기를 띄울 기회가 사라지고 말았다. 다음 날 그는 내게 게임을 하지 않은 걸 후회한다는 메시지를 보냈다.

아는 저널리스트가 동료 해외 통신원 10여 명을 초대해 그들이 뭉친 지 10년째 되는 해를 기념하는 모임을 열기로 했다. 모두가 뉴욕으로 와서 어느 태국 음식 식당에서 저녁을 먹었다. 이 저널리스트는 과거에 모임 기획과 관련해 내 도움을 받은 적이 있었다. 그래서 그는 혼자 기획한 이 모임에서도 저녁 식사 중에 이런저런 이야기를 나누다가 각자가 해외에서 보낸 시간이 어떤 의미가 있었는지를 모두 함께 나누는 시간을 보내면 좋겠다고 생각했다. 그 저녁 모임의 기획 의도를 충분히 살리기 위해 모두가 집중하는 시간을 갖고 싶었던 것이다. 그런데 마지막 순간에 자신의 뜻을 너무 강요하는 것이 될까 봐, 또는 너무 분위기가 무거워질까 봐 걱정한 나머지 그 생각을 실천하지 못했다.

21세기 문화 곳곳에 만연한 어떤 흐름이 모임을 오염시키고 있다. 그건 바로 '무심하게 임하기'다. 모임을 운영하기는 해도 적극 간섭하고 싶지는 않은 것이다.

'무심함'은 느긋한 것이, 나서지 않는 것이, 너무 애쓰지 않는 것이, 너무 신경 쓰지 않는 것이 더 낫다고 말한다. 앨러나 메시의 에세이 〈무심함에 맞서서Against Chill〉를 인용하자면 무심함이란 "태평한 태도, 신경증의 부재"를 의미한다. 그래서 "이성적 근거에 바탕을 둔 기대를 장례 지낸다." 그리고 "받기만 할 뿐 결코 주지 않는다."[2]

내 입장을 분명히 밝히면, 모임을 운영할 때만큼은 무심하게 구는 것이 끔찍한 태도라고 생각한다.

이 장에서 나는 모임을 운영할 때는 그에 수반되는 권력을 행사하라고 설득할 것이다. 모임을 운영하는 방식이 단 하나뿐이라거나 회주가 행사하는 권력 형태가 단 하나뿐이라고 주장하는 게 아니다. 다만 나는 모임 운영이 권력 행사와 불가분 관계에 있다고 믿는다. 내가 보조하는 회주들은 종종 권력을 내려놓고 방임하고 싶은 유혹에 이끌린다. 그렇게 하면 손님들이 자유를 누리게 될 거라고 생각하기 때문이다. 그러나 그런 식으로 권력을 내려놓으면 손님에게 도움이 되기보다는 해가 되는 경우가 더 많다. 모임을 자유방임으로 운영한다는 건 실은 회주가 모임을 이끌어야 한다는 부담에서 벗어나기 위한 핑계인 경우가 대부분이다. 손님은 일단 모임이라는 당신의 왕국에 들어서기로 선택한 이상 당신의 통치를 받고 싶어 한다. 배려하고, 존중하고, 세심한 그런 통치를 기대한다. 당신이 통치하지 않으면 손님들에게 헌신하는 모임이 아니라 당신이 손님들에게 보여 주고 싶은 이미지를 강요하는 모임이 된다. 자유방임이란 회주가 손님들에게 신경 쓰는 척하는 데에만 신경 쓰고 있다는 뜻일 때가 많다.

자유방임이 문제인 이유

자유방임형 회주는 단순한 오류를 범하고 있다. 그는 **손님들을 내버려두면 손님들이 자유를 누리게 될 거라고 생각하지만 실제로는 한 손님이 다른 손님의 통제 아래 놓이게 될 뿐이다.** 내가 보조하는 많은 회주들은 자신이 권력 행사를 거부하면 권력에서 자유로운 모임이 만들어질 거라고 상상한다. 그들이 놓치고 있는 것은 회주가 그렇게 뒤로 물러나 있으면 모임이 권력에서 자유로워지기는커녕 그런 진공 상태에서 다른 누군가가 권력을 쥘 틈이 생겨난다는 사실이다. 그렇게 권력을 잡은 사람은 당신이 정한 모임 목적에 어울리지 않는 방식으로 권력을 행사하기 쉽다. 하지만 손님들은 당신, 즉 회주의 통치를 받겠다고 자원한 것이지 술에 취한 당신 삼촌의 통치를 받겠다고 온 것이 결코 아니다.

사람들이 자기가 원하는 대로 모임을 즐기도록, 자기가 원하는 사람과 이야기하도록 내버려두는 회주가 가장 사려 깊은 회주이지 않을까? 이런 견해에 대한 가장 극적이고 설득력 있는 반박을 나는 강의실에서 직접 목격했다.

하버드 케네디 대학원의 인기 교수이자 리더십 분야의 권위자인 로널드 하이페츠는 변화 적응 리더십Adaptive Leadership이라는 강의의 첫 수업을 아주 독특하게 시작한다. 강의실에 들어와서 출석을 부르거나 수업을 시작하는 대신 그는 강의실 앞쪽 검은 회전의자에 앉아 다소 지루한 표정으로 강의실 바닥만 멍하니 쳐다본다. 수십 명의 학생들이 앞에 앉아 있지만 그는 아무에게도 인사를 건네지 않는다. 헛기침을 하며 목소리를 가다듬지도 않고 조교에게 강의 소개를 부탁하지도 않는다. 그냥 멍한 표정으로 입을 꾹 다문 채 꼼짝도 안하고 앉아 있다.

학생들은 잔뜩 기대하는 표정으로 기다린다. 수업 시작 시간이 지났는데도 하이페츠 교수는 한 마디도 하지 않고 그대로 앉아 있다.

침묵이 버거워지기 시작한다. 신경이 곤두선다. 하이페츠 교수는 아무것도 하지 않음으로써 강의실에서 자신에게 주어진 권력을 포기하고 있다. 이 모임의 회주인 교수에게 기대되는 역할을 거부하고 있다. 하이페츠의 전공 분야를 고려할 때, 그가 이러는 데는 이유가 있겠지만 학생들은 아직 그게 뭔지 파악하지 못한다.

초 단위로 집단 전체의 불안감이 고조되는 게 느껴진다. 누군가 웃음을 터뜨린다. 기침 소리가 들린다. 학생들은 서로 말은 안 해도 하나같이 당황스러워하고 있다. 혼란스러워하고 있다. 전통적으로 강의실에서 권력을 행사해야 하는 교수가 자신의 역할을 다하지 않을 때, 강의실에서는 길잡이가 사라진다. 학생들은 험난한 길을 알아서 헤쳐 가야 한다.

마침내 누군가 입을 열었다. (내가 기억하기로는) "이거 수업 맞죠?"라고 내뱉었던 것 같다.

그러자 여기저기서 말소리가 팝콘 터지듯 터져 나왔다. 처음에는 아주 천천히, 조심스럽게, 그러다 속도가 붙으면서 그날 서로 처음 만난 학생들 사이에서 들뜬 목소리들이 여기저기서 폭발한다.

"계속 저기 앉아 있을 생각인가?"

"하루 종일 이러고 있을 수는 없는데."

"아니, 이건 뭔가 수업의 일부일걸."

"그럼, 우리는 뭘 해야 하는 거지?"

"조용히 해. 곧 말씀하실지도 몰라."

"나한테 조용히 하라고 하지 마. 나에게도 말할 권리가 있다고."

지휘하는 교수가 없으니 학생들은 알아서 서로에게 대처해야 한다. 엄밀히 말해 학생들 모두에게 말할 자유가 있다. 소리를 지르거나 춤을 추거나 큰 소리로 웃거나 권력을 쥐려고 나서도 된다. 말릴 사람은 아무도 없다. 그러나 그들이 그렇게 하지 못하게 막는 암묵적인 규정이 있다. 그리고 하이페츠가 뒤로 물러서 있는 이 순간처럼 그런 규정이 시험대에 올랐을 때 학생들은 다른 학생들이 어떻게 반응할지 알 도리가 없다. 누군가 카리스마가 있어서, 대담해서, 언변이 뛰어나서 다른 학생들에게 이 수업 시간에 무엇을 할지 설득할 수 있을까? 아니면 끝없이 논쟁이 계속될까?

팝콘처럼 통통 튀던 대화는 영원히 계속된 것 같았지만 실은 5분밖에 지나지 않았다. 마침내 하이페츠 교수가 학생들을 바라보며 모두를 안심시키는 말을 꺼냈다. "변화 적응 리더십 수업에 온 것을 환영합니다."

하이페츠 교수는 뭘 한 걸까? 그는 학생들에게 리더가 리더십을 포기하면 어떤 일이 벌어지는지를 보여 주면서 리더십 수업을 시작했다. 권력은 사라지지 않는다. 그냥 다른 누군가가 권력을 쥘 가능성이 생겨날 뿐이다. 이 경우에는 학생들이 권력을 잡을 가능성이 생겨났다. 그런데 학생들은 편안해지거나 자유로워지지 않았다. 혼란과 불안의 구렁텅이에 빠졌을 뿐이다.

권위는 지속적인 책임이다

모임을 주관하는 고객과 지인 들이 내 설명을 듣고 나서 권력을 행사하겠다고 약속할 때도 있다. 그렇더라도 그들은 본능적으로 그날의 안건을 개괄하여 소개한다든지, 모임 규정에 관한 논의를 시작한다든지, 모임에서 할 게임의 규칙을 설명한다든지 하는 식으로 딱 한번 모임 초반에 나선 뒤에는 자기 임무를 다했다고 생각하면서 뒤로 물러선다. '회주 노릇'을 끝냈다고 생각하고 그 뒤로는 손님인 척하는 것이다.

그러나 모임 초반에 단 한 번 권위를 행사하는 것은 인생 초반에 딱 한 번 신체 운동을 하는 것 정도의 효과밖에 없다. 목적, 방향, 기본 규칙을 정하고 소개하는 것만으로는 부족하다. 이 모든 것에는 강제가 수반되어야 한다. 그리고 당신이 강제하지 않으면 다른 누군가가 당신 대신 자신의 목적, 방향, 기본 규칙을 강제할 것이다.

한번은 모임 목적과 관련된 사항들을 비교적 잘 알고 있는 지인이 연 디너 파티에 참석했다. 그는 10여 명 정도 되는 손님들을 식탁에 둘러앉게 한 뒤 서로의 직업을 맞히는 게임으로 소개를 대신하면 어떻겠느냐고 제안했다. 다른 모임에서 이 게임을 하는 걸 봤고 재미있었다고 덧붙였다. 우리는 당연히 좋다고 했다. 그는 게임 규칙을 설명했다. 한 사람을 정한 다음 식탁에 앉은 모두가 순서대로 돌아가면서 자신이 추측하는 그 사람의 직업을 말한다.(이미 그 사람의 직업을 아는 사람은 건너뛴다.) 모두가 추측을 말하고 나면 그 사람이 자기 직업이 무엇인지 말한다. 우리는 의욕적으로 게임을 시작했다. 첫 손님을 두고 상당히 재미있는 추측이 난무했고 그 사람은 어떤 힌트도 주지 않으려고 열심히 표정 관리를 했다.

게임이 순조롭게 진행되어 웃고 떠드는 가운데 서로 익숙해졌다고 여긴 회주는 저녁 식사 준비를 하려고 일어섰다. 그는 아마도 자신이 할 일을 다했다고 느꼈을 것이고, 모임은 이제 자동 모드로 진행될 것이었다. 식탁을 떠나도 겨우 열 발자국 정도 떨어질 뿐이어서 그가 우리를 버렸다고는 할 수 없었다. 그러나 그 정도의 거리만으로도 문제가 발생했다. 물리적 거리가 문제가 아니라 심리적 거리가 문제였다. 그는 이제 다른 무언가에 정신이 팔려서 게임이 어떻게 진행되고 있는지 거의 신경을 쓰지 못하고 있었으니까. 손님 중 한 명이 (회주의 부재를 느껴서 그랬을 수도 있고, 아니면 어느 모임에서나 늘 그렇게 행동하는 사람일 수도 있는데) 과도하게 나서기 시작했다. 그는 자기 순서가 되었을 때 규칙을 어기고서 추측을 한 번이 아닌 여러 번 했다. 이런 위반 행위에 아무도 제재를 가하지 않자 그는 자기 직업을 밝힌 사람에게 계속 질문을 퍼부어 댔다.

주인이 자리를 비우자(물론 이해는 한다) 가짜 주인이 왕좌를 가로챌 틈이 생긴 것이다. 그 가짜 주인 덕에 우리는 40분 동안 두 사람의 직업밖에 밝히지 못했다. 게임 속도가 완전히 엉망이 되었고 다들 흥미를 잃었다. 문제는 회주를 뺀 어느 누구도 그 게임이 잘 진행되는 데 관심이 없었다는 점이다. 그날까지는 누구도 그 게임을 몰랐으니까. 주인이 게임을 시작해 놓고 떠나 버리자 그 식탁에는 게임 규칙, 즉 한 사람씩 돌아가며 짧게 말하도록 강제할 사람이 아무도 없었다. 그러나 누군가는 무언가를 강제할 의지가 있었다. 이 사례에서는 나머지 손님들은 조금 뒤로 물러나 있고 자신이 마음대로 게임을 진행하는 편이 낫다는 생각을 밀어붙인 손님이 그 누군가였다. 하지만 그 손님의 생각은 틀렸다.

그가 자유롭게 행사한 압제는 정치철학자 아이제이아 벌린이 오래전 한 말을 완벽하게 재연했다. "늑대의 자유는 대개 양의 죽음을 의미했다."

그날 저녁 벌어진 일은 회주가 자기 권위를 한 번 행사한 뒤 그것을 지속해서 강제하지 않을 때 흔히 벌어지는 일이다. 그날 많은 손님이 불쾌감을 느꼈다. 누군가 목소리를 냈지만 대놓고 그 남자나 게임을 비난하는 대신 게임을 그만두고 그냥 이야기나 하자고 제안했다. 좋은 제안이었지만 그러면 공평하지 않다고 지적한 다른 손님 말도 마찬가지로 일리가 있었다. 일부 손님은 아주 세세하게 소개된 반면 나머지 손님은 신원이 밝혀지지 않았으니까. 회주는 다시 식탁으로 돌아온 뒤에도 몸을 사렸다. 우리는 저녁 내내 그 게임을 했다. 그리고 사람들은 내내 투덜댔다. 투덜대기는 주인이 제대로 통치하지 않아서 제대로 보호받지 못한다고 느끼는 손님이 선호하는 무기다.

그러니 명심하자. ***사람들에게 특정한 방식으로 모이라고 설득할 생각이라면 그 방식을 강제하고, 그 방식이 실패하면 손님을 구제해야 한다.***

그리고 다음번에 모임을 기획할 때는, 그리고 모임이 진행되는 동안 조금이라도 권력을 포기하고 싶은 유혹이 느껴지면 그런 충동을 찬찬히 분석해 보자. 왜 물러나고 싶은 마음이 드는가? 모임과 관련된 사무(음식을 데우거나 잠시 나가서 전화를 받아야 하는 일 같은 것) 때문이라면 자원자에게 임시로 회주 임무를 맡기는 것이 당신 친구의 독재를 견디는 것보다 훨씬 낫다. 그런데 대개 그런 충동에는 더 깊은 원인이 있다. 바로 당신이 *배려라고 포장하는 망설임*이다.

낯선 이들이 모인 디너 파티에서만 회주가 권력을 내동댕이치는 것이 아니다. 한번은 이사회 모임 때문에 어려움을 겪는 한 회사의 자문을 맡았다. 누구의 동의도 없이 세 시간짜리 회의가 일곱 시간짜리 마라톤 회의가 되기 일쑤였다. 미리 정해 둔 회의 안건은 이사진들이 실제로 모이면 금세 쓰레기통으로 직행했다. 회의는 소수가 강력하게 지지하는 한두 가지 쟁점을 중심으로 흘러갔고, 나머지 사람들은 그 흐름에 애써 반박하지 않았다.

명목상 회의 주재를 맡은 이사가 있기는 했다. 그런데 이 회사는 평등이라는 가치를 최우선으로 내세우고 있었다. 회주를 맡은 이사는 회의가 시작할 때 안건을 개괄하여 소개한 다음, 앞서 살펴본 디너 파티 사례에서처럼 나머지 일정은 저절로 진행되기를 바랐다. 한 쟁점으로 논의가 시작되지만 으레 한 이사가 아주 긴급한 쟁점이라고 느끼는 것이 있기 마련이었고, 회의를 주재하는 이사는 너그러운 태도를 유지하고자 논의 중인 쟁점에 관한 이야기를 먼저 끝내야 다음 쟁점으로 넘어갈 수 있다고 주장하지 않았다. 다른 이사들도 잠자코 있었다. 모두 평등하다면 누구에게도 그럴 권한이 없기 때문이었다. 매 분기마다 모든 이사가 불만을 잔뜩 품은 채 회의실을 나섰다. 실제로 결정된 것도 없고 진전이 된 안건도 거의 없었기 때문이다. 회주인 이사는 자신이 회의를 너그럽게 이끌고 있다고 생각했겠지만 사실 그는 몸을 사리고 있었을 뿐이다. 비록 집단은 손해를 보고 있지만 자신이 굳이 목소리가 큰 동료를 제재해서 개인적으로 얻을 것이 없다는 확신이 밑바탕에 깔려 있었다. 강제하는 권력이 없다 보니 회의는 비공식적인 권력, 즉 회사에서의 경력, 사회적 명성, 드센 성격 같은 것에 점령당했다.

모임을 자유방임으로 운영하는 방식이 정말로 당신이 상상하는 것처럼 손님에게 유리하게 작용할까? 안건 없는 회의가 젊은 애널리스트에게 도움이 될까, 아니면 미리 준비할 수 있게 안건을 정해서 젊은 애널리스트도 베테랑 선임들 사이에서 논의에 보탬이 될 발언을 할 기회를 주는 것이 나을까? 마음 가는 사람과 이야기를 나누면 된다는 방식을 고수하면서 발언권을 보장해 주지 않으면 내성적인 손님이 단 한 마디라도 할 수 있을까? 교사 모임에 자율 착석 시스템을 도입하면 새로 가입한 세 명은 매번 탁자 끝에 자기들끼리 얌전히 앉아 있다가 돌아가게 되지는 않을까?

더 좋은 모임으로 가는 길에 놓인 중요한 발판 중 하나는 당신에게 주어진 권력의 필요성과 가치를 인정하고 받아들이는 것이다. 모일 거라면 모여라. 모임을 주재하겠다면 주재하라. 한 시간 또는 하루 동안 왕국을 세우기로 했다면 그 왕국을 통치하라. 자비로운 통치자가 되라.

자비로운 권위가 넥타이를 잘랐다

이쯤 되면 이런 의문이 들 것이다. 내가 모임을 통치한다면 어떤 통치자가 되어야 할까?

남을 돕는 것이 목적인 모임은 내가 자비로운 권위라고 부르는 것으로 통치된다. 자비로운 권위로 운영하는 모임은 강력하고 자신감 넘치면서도 남을 위하는 이타적인 손이 지휘한다. 자비로운 권위는 손님에게 헌신하는 방식으로 권력을 행사한다. 하이페츠 교수가 일부러 학생들에게 떠안긴 혼란과 불안에서 그들을 구한다. 디너 파티를 연 주인이 어리석게도 자초한, 손님 한 명이 나머지 손님을 지배하는 상황에서 손님들을 구한다. 모임 목적에 위협이 되는 가짜 주인의 등장을 막는다. 자비로운 권위는 손님이 모임에서 최고의 경험을 할 수만 있다면 기꺼이 미움받을 용기를 낸다.

그런데 자비로운 권위는 실제 모임에서 어떤 모습으로 나타날까?

자비로운 권위는 미국 캘리포니아 주 몬트레이에서 가위를 들고 무대에 오른 테드 설립자 리처드 사울 우르먼이다. 우르먼은, MIT 미디어랩 설립자이자 친구이자 테드 강연에 단골로 참석하는 그날 강연자인 니컬러스 네그로폰테를 향해 성큼성큼 걸어갔다. 네그로폰테는 테드 강연의 규정을 잘 알고 있었음에도 규정을 어기고 넥타이를 맨 채 연단에 섰다. 자비로운 권위가 테드 전체와 테드의 가치를 지키기 위해 우르먼에게 명령했다. 그에 따라 우르먼은 강연이 시작되기 전 모두가 보는 앞에서 네그로폰테의 넥타이를 싹둑 잘랐다.[3]

자비로운 권위는 코미디 공연 중에 난봉꾼에게 맞선 에이미 슈머다. 난봉꾼은 주인이 약점을 보이면 곧바로 통치권을 넘겨받으려고 기다리는 가짜 주인을 대표하는 예다. 누군가 관객석에서 엉뚱한 소리를 했다. "그 부츠는 어디서 산 거요?" 슈머는 날카롭게 쏘아붙였다. "아, 모퉁이를 돌면 나오는 '당신은 이거 살 돈 없어요, 그리고 그만 말 걸어요' 상점에서요.[쉬] 개그로 승화시켰지만 슈머는 자신의 권력을 점잖게 휘둘러 나머지 관객을 대신해 난봉꾼이 쇼를 망치는 것을 막았다.

자비로운 권위는 부유한 가문들이 모여 계획을 세우고 결정을 할 때 골고루 발언권이 돌아가도록 열심히 노력하는 데이지 메디치다. 메디치는 자산 관리사다.(메디치라니, 자산 관리사에게 딱 어울리는 이름이지 않은가!) 그는 혈연관계가 복잡한 부유한 가문의 수장들이 모이는 자리, 그리고 흔히 아주 첨예한 논쟁이 벌어지는 그 자리에서 조력자 역할을 한다. 피를 나눈 친척들의 의견을 따르며 종종 침묵하거나, 나이 많은 가장들이 성인이 된 자녀를 묵살하곤 하는(가족 기업을 매각한다거나 기부를 하는 것과 같이 노인들이 내린 결정의 결과를 짊어져야 하는 건 바로 성인이 된 그 자녀들인데도) 그 자리에서 메디치는 자비로운 권위를 발휘해 점잖게 균형을 조정한다.

자비로운 권위는 형식적인 제스처도 아니고 권력을 과시하는 것도 아니다. 남에게 도움이 되는 결과를 쟁취하려고 자비롭게 권력을 행사하는 것이다. 권위의 정당성은 자비로움에서 나온다. 여러분에게 모임에서 자비로운 권위를 행사하라고 말할 때는 독재자가 되라는 뜻이 아니다. 다음 세 가지 목표에 충실한 권위를 추구할 용기를 내라는 뜻이다.

첫째, 손님을 보호하라

모임에서 권위를 내세워야 하는 첫 번째 이유이자 가장 중요한 이유는 손님을 보호하는 것이다. 손님을 서로에게서, 지루함에서, 주머니에서 계속 울려 대는 중독성 강한 전자 기기에서 보호해야 한다. 우리는 누군가에게 안 된다고 말하는 걸 미안해한다. 그러나 누구를, 그리고 무엇을 보호하려고 그렇게 말하는지를 알고 있으면 안 된다고 말하기가 쉬워진다.

손님을 보호하기 위해 권력을 휘두를 때는 텍사스 주 오스틴에서 처음 설립되어 현재 여러 도시에 체인점을 낸 독립영화관 알라모 드래프트 하우스의 사례를 참고하자. 당신도 영화를 보러 갔다가 뒷줄이나 그 뒷줄에서 누구나 들을 수 있는 목소리로 대화를 나누는 사람들 때문에 짜증이 났던 경험을 여러 번 했을 것이다. 옆자리에 앉은 사람이 꺼내 든 스마트폰의 새하얀 불빛이 스크린 불빛과 경쟁하는 걸 견뎌야 했던 적도 한두 번이 아닐 것이다. 하도 무례하게 굴어서 못 참고 한마디 해 본 적은 있는가? 어쩌면 뭐라고 했지만 아무것도 바뀌지 않았을 수도 있다. 또 뭐라고 했다가 큰 다툼으로 번졌을 수도, 그래서 더 많은 사람이 영화를 제대로 즐길 수 없게 되었을 수도 있다.

알라모 드래프트 하우스는 객석이 넓고 영화 상영 중에 음식과 음료가 제공된다는 점에서도 다른 영화관들과는 다르다. 하지만 그보다 더 눈에 띄는 점은 자비로운 권위를 행사한다는 사실이다. 대다수 영화관에서는 대다수 회주처럼 영화관과 손님의 관계에만 신경을 쓰고 손님들끼리의 관계까지는 신경을 쓰지 못한다. 알라모에서는 그런 실수를 저지르지 않는다. 알라모에서 일하는 누군가가, 다른 영화관에서는 수호자 역할을 남, 그것도 돈을 지불한 손님에게 떠넘긴다는 것을 알아차린 듯하다. 알라모에서는 영화 상영 중에 이야기를 하거나 문자 메시지를 보내지 말라는 경고문이 영화 시작 전 화면에 뜬다. 물론 다른 영화관에서도 그런 경고문을 내보낸다. 그런데 알라모에서는 다른 영화관과는 달리 그런 경고를 어기면 직원이 나타나 실제로 경고를 준다. 경고를 받고도 또 어기면 관객은 퇴장당한다. 만약 어느 관객이 규정을 어기는 다른 관객을 보았다면 '주문서'를 의자테이블에 올려 두기만 하면 된다. 그러면 영화관 측에서 알아서 처리해 준다. 물론 같은 주문서를 음식 주문할 때도 쓰기 때문에 익명성은 보장된다. 웨이터는 수호자로서의 역할도 확실히 수행한다. 웨이터가 정말로 제 역할을 잘해 내는 것을 내 눈으로도 직접 확인했다.

한 관객이 문자를 보내다가 들켜서 쫓겨나자 영화관 음성 사서함에 분노에 찬 메시지를 남겼다. "오스틴에 있는 수많은 영화관에서 문자를 보냈어도 아무도 뭐라 하지 않았어." 그는 계속 떠들어 댔다. "누가 봐도 당신들이 나를 개 취급 한 거야. 그것도 일부러." 그런 식으로 계속 쏟아 내다가 이렇게 끝냈다. "나를 손님 대접해 줘서 정말 고맙네, 고마워. 그러고도 내 돈은 받아 갔지, 나쁜 놈들!"[5]

알라모에서는 자사의 자비로운 권위에 자신이 있었으므로 이 메시지에 환호했다. 그뿐 아니라 이 메시지로 광고까지 만들었다. 그 광고는 이렇게 끝난다. "문자질쟁이 님, 알라모에 다시는 오지 않으시겠다니 감사합니다!" 이 광고는 온라인 채널을 통해 빠르게 퍼져나가 큰 반향을 일으켰다. 알라모 CEO 팀 리그는 알라모의 정책을 설명하면서 자신들은 그 정책을 엄격하게 지킨다고 말했다. "영화관에 있을 때는 수많은 관객 중 한 명입니다. 불이 꺼지고 영화가 시작하면 상영관에 있는 모든 영화 팬은 화면에서 반짝거리는 영상에 집중하고 몰입하기를 원합니다. 그런데 스마트폰 불빛, 우는 아기, 농담 따먹기 하는 눈치 없는 십 대가 있으면 영화의 마법이 깨지고 맙니다. 진정한 영화 팬에게 멋진 경험을 제공하고 싶어서 1990년대 중반에 첫 알라모 영화관을 연 것이고 그런 철학은 지금도 변함없이 지키고 있습니다."[6]

알라모가 다른 영화관과 구분되는 이유는 대화 금지, 문자 금지 정책을 세워서가 아니라 그런 정책을 아주 세심하게 지키겠다고 선언하고 직원들이 실제로 그 선언을 충실히 이행해서다. 더 나아가 알라모는 손님의 분노를 기꺼이 감수한다. 직원들은 자신의 권한을 나머지 관객과 모임의 더 큰 목적을 수호하는 데 집중해서 쓴다. 알라모에서는 '일부러 개 취급'했다는 성난 관객의 음성 메시지와는 정반대로 영화 즐기기라는 모임 목적을 수호하려고 온 정성을 다한다.

알라모에서는 '모두를 위한 알라모'라는 별도 프로그램도 도입했다. 이 프로그램은 소리나 전자 기기 사용에 관한 규칙을 전부 없애고 사람들이 영화 상영 중에 돌아다니는 것도 허용한다. 이 프로그램은 다른 목적을 추구하기 때문이다. 어린이(우는 아기 포함)와 특별한 도움이 필요한 손님(예를 들면 장애인)을 위한, 혁신적일 정도로 포용적이고 접근성이 뛰어난 영화관 만들기라는 목적이다. 알라모는 이렇듯 서로 다른 두 부류의 관객 집단이 상충되는 필요를 지니고 있다는 것을 알기 때문에 두 가지 다른 목적에 부합하는 별도의 두 모임을 운영하는 것이다. 하나는 잡음을 비롯한 방해 요소로부터 관객을 보호하는 모임이고, 다른 하나는 소외와 배제로부터 관객을 보호하는 모임이다.

이런 식으로 손님을 보호하는 일이 쉽지는 않다. 제재를 받는 이의 분노는 집약적인 반면 보호받는 이의 감사는 분산되어 있기 때문이다. (가장 음울한 모임 유형인) 전문가 토론회에서 사회를 본 사람이라면 어떤 분위기인지 알 것이다. 그러나 CNN의 정치 평론가이자 여러 미국 대통령의 고문역을 맡은 데이비드 거겐처럼 아주 뛰어난 사회자라면, 그 누구라도 팀을 위해 희생하는 것에 익숙해 있다. 당신이 팀을 위해 희생한다는 사실을 팀이 전혀 알아주지 않는다 해도 말이다. 토론회 사회자 역할을 할 때 질의응답 시간이 돌아오면 거겐은 청중에게 명확하게 지시한다. "부디 자신의 신원을 밝히고 질문은 간결하게 해 주세요. 질문은 언제나 물음표로 끝난다는 걸 잊지 마세요." 그러나 언제나 자기가 하고 싶은 말을 길게 늘어놓는 질문자가 있기 마련이고, 거겐은 그럴 때마다 필요하다면 얼마든지 개입한다. "그 말을 질문으로 정리해 주시겠습니까? … 그 말을 질문으로 정리해 주시겠습니까? … 질문은 언제 하실 겁니까?" 어떤 사람은 그가 심술 맞게 군다고 생각할지도 모른다. 그러나 그는 다른 청중의 말이 아니라 대통령, 명사, 시민운동가의 말을 들으려고 기다리거나 돈을 지불한 나머지 청중을 보호하고 있는 것이다.

사람들이 모임 전체나 그 안에서 손님 전체의 경험이 나아지는 데 관심이 없을 때 보이곤 하는 행동을 예측하고 적절히 개입하는 것, 그 것이 손님을 보호한다는 것의 의미다. 이상하게 들리겠지만 전문가 토론회에서 질문을 하지 않고 자기 말만 늘어놓는 질문자는 자신이 질문이 아닌 자기 의견을 피력하고 있다는 사실을 모를 때가 많다. 칵테일 파티에서 자기 홍보에 열을 올리는 사람은 자기가 다른 사람 눈에 어떻게 비쳐지고 있는지 알게 된다면 그렇게 행동하지 않을 것 이다. 모임에서 사람들은 일부러 나쁜 행동을 하겠다고 나서는 게 아 니다. 그저 나쁜 행동이 일어날 뿐이다. 그것을 친절하고 우아하지만 단호하게 막는 것이 회주가 할 일이다.

몇 년 전 엘리자베스 스튜어트도 자신이 그런 방식으로 모임 운 영에 개입해야만 한다는 사실을 깨달았다. 그는 창업 지원 센터이자 지역공동체 지원 센터이기도 한 임팩트 허브 로스앤젤레스Impact Hub Los Angeles를 설립하여 운영한다. 이 단체는 기업가를 육성하고 사업 확장 을 돕는 일을 하지만 스튜어트는 "스타트업들이 협업하는 공간에 만 연한 거래 관계는 퇴출해야만 한다"는 것을 알았다. 그는 말했다. "나 는 우리가 다른 것을 지지하는 기본 규칙과 지침을 정해서 다른 방향 으로 나아가야만 한다고 생각했어요." 그래서 스튜어트는 임팩트 허브 로스앤젤레스 회원 오리엔테이션을 열 때마다 이런 규칙을 강조했다. "회원은 누군가에게 도와 달라는 요청을 받거나 무슨 일을 하는지에 관한 질문을 받으면 자신이 무엇을 '파는지'에 대해서만 이야기할 수 있습니다." 자신의 손님이 잠재적인 고객이나 투자자로만 취급되지 않도록 보호하고 모임이 단순한 거래 모임으로 전락하는 것을 막기 위한 조치였다. "무엇보다 사람을 사람으로 만나고 알게 되는 것이 우선이니까 아이디어를 나누는 건 그 이후에 하라는 거였죠. 그래서 그런 규칙을 세운 거예요. 우리는 질문과 초청에 세심하게 신경 쓰는 문화를 만들고 싶었어요."

손님을 보호한다고 해서 꼭 큰 목소리를 내거나 엄격한 규칙을 내세울 필요는 없다. 손님을 모임 장소 한구석에서 벌어지는 장황하고도 일방적인 대화에서 구하거나, 남을 무시하고 짓밟는 회사 직원을 농담으로 꺾거나, 문자를 그만 보내라고 부탁하는 것처럼 모임 내내 아주 사소하고 거의 눈에 띄지 않는 행동을 지속해서 하는 것만으로도 충분하다.

요컨대 **손님을 보호한다는 것은 멋진 집단 경험을 누릴 권리를 그런 경험을 망칠 권리보다 더 위에 두는 것을 말한다.** 회주는 몸을 사리지 말고 기꺼이 나쁜 경찰이 되어야 한다. 그것이 자비로운 권위다. 알라모 드래프트 하우스처럼 당신도 고객이 나서지 않도록 그들을 대신해서 그렇게 하는 것이니까.

둘째, 평등한 관계 보장

회주가 권위를 행사해서 해야 하는 또 다른 중요한 임무는 모임 안에서 손님들을 서로 평등하게 만드는 일이다. 사람들이 모일 때는 거의 언제나 어떤 식으로든 위계가 형성되기 마련이다. 영업 회의에 참석한 부사장과 신입 사원 사이든, 학부모 회의에 모인 부모와 교사 사이든, 모임 참석자들 사이에는 머릿속에서든 실제로든 지위 격차가 생겨난다. 대다수 모임에서는 손님이 자신의 지위와 학위를 문밖에 두고 들어와야 최선의 결과를 얻을 수 있다. 그런 허영심을 벗기고 받아서 치우는 임무는 회주 몫이다. 회주가 그 일을 하지 않으면 대신할 사람이 없다.

토머스 제퍼슨도 이 점을 잘 이해하고 있었다. 그가 보기에 미국이라는 나라는 세대에서 세대로 계승되는 위계질서에 맞서는 도박을 했다. 현명한 제퍼슨은 평등이라는 이상이 추상적인 개념에 머물러서는 안 된다는 점을 정확히 파악하고 있었다. 그것은 자신과 다른 정치 지도자들의 삶에도 적용해야 하는 이념이자 자신들의 모임에도 적용해야 하는 이념이었다. 제퍼슨은 새로운 공화국에는 새로운 지침이 필요하다고 믿었다.

이런 새로운 지침의 대상 중 하나가 디너 파티에서 손님들을 배석하는 방식이었다. 유럽 사교계에서는 디너 파티의 형식이 꽤 구체적으로 정해져 있었다. 좌석은 사람들의 지위에 따라 배정되었다. 특히 공식 외교 모임일 때는 그런 관례를 엄격하게 지켰다. 제퍼슨은 그런 관례를 근절하기로 선언했다. "공식 행사에서 정부가 외국의 장관과 그 가족을 환대할 때는 그들에게 가장 편안한 좌석이나 자리를 제공할 것입니다. 다른 초대 손님과 나머지 장관 및 그 가족은 도착한 순서대로 착석합니다. 예외는 없습니다."[7] 이런 배석 방식을 사람들은 "허둥지둥 방식"이라고 불렀고 이전까지 지위에 따른 특권을 누린 일부 사람들은 이에 반발했다. 그들 중에는 영국 장관 앤서니 메리도 있었다. 메리와 "넙데데한 얼굴로 그에 못지않게 불쾌감을 표한 그의 부인", 그리고 또 다른 외교관은 항의의 의미로 워싱턴 정가의 공식 일정에 불참했다. 《토머스 제퍼슨 백과사전The Thomas Jefferson Encyclopedia》에 따르면 "그 이후 이어진 사회적 후폭풍이 미국의 외교와 국내 정책의 앞길을 가로막는 것처럼 보였지만 제퍼슨은 허둥지둥 방식의 밑바탕에 깔린 원칙을 고집했다. '우리가 하나의 사회를 이루며 모여 있을 때는 구성원 모두가 완벽하게 평등합니다. 외국인이건 내국인이건, 지위 고하를 막론하고, 공직에 있건 없건 말입니다.'"[8] 그는 자기 모임에 이런 정신을 적용하기를 원했다. 안타깝게도 노예들에게까지 적용하지는 않았지만.

그로부터 200년도 더 지난 뒤 또 한 명의 미국 대통령이 사람들을 평등하게 대접하고 기존 권력 구조를 무너뜨리고자 했다. 그래서 그도 여러 사람의 심기를 건드렸는데, 몇몇은 재미있어 하기도 했다. 버락 오바마는 강연장이나 회견장에서 질의응답 시간에 남자들이 훨씬 더 손을 많이 들고 실제로 질문 기회도 더 많이 얻는다는 것을 알아차렸다. 그래서 실험을 하기 시작했다. 베네딕트 대학교에서 학생들을 상대로 강연을 할 때나[9] 일리노이 주에서 공장 노동자 공청회에 참석할 때나[10] 심지어 기자회견장에서도[11] 그는 '남성, 여성, 남성, 여성' 순으로 질문을 받겠다고 고집했다. 여성 차례에 여성이 질문을 하지 않으면 그는 여성이 질문을 할 때까지 기다렸다.

자유 세계의 수장이 되어야만 손님들을 평등하게 대우할 수 있는 건 아니다. 자기 모임에서 권력 역학 관계를 파악하고 그것에 대처할 의지만 있으면 된다. 기회 협력Opportunity Collaboration 콘퍼런스의 창설자들이 그랬듯이.

"빈곤 문제를 해결할 지속 가능한 방안을 마련하는 데 헌신하는" 지도자들을 한자리에 불러 모으는 행사인 이 콘퍼런스는 2009년 멕시코 익스타파에서 처음 개최되었다. 처음부터 이 콘퍼런스 운영진은 빈곤 퇴치 분야를 장악한 아주 굳건한 권력 역학 관계에 맞서야 한다는 것을 잘 알고 있었다. 간단히 말해 이 분야에서는 자금을 확보하고 그 자금을 어디에 얼마나 분배할지 결정할 권한이 있는 단체들이 그 돈을 받아 현장에서 빈곤 퇴치 프로그램을 실행하는 운동가들보다 훨씬 더 큰 권력을 행사했다. 운영진은 이런 역학 관계가 빈곤 퇴치 사업에 방해가 된다고 믿었다. 이 콘퍼런스의 CEO 토퍼 윌킨스는 이에 대해 이렇게 말했다. "기존 콘퍼런스에 참석할 때면 마치 손톱으로 칠판을 긁고 있는 것 같은 느낌이 들었어요. 도움이 되기는커녕 해만 끼친다고 생각했죠. 경제 개발 정책을 실행하는 방식에도 그런 위계질서를 반영하도록 부추기니까요. 우리가 정말로 빈곤 문제를 해결하고 싶다면 먼저 그런 권력 구조부터 깨야 합니다."

월킨스와 운영진은 후원자와 실무자가 한자리에 모일 때 형성되는 위계질서를 강화하는 방식이 아니라 무너뜨리는 방식으로 모임을 설계하려고 팔을 걷어붙였다. 그들은 멕시코에서 1주일을 보낼 350명을 초대했다. 그리고 모임 참석자들이 위계질서에 따른 상하관계가 아닌 평등한 관계를 맺도록 유도할 기회를 놓치지 않으려고 모임 시작 직후 곧장 작업에 착수했다. 그들은 이름표에 이름은 아주 큰 글자로, 성은 아주 작은 글자로 표기했다. 그리고 절대, 절대로 단체명이나 직책은 적지 않았다. 그들은 세 시간짜리 전체 회의를 여는 것으로 콘퍼런스를 시작했다. 참석자에게 "우리가 공동체라는 사실을 직접 목격"할 기회를 준 것이다. 월킨스는 이 자리에서 "애초에 우리가 함께 일하는 데 방해가 되는 것들에 대해 허심탄회하게 이야기"했다. 사람들은 이 기회를 빌려 서로에게, 그리고 권력층에게 진실을 털어놓았다. 현장 실무자들과 운동가들은 이런 말을 했다. "잠재적 후원자를 찾아갈 때마다 산부인과에 가는 기분이에요. 발가벗겨지는 것 같다고요!" 후원자는 이렇게 답했다. "이해해요. 정말 끔찍하겠죠. 그렇지만 우리 입장도 편하지만은 않아요. 사람들의 인생을 바꿀 수도 있는 결정을 해야 하니까요. 부담감과 압박감이 아주 크죠." 운영진은 참가자들이 상대방 입장이 되어 고충을 토로하는 역할극도 벌였다. 공감대를 형성하기 위해서였다.

기회 협력 콘퍼런스는 빈곤에 맞서 싸우는 이들이 더 효율적으로 활동할 수 있도록 하여 빈곤 문제를 해결한다는 더 큰 목적을 갖고 있었다. 운영진은 참가자들이 더 솔직해지고 더 협력하고, 무엇보다 서로 수평 관계에 있어야만 그런 효율성이 실현된다고 믿었다. 따라서 운영진은 모임 장소와 초대 손님을 정한 뒤에도, 참가자들 간 평등한 관계를 보장할 수 있도록 자신들이 회주로서의 권력을 행사해야 한다는 것을 알았다. 각각 다른 부족에 속한 빈곤 퇴치 전사들을 평지에 서게 한 뒤 민주적인 방식으로 서로의 목소리를 듣게 하면 현장이 돌아가는 방식을 바꿀 수 있을 거라고 생각했다.

이런 모임 민주화는 대통령이 관여하는 행사나 빈곤 문제 콘퍼런스에서만 필요한 것이 아니다. 파티나 사교 행사에서도 평등 관계를 적극 실현하면 더 큰 성과를 낼 수 있다. 작가 트루먼 커포티도 이 점을 잘 알고 있었기에 그가 주최한 흑백 무도회가 대성공을 거둘 수 있었다.

1966년 11월 28일 추수감사절 바로 다음 월요일에 커포티는 자신과 '가까운' 지인 540명을 뉴욕 플라자 호텔로 초대해 가면무도회를 열었다. 뉴욕 사교계에서 이전까지 한 번도 보지 못한 파티였다. 호화로웠기 때문은 아니었다.(무도회는 밤 10시에 시작했고 자정에 파스타와 감자튀김을 제공할 거라고 통지했다.) 무도회가 열린 장소 때문도 아니었다. 참석자 명단과 복장 관련 지시 사항 때문이었다.

커포티는 왕족과 정치인, 유명 연예인과 작가를 초대했다. 파티 주인공으로는 캐서린 그레이엄을 내세웠다. 이것도 그 자체로 독특한 결정이었다. 그레이엄은 남편을 잃은 지 얼마 되지 않았기 때문이었다. 그 파티 이후로 그레이엄은 《워싱턴 포스트》의 영향력이 가장 컸던 20여 년간 그 신문의 발행인으로 일했지만, 무도회가 열린 당시에만 해도 그다지 알려진 인사가 아니었다. 베스트셀러《인 콜드 블러드》를 발표한 지 얼마 안 된 커포티는 인도 자이푸르 왕국의 왕비와 이탈리아 공주뿐 아니라 캔자스 주 가든시티의 어느 중산층 가족도 초대했다. 커포티가 소설을 쓰기 위해 자료 조사를 할 때 그에게 숙소를 제공한 가족이었다. 이렇게 여러 세계를 뒤섞은 것으로도 모자라 그는 모든 손님에게 가면을 써 달라고 요청했다. 흑백 무도회를 연구한 작가 데보라 데이비스는 "이렇게 너무나도 유명한 사람들을 파티에 초대해 놓고는 얼굴을 가려 달라고 말한다는 게 어쩐지 아주 급진적이고 민주적으로 느껴졌다."[12]라고 말했다.

멋진 파티를 사랑한 커포티는 가면에 역할을 부여해 의도적인 전복을 노렸다. 유명 인사들이 줄지어 들어오는데 그들의 얼굴은 아주 조금씩이라도 가려져 있었다. 이런 광경은 그들이 속한 사회에서는 흔히 볼 수 없는 평등한 관계를 구축했다. 심지어 커포티는 가면을 깜빡한 손님들을 위해 39센트짜리 가면도 미리 준비해 두었다.[13] 알라모 드래프트 하우스처럼 규칙을 강제한 것이다. 초대 손님 목록은 다음 날《뉴욕 타임스》에 실렸고, 그 목록에 있는 사람들이 전부 같은 공간에 있었다는 상징성은 누가 어떻게 섞일 수 있는가에 대한 사람들의 선입견을 뒤흔들었다.

셋째, 손님들을 연결하라

자비로운 권위의 세 번째 활용처는 손님을 서로 연결하는 작업이다. 성공적인 모임인지 아닌지 판단하는 기준은 모임이 끝났을 때 손님과 손님 간 연결점이 모임 이전보다 훨씬 더 많아졌는지 여부다. *모임이 시작할 때는 주인과 손님 간 연결점이 손님과 손님 간 연결점보다 많았더라도 모임이 끝날 무렵에는 그 수가 역전되어야 한다.*

손님 보호하기 및 평등한 관계 보장하기와 마찬가지로, 이론상으로는 손님들을 연결하는 것에 반대할 사람은 없다. 모임에 와서 새로운 사람을 만나고 알게 되는 것을 마다할 손님이 어디 있겠는가. 언제나 그렇듯이 문제는 그런 연결점을 생성하기 위해 회주가 자신의 권위를 행사하고 모험을 할 의지가 있는가 여부다. 모름지기 회주라면 자신이 믿는 대로 손님들 간 연결고리를 만들어 내기 위해 바보처럼 보이는 것도, 도를 넘는 행동을 하는 것도, 심하게는 사람들의 심기를 건드리는 것도 감수할 각오가 되어 있어야 한다.

언젠가 농장에서 열린 하루짜리 콘퍼런스를 조력한 적이 있었다. 콘퍼런스의 주제는 "목초 비육 소고기의 미래"였다. 이 콘퍼런스의 운영진은 목초 비육 소고기 생태계의 여러 다른 층위에 관여하는 인물 약 120명을 초대했다. 당시에는 목초 비육 소고기가 미국에서 판매되는 소고기의 총매출량에서 아주 적은 비중을 차지하고 있었다. 운영진에서는 그 비중을 늘리고 싶어 하는 사람들을 초대했다. 회의 장소에는 목장주, 농장주, 투자자, 유통업체의 소고기 구매 담당자, 정육점 업주, 요리사, 소비자보호단체 대표 들이 모여 있었다. 이들은 서로 모르는 사이였고 서로 다른 이유로 콘퍼런스에 참석했다.

　운영진은 전문가 토론회, 강연, 현장 보고 등으로 하루 일정을 꽉 채웠다. 그렇지만 나와 운영진은 참석자들이 콘퍼런스에 소속감을 느끼도록 하기 위해서는 공동체 의식을 심어 주는 것이 핵심 열쇠임을 알고 있었다. 우리는 참가자들이 하루 일정이 끝날 무렵에는 콘퍼런스에 모인 누구에게나 연락할 수 있을 정도로 친해지기를 원했다. 그래서 나는 각 참석자가 적어도 다른 참석자 4분의 3과 의미 있는 대화를 나눌 기회를 제공할 방법을 찾기로 했다. 그런데 떠오르는 방법이라고는 연사가 바뀔 때마다 사람들이 일어나서 자리를 옮기는 것밖에 없었다. 그건 아주 성가신 일이어서, 사람들은 짐을 챙겨 이동하라고 하면 거부감을 드러내곤 한다.

　그러나 우리는 그렇게 하기로 결정했다. 연사가 바뀔 때마다, 그리고 쉬는 시간마다 나는 참석자들에게 함께 힘을 합치려면 누가 누구인지 알아야 하며, 그러려면 모두가 다른 탁자로 이동해야 한다고 강조했다. 새로 착석한 10인용 탁자에서 그들은 새로운 사람에게 자신을 소개하고, 그날의 콘퍼런스 또는 바로 전 강연에 대해 묻고 답하는 시간을 가졌다. 이 집단의 구성원을 서로 연결한다는 더 큰 목적을 달성하기 위해 나는, 매번 짐을 챙겨야 하니 귀찮다는 불평과 친구와 이야기할 기회를 뺏겼다는 소수의 불평을 묵묵히 감내해야 했다. 나는 새로운 사람을 만나는 즐거움을 누리고, 자신과는 전혀 다른 사람들과 새로운 인연을 맺은 것에 감탄하는 미래의 참석자들을 대변해서 움직여야 했다. 그래서 그 사람들의 현재가 요구하는 것들을 적극적으로 거절했다.

하루 일정이 끝날 무렵이 되자 모임 분위기는 불평불만과는 거리가 멀고 오히려 축제에 가까워졌다. 몇몇 참석자는 내게 와서 이토록 많은 사람과 이토록 금방 친해지기는 처음이라고 했다. 우리는 목초비육 소고기 산업에 대한 기술 정보를 많이 전달했지만, 그러기 위해서 참가자들 간 연결고리 형성이라는 목적을 희생하지는 않았다. 우리는 둘 다 할 수 있다고 믿었고 실제로 둘 다 해냈다.

이 사례의 교훈은 손님들 간 연결고리는 저절로 생겨나지 않는다는 사실이다. 회주는 자신이 손님들에게 제공하고 싶은 연결고리 유형을 고려해 모임을 설계해야 한다. 그리고 다시 한 번 강조하지만 모임 방식이 정교하거나 복잡할 필요는 없다.

언젠가 한 커플이 결혼식에 초대한 손님들 사이에 연결고리 씨앗을 심을 영리한 방법을 찾아냈다는 이야기를 들은 적이 있다. 이 커플은 메모마다 수신인을 지정한 다음 거기에 그 수신인과 관심사를 공유하는 사람을 찾으라는 지시와 힌트를 적어 결혼식 피로연장 입구에 두었다. 예를 들면 "스키광이 된 것으로도 모자라 스키 강사가 되려고 컨설턴트 일을 그만둔 사람을 찾으세요."라는 식으로 말이다. 이 커플은 그런 장치를 마련하지 않으면 손님들이 곧장 아는 사람에게 달려가 피로연 내내 끼리끼리 모여 있다가 돌아가리라는 점을 알았던 것이다.

의지가 강한 어떤 회주들은 실제로 행사가 열리기 전에 손님들끼리 연결고리를 형성하도록 격려한다. 현재 TED 강연을 운영하는 크리스 앤더슨은 최근 새로운 전통을 시작했다. 밴쿠버에서 개최되는 대규모 강연 일정이 시작하기 몇 주 전, 그것도 강연자들이 "일생을 대표하는 강연"이 될 날을 위해 원고를 작성하고 외우느라 바쁜 행사 일 며칠 전에, 그는 뉴욕에 있는 강연자들을 초대해 디너 파티를 연다. 디너 파티에 참석하기 전까지 강연자들은 앤더슨이나 앤더슨의 동료와 개별로 연결되어 있지만 디너 파티가 끝날 무렵에는 강연자들끼리도 연결되어 있게 된다. 그들은 때로 공포를 유발하는 대규모 강연장을 함께 헤쳐 나갈 부족이 된다. 덕분에 힘겹고 버거운 준비 과정이 덜 두렵게 느껴지고 모임이 더 친밀해진다. 이 디너 파티를 계기로 만들어진 어느 강연자 그룹은 강연이 끝난 뒤에도 한 강연자의 집에 매달 모이고 있다고 한다. 동족을 발견했다고 느꼈기 때문일 것이다.

절반은 독일식, 절반은 이집트식 권위

나는 여러분에게 회주로서 지니는 권력을 받아들이고 행사하라고 강력하게 권했다. 그리고 그 권력을 스스로를 높이기 위해서가 아니라 손님을 보호하고 평등하게 대우하고 서로 연결하는 데 써야 한다고 말했다. 이제는 자비로운 권위를 대표하는, 내가 가장 좋아하는 롤모델을 소개하고자 한다. 노라 아부스타이트다.

아부스타이트는 뉴욕에 사는 기업가다. 독일인 어머니와 이집트인 아버지(학생 전용 술집을 연 바로 그 오스만 아부스타이트) 사이에서 태어나 독일의 작은 마을에서 자랐다. 아부스타이트는 수공예 작가 공동체를 조성하는 일로 커리어를 쌓았다. 사람들에게 수공예 강좌를 제공하는 모임인 크래프트잼CraftJam의 설립자로서 수공예를 주제로 한 소셜 이벤트를 조직하는 아부스타이트는, 일로서뿐 아니라 개인적으로도 자주 모임을 연다. 그것도 아주 많이.

아부스타이트는 이를테면 모임에 미친 사람이라고 할 수 있다. 그는 내가 아는 그 누구보다도 모임을 많이 열고 모임에 많이 참석한다. 그리고 내가 아는 그 누구보다도 자비롭게, 그리고 진심을 다해 모임을 운영한다. 아부스타이트는 1년에 몇 번이고 40명쯤 되는 사람들을 집으로 초대해 파티를 벌이는 일을 아무렇지도 않게 해낸다. 그는 전 세계 곳곳에서 행사 전야 디너 파티를 기획한다. 뉴욕에 그저 들른 어떤 사람들을 위해 토요일에 정기 브런치 모임을 연다. 그는 누구에게나 집을 개방한다는 원칙을 고수하며 자신이 한 번도 만난 적이 없는 친구의 친구에게도 문을 활짝 열어 준다. 그들이 낯선 도시를 탐험하는 동안 잠시나마 휴식처가 되어 주고 싶어서다. 그는 자신이 하는 모든 일에서 자비로운 권위를 실천한다. 손님을 보호하고, 평등하게 대우하고, 연결한다.

아부스타이트는 자신의 권위를 이용해 크고 작은 방식으로 손님들을 보호한다. 격식 있는 정찬 디너 파티에서는 손님들에게 절대 늦으면 안 된다고 강조한다. 그는 설명했다. "사람들은 함께 있어야 분위기가 달아오르며, 그렇게 분위기가 어느 지점에 도달하면 독특한 에너지가 생겨나요. 그것은 집단 경험이죠." 그는 사람들에게 아무 때나 와도 된다고 하면 제시간에 온 사람들을 보호하지 않는 게 된다는 것을 안다. 마찬가지로 친구 두 명이 구석에 앉아 자기들끼리만 안부를 나누고 나머지 손님들을 무시하고 있다면, 아부스타이트는 망설이지 않고 개입한다. "서로의 안부는 나중에 따로 시간을 내서 물으세요." 모임에서 안부를 나눌 만한 사람이 없는 손님들과 낯선 사람과도 기꺼이 대화를 나누는 분위기가 조성되어야 모임을 즐길 여지가 생기는 손님들을 보호하기 위해서다.

그는 모든 손님에게 같은 기준을 적용함으로써 손님들을 동등한 지위에 놓는다. 자신이 주최한 어느 파티에서는 파티가 끝날 무렵 손님 40명에게 앉은 순서대로 각자 자신을 감동시킨, 넓은 의미에서의 문화 한 조각을 공유해 달라고 부탁했다. 그리고 한 사람 앞에 발언 시간은 딱 1분임을 밝히고서 그 규칙을 아주 엄격하고 평등하게 적용했다. 자신의 시어머니, 남편의 동료, 고등학교 친구에게도 예외가 허락되지 않았다. 아부스타이트는 1분이 지나면 "거기까지."라고 선언한 뒤 다음 사람에게 차례를 넘겼다.

아부스타이트는 일을 하듯 열심히 손님들을 서로 이어 준다. 어느 파티에서 아부스타이트는 응접실로 이어지는 계단 맨 꼭대기에 서서 활짝 웃으며 친구들에게 일일이 인사를 건넸다. 그러면서 자기가 사랑하는 사람들이 서로 친해지는 것만큼 기쁜 일은 세상에 없다고 덧붙이고는 저녁 식사 시간 전에 해치워야 하는 숙제를 안겼다. 바로 새 친구 두 명 사귀기였다. 그가 진심을 담아 분명하게 부탁했으므로 사람들은 낯선 사람에게 적극 말을 걸었다. 어찌 보면 아부스타이트가 그렇게 할 공식 핑곗거리를 준 셈이었다.

아부스타이트는 손님들을 서로 맺어 주기 위해 손님들이 서로를 돌보도록 유도하기도 한다. 초대 손님이 많아서 여러 탁자에 나누어 앉게 될 때는 탁자마다 한 사람씩 역할을 할당해서 주위 사람과 이야기할 기회를 만들어 준다. '물 장관'은 모두의 컵에 물을 채우는 일을 맡고, '와인 장관'은 책임지고 와인이 흘러넘치도록 한다.

어떤 디너 파티에서는 서로 모르는 사람끼리 옆자리에 앉도록 자리를 배치한 다음, 음식이 커다란 접시에 담겨서 왔을 때 손님들에게 "다른 사람의 접시에 음식을 덜어 주되 스스로 자기 접시에 음식을 덜지는 말아" 달라고 분명하게 요청하기도 했다. 이에 대해 그는 "이집트에서는 언제나 다른 사람 접시에 먼저 음식을 덜어 줍니다. 그렇게 하면 결국 모든 사람이 제 몫을 얻게 되죠. 자기 접시에는 신경을 쓸 필요가 없어요."라고 설명했다. 아부스타이트는 웃으면서 온정을 베풀어야 할 때는 이집트 혈통을 꺼내고 질서를 바로잡아야 할 때는 독일 혈통을 꺼내면 도움이 된다고도 말했다. 그날 밤 손님들은 다소 당황해하면서도 흥미를 보이면서 퀴노아 샐러드 접시를 들어 다른 사람 접시에 덜어 주기 시작했다. 모두들 동석한 사람들에게 음식이 충분한지 살폈다. 이 작은 규칙을 지키게 하자 파티장 분위기가 변했다. 손님들은 자기 몫을 걱정하는 대신 긴장을 풀고 남을 돌보기 시작했다. 아부스타이트는 그날 처음 본 사람들이 서로돌봄 관계를 맺을 수 있도록 유도했다.

아부스타이트는 자비로운 권위가 지속적 헌신임을 이해한다. 그래서 모임 내내 손님들을 보호하고, 평등하게 대우하고, 연결한다. 그런데 아부스타이트 생애 가장 중요한 모임에서 그의 이런 헌신적인 태도와, 그에 불편을 느끼고 반발하는 태도가 정면으로 충돌했다. 그 모임은 아부스타이트의 결혼식이었다.

아부스타이트는 가장 완벽해 보이는 좌석 배치를 짜는 데 며칠 동안 공을 들였다. 이집트식으로, 아름다운 천막 아래에 색색의 비단 천을 덮은 앉은뱅이 식탁을 놓기로 했다. 탁자는 서른 개 정도 되었고 식탁마다 여섯 명씩 앉혔다.

여느 결혼식과 달리 식탁마다 비교적 적은 인원을 배치했는데, 이는 집단의 에너지를 키우기보다는 집단의 친밀도를 높이고 싶었기 때문이다. 아부스타이트는 대부분의 시간을 중국에서 보내는 미국인과 결혼을 약속했고 자신도 전 세계를 바쁘게 돌아다니는 사람이다 보니 여러 나라에서 손님들이 찾아왔다. 그는 배석을 할 때 서로 다르면서도 서로를 보완할 수 있는 조합을 고민했다. 개인 간 상호작용과 그 탁자에서 이어질 잠재적인 대화 주제를 비롯해 전체 그림을 보려고 노력했다. 그리고 안타깝게도 독일 전통에 따라 커플은 따로 떼어 놓았다.

피로연 도중에 아부스타이트는 검은색과 흰색이 섞인 아름다운 웨딩드레스를 입고 자기 노력의 결실에 자부심을 느끼며 피로연장을 천천히 돌면서 식탁마다 멈춰서 손님들과 인사를 나눴다. 그가 마음 깊이 열망하던 것이 비로소 이루어져, 자신의 삶 여기저기에 흩어져 있던 사람들이 모여 하나의 부족이 되었다. 그런데 갑자기 뭔가 이상한 낌새가 느껴졌다. "한 여성이 남편 무릎에 앉아서 보고 싶었다고 말하는 장면이 눈에 들어왔어요. 그 커플 주위를 둘러봤죠. 그 식탁에서는 활기가 완전히 사라져 있었어요." 아부스타이트는 그리로 가서 그 여성을 원래 자리에 다시 앉혔다. 그 여성은 놀라고 실망한 티를 냈다.

아부스타이트는 자신의 좌석 배치가 흐트러진 것에 왜 그토록 민감하게 굴었을까? "그 커플은 모임의 균형을 깨고 있었어요." 아부스타이트가 설명했다. "자신들만 생각하고 자신들의 필요만을 생각했죠. 전체가 아니라. **집단에서, 모두가 다른 사람의 필요를 생각하면 결국 모두의 필요가 채워집니다. 그런데 자기 자신만 생각하면 계약을 깨는 게 돼요.**" 그는 계속 말했다. "제가 화났던 진짜 이유는 그 식탁에 있는 다른 손님에게 해가 되었기 때문이에요." 그 순간에 그는 배정된 좌석에서 벗어난 손님에 대해 생각하지 않았다. 그 여성이 자리를 뜨고 남겨진 다른 손님들을 생각했다. 그 손님들 가운데 누구도 그 여성에게 자리로 돌아오라고 말하지 않았을 것이다. 그의 빈자리 때문에 상대적으로 규모가 작아져서 그 식탁의 분위기가 바뀌었다 하더라도.

아부스타이트에게 창피를 당한 여성은 그가 독재자처럼 군다고 생각했다. 그러나 아부스타이트는 자신이 그 여성의 식탁에 남겨져 있던 손님 다섯 명을 보호했다고 생각했다. 그의 머릿속에서 그 저녁 식사 시간은 밤새 이어질 피로연을 생각하면 아주 짧았던 데다 커플이 떨어져 지내는 유일한 시간이었다. 더구나 손님들이 서로와 연결되고 서로 다른 수많은 사연들을 하나로 엮도록 특별히 설계된 시간이었다.

아부스타이트가 제시하는 모임 지침의 반대편에 서 있으면 그의 모임이 즐겁지 않을 것이다. 그러나 나는 그가 자기 모임을 적극 지휘하는 이유에 대해서 단 한 번도 의심을 품은 적이 없다. 언제나 손님들을 위해서라는 것을 잘 알기 때문이다.

모임에 관한 문서 가운데 내가 가장 좋아하는 것은 아부스타이트가 친구에게 모임에 관한 조언을 담아 보낸 이메일이다. 그 친구는 사우스웨스트 콘퍼런스 남부 지구의 부속 행사로 디너 파티를 열기로 되어 있었다. 아부스타이트가 보낸 이메일에는 그의 마음이 어디를 향하고 있는지가 아주 명확하게 드러난다.

1. 대장은 너야. 건물 설계와 마찬가지로 모임 운영 방식도 민주적일 수 없어. 규제가 있어야 좋은 설계가 탄생하듯이 엄격한 틀이 있어야 훌륭한 모임이 탄생해.

2. 사람들을 소개해. 그것도 아주 자주. 다만 서두르지는 말고.

3. 자비를 베풀어. 음식, 와인, 칭찬, 소개를 마구 퍼 줘. 사람들이 자리에 앉기 전에 환영하는 일정이 있다면 당이 떨어지지 않게 간식을 준비해서 좋은 분위기를 유지해야 해.

4. 언제나 지정좌석제를 실시해. 언제나. 반드시 남자/여자/남자/여자, 이렇게 성별을 섞어서 앉혀. 동성애자라도 예외는 없어. 서로 다른 일을 하는 사람들을 한자리에 앉히되 서로 보완하는 관계여야 해. 그런 관계가 안 된다면 뭔가 공통점이 있어

야 하는데, 열정을 공유하거나 어떤 희귀한 공통점이 있으면 가장 좋아. 그리고 그들에게 어떤 공통점이 있는지 말해 줘.

5. 탁자마다 사람들이 스스로 자신을 소개해야 해. 단, 소개 문구는 짧아야 하고. 이름과 자신이 좋아하는 것이나 취미, 또는 모임과 관련이 있는 내용이면 좋아.

6. 후식을 먹을 때는 사람들이 이동해도 되지만 되도록 규칙을 정해. 예를 들면 탁자에서 하나 건너 한 사람씩 다른 자리로 옮기라는 식으로.

이 목록에는 자비로운 권위의 정수만이 담겨 있다. 거의 모든 지침에 자비와 질서가 배어 있다. 그래서 나는 이 목록을 아낀다.

소심함과 자아도취는 권위를 망가뜨린다

태평한 회주가 운영하는 모임에 많이 참석해 봤을 것이다. 당신의 앞 순서 질의자가 두 페이지에 걸쳐 적은 질문을 읽었고 사회자가 아무런 제재를 가하지 않아서 당신이 질문할 기회를 빼앗긴 토론회였을 수도 있다. 학교 신입생 환영 야유회에서 제대로 된 공식 개회식을 진행하지 않아서 학교 야유회에 온 건지, 아니면 그냥 사람이 잔뜩 모여든 공원에 있는 건지 알 수 없게 된 일도 있었을 것이다. 자기도 모르게 스타트업 전문가가 되어 버린, 정확히 말하면 당신 옆에 앉은 수

다쟁이 남자가 하는 스타트업에 빠삭해진 디너 파티였을 수도 있다.

그리고 그와는 전혀 다른 모임에도 분명히 참석해 봤을 것이다. 돌봄을 받지 못하거나 버림을 받았다는 느낌이 드는 건 물론이고, 누가 보더라도 오로지 회주만의 이익을 위해 억압당하고 이리저리 끌려다니고 심지어 사기까지 당한 듯한 느낌이 드는 그런 모임 말이다. 자비로운 권위의 적은 자비롭지 않은 무정부 상태를 야기하는 태평한 회주만이 아니다. 또 다른 자비롭지 않은 권위가 있는데 이제 그 권위에 대해 살펴보겠다.

태평한 회주의 죄가 손님들이 각자도생하도록 내버려 두는 것이라면 군림하는 회주의 죄는 자기 이익을 위해 손님들을 조종하는 것이다. 이런 회주는 모임에서 자기 이익을 위해 철권통치를 펼친다. 절대 불변하는 법칙은 아니지만, 내 경험에 비추어 볼 때 규모가 큰 기관에서 여는 모임에서 이런 유형의 자비롭지 않은 권위가 빈번하게 관찰된다. 관료주의는 예측 가능한 걸 바라기 때문에 모임이 경직되어 손님들에게 도움이 안 되는 것이다. 태평한 회주 문제는 개인 모임에서 더 자주 일어난다. 그렇기는 해도 나는 자비롭지 않은 무정부 상태의 기관 모임에도 참석해 봤고, 자비롭지 않은 독재 상태의 개인 모임에도 참석해 봤다. 정해진 법칙 같은 것은 없다.

자비롭지 않은 권위의 유혹에 굴복하는 회주는 통제권을 잃을까 봐 전전긍긍하는 사람일 것이다. 행사가 어떤 식으로 전개될지 알아야만 한다는 강박 때문에 자기 마음을 달랠 방법을 찾고, 그러다 보면 종종 손님에게는 거북한 모임이 되고 만다. 내가 조력한 한 모임에서도 그런 일이 벌어졌다. 2009년 여름, 오바마 정부가 신설한 사회혁신 시민참여국의 새출발을 축하하는 모임이었다.

이 기구는 때로는 정부가 직접 나서서 문제를 해결하지 말고 미국 전역에서 해결책을 찾아 나선 사람들을 조율하는 지휘자 역할을 해야 한다는 새로운 아이디어에 전념했다. 이 기구를 신설함으로써 공동체 조직가 출신인 오바마는 지역 맞춤 해결 방안과 적극적인 시민권 행사를 이론으로만 믿지 않는다는 메시지를 보냈다.

우리는 고민했다. 그런 기구 설립을 어떻게 기념해야 좋을까? 재경부 산하 기구 설립과는 다른 의미가 있는 기구였다. 이 기구는 새로운 가치와 좋은 아이디어가 어디서 나오는지에 관한 새로운 이론을 대변했다. 그러니 설립도 다른 방식으로 기념해야 마땅했다. 우리는 오바마 대통령과 사회혁신 분야의 리더 100명이 쌍방향 대화를 나눌 수 있는 계획을 짰다. 이 분야의 대표 인사가 전부 한 공간에, 그것도 백악관에 모이는 드문 모임이었다. 우리 팀은 활기차고 역동적이고 투명한 대화 공간을 마련하자고 제안했다. 손님이 한 명씩 앞으로 나와서 대통령이 있는 그 대화 공간으로 들어가 정해진 시간 동안 대통령과 대화를 나누면 좋을 거라고 생각했다. 그러나 이 계획안을 공공참여국에 올렸더니 모임에서 미리 확정할 수 없는 부분, 조금이라도 위험을 감수해야 하는 부분이 전부 반려되었다.

"미리 정해 놓지 않으면 무슨 말씀을 할지 알 수 없으니까요." 사무국 측의 설명이었다.

그래서 결국 아주 전형적인 행사가 되고 말았다. 백악관 연회장인 이스트룸에 강의실처럼 의자를 줄지어 배치해 손님들을 앉히고 대통령과 연사들이 미리 준비된 연설을 했다. 한 분야를 선도하고 기구의 목적을 체현하며 미국의 문제를 해결할 지역 공동체를 기리는 행사가 될 수도 있었는데, 위에서 철저하게 관리하는 밋밋한 기념식이 되고 말았다. 운영진의 두려움 때문에 과도하게 통제된 모임이 되었다. 운영진은 권위를 행사했지만 결코 자비로운 권위라고는 할 수 없었다. 손님들을 보호하기보다는 자신들의 밥줄을 보호하는 데 급급했으니까. 초대된 손님들은 서로 연결되는 대신 대통령과 연사 세 명의 연설을 가만히 앉아서 듣기만 했다. 운영진은 새로운 시도의 장점(한 분야의 리더들을 대통령의 혁신적인 시도를 중심으로 뭉치게 하는 것)이 잠재적인 단점(대통령이 별 생각 없이 내뱉은 말이 문제를 일으키는 것)을 감수할 가치가 없다고 판단했다.

자비롭지 않은 회주를 낳는 건 소심함만이 아니다. 자아도취도 마찬가지 결과를 낳는다. 한번은 패션 업계에서 일하는 친구가 어느 술 제조업체의 창립 250주년을 기념하는 호화로운 모임에 나를 초대했다. 모임은 아주 세련되고 강렬한 저녁을 선사할 수 있는 재료들로 넘쳐났다. 환영 칵테일, 공연, 레드카펫, 연예인, 모델 같은 웨이터, 매력적인 메뉴…. 그런데 겉보기에는 매우 자비로웠던 행사가 곧 자초지난에 빠졌다.

그날 제공된 음료는 딱 한 가지, 자사 술로 만든 도수가 높은 환영 칵테일이었다. 그 외에 제공되는 마실거리는 물밖에 없었다. 칵테일이 나오기를 기다리는 동안 우리는 행사가 곧 시작하니 연회장으로 어서 들어가라는 독촉을 계속 받았다. 연회장으로 들어가면서 이제 독한 음료와 균형을 맞춰 줄 음식을 곧 먹을 수 있겠다고 기대했지만 음식은 공식 일정이 전부 끝나야 나온다는 사실을 알게 되었을 뿐이다. 저녁 식사가 7시에 시작한다고 명시되어 있었는데 실제로는 10시가 다 되어서야 음식이 나왔다. 행사를 진행하는 사회자가 있었지만 사회자에게는 사태를 수습할 수 있는 권한이 거의 없었다. 주어진 대본에 따라 진행하고 있는 게 확실했다. 손님들은 음식도, 음료도 없이 잠자코 무대만 멍하니 바라보고 있었다. 주최 측에서는 시음위원회(그게 무엇인지는 아무도 몰랐다.)가 하는 작업을 담은 영상을 연달아 상영했다. 우리는 한 가문이 일곱 세대에 걸쳐 어떤 식으로 해당 술의 역사에 기여했는지를 보고 들었다.

적어도 이곳에 도착했을 때만 해도 이 행사나 브랜드에 딱히 나쁜 인상을 가지고 있는 사람은 없어 보였다. 그런데 시간이 지날수록 손님들이 식탁 아래에서 문자 메시지를 보내거나 눈알을 굴리거나 자기 팔을 물어뜯는 시늉을 했다. 작고 눈에 잘 띄지는 않았지만, 일종의 반란이 곳곳에서 일어나고 있었다. 청중의 경험은 철저히 무시당하고 있었다. 운영진은 우리를 식탁에 앉혀 놓고 움직이거나 일어서거나 이동할 수 없게 하고서는, 서로 이야기할 여지조차 주지 않는 식으로 확실하게 권위를 행사하고 있었다. 그런데 그들은 우리에게 자유를 포기할 것을 요구하면서도 그런 요구를 정당화할 만한 그 어떤 보상도 제공하지 않았다.

마침내 음식이 나왔을 때 주최 측은 음식을 아름답게 차리는 데만 온통 정신이 팔려서 배고픈 손님들이 연회장을 가득 메우고 있다는 현실 문제를 간과했다. 각 식탁마다 웨이터가 접시를 손에 들고 한 줄로 나와서 마치 특수부대처럼 식탁 주위를 빙 에워싼 다음 프랑스식으로 서빙을 했다. 그러니까 식탁에 앉은 모든 손님에게 동시에 음식을 제공했다. 이런 식으로 서빙을 하면 시간이 오래 걸리는데, 연회장에는 손님들이 기다리는 식탁이 아주아주 많았다.

식탁에 마련된 음식 메뉴를 보고 나는 굉장히 기대하고 있었는데 드디어 그 순간이 왔다. 메뉴판에는 사프란 애호가들을 위해 사프란 포테이토 튀김과, 게살 사프란 김말이와, 사프란 크림소스 조개 관자와, 사프란 닭고기가 코스로 나오고, 후식으로 코코아 연어와, 초콜릿 망고 파이를 내놓기로 되어 있었다. 그런데 막상 음식을 받아 보고는 양이 정말 적어서 놀랐다. 포크를 들어서 음식을 먹으려는데 주최 측에서 아직 음식에 손을 대면 안 된다고 나무랐다. 시음위원회의 위원 네 명이 무대에 올라와 각 메뉴를 설명한 뒤에, 음료와 함께 먹으라는 것이었다. 네 명의 시음위원은 프랑스어로 설명했고 그 설명이 다시 영어로 통역되었다. 이 기업에게는 이 네 명이 무대 위에 서는 것이 매우 중요한 게 분명했다.

나는 결국 견디지 못하고 음식을 먹기 시작했다. 다 먹는 데 5분밖에 걸리지 않았다. 혹시 음식을 더 받을 수 있는지 두리번거렸다. 어림도 없었다. 재미있고 흥미로울 수도 있었던 저녁이 주최 측을 비웃는 밤으로 변했다.

이즈음 나와 다른 손님들은 애초에 이런 지루한 모임이 열린 진짜 이유를 깨닫고 있었다. 이 행사의 목적은 아주 소수의 사람들을 칭송하는 것이었다. 이것은 **술 제조업체의, 술 제조업체에 의한, 술 제조업체를 위한 기념식이었다. 손님들은 소품에 불과했다.** 디너 파티는 껍데기였고 알맹이는 없었다. 그들은 우리를 자신들의 이야기에 엮어 넣지 않았고, 우리는 그 이야기의 일부가 되었다고 느낄 수 없었다.

여기가 아부스타이트의 강요와 술 제조업체의 강요가 구분되는 지점이다. 아부스타이트는 자기 권위를 자신을 위해 행사하지 않았다. 그의 모임에서 간섭하는 손은 손님에게 더 좋은 모임 경험을 제공하는 역할을 했다. 그는 자신이 주인공이 되려고 하지 않았고, 손님 한 명 한 명이 모두 주인공이 될 기회를 골고루 제공하기 위해 개입했다. 손님들이 저녁 식사를 즐기고 그 순간을 통해 조금이라도 변화되기를 바라서다. 술 제조업체 행사에서는 손님들이 자기도 모르는 새에 형편없는 쇼의 볼모가 되고 말았다. 후에 한 손님이 내게 이메일을 보냈듯이 "우리가 왜 모여야만 했을까? 목적이 있기는 했을까? 그 모든 쇼를 하나로 엮는 빨간 실"은 없었다. 그는 덧붙였다. "그 사람들은 기본을 잊었어. 행사의 틀 잡기라는 기본. 우리가 왜 모였는지 생각해 보지 않았겠지."

그 행사의 운영진은 손님들을 서로 연결하지도 못했고, 손님을 그 누구로부터 보호하지도 못했다. 심지어 가해자가 되어 손님들이 스스로를 보호하도록 내몰았다.

만약 손님을 볼모로 잡기로 했다면 그에 상응하는 대접을 해야 한다. 회주가 권력을 행사하지 않으면 짜증을 유발하는 엉뚱한 권위가 튀어나오지만, 그럴 때는 손가락질하기가 어렵다. 당신이 이름조차 모르는 어떤 손님이 문제를 일으키고 있는 거니까. 반면에 회주가 권력을 잘못 휘두르면 분노가 어디로 향해야 하는지가 명확해진다. 그리고 손님들의 분노는 그곳을 향해 똑바로 날아가 꽂힌다.

나는 그날 디너 파티를 어떻게 망쳤는가

그렇다면 회주는 어떻게 권력을 행사해야 할까? 어떻게 하면 손님을 방치하지 않으면서도 손님에게 헌신하는 권위자가 될 수 있을까? 어떻게 하면 적절한 균형점을 찾을 수 있을까? 이 질문을 나 자신에게 던진다면 '그날 저녁 내가 어떻게 했다면 디너 파티를 망치지 않고 잘 이끌었을까?'라는 질문이 된다.

나와 남편은 10여 명의 손님을 초대해 디너 파티를 열기로 했다. 원래는 우리가 초대하고 싶었던 커플이 있었다. 그 커플이 우리를 자주 초대한 것이 가장 큰 이유였다.(안다. 좋은 목적이 아니다.) 그러다 친구 여섯 명을 더 초대하기로 했다. 서로 일 때문에 아는 사이인 손님들도 있었지만 친한 사이라고는 할 수 없었다. 나머지는 서로를 전혀 몰랐다. 20대부터 70대까지 연령층도 다양했다. 처음에는 모임을 가볍게, 자유방임으로 운영할 생각이었다. 개입은 하지 않으려고 했다. 손님이 오면 남편이나 내가 문을 열고 음료를 따라 준 뒤 거실로 데리고 갔다. 작은 탁자에는 간식거리가 준비되어 있었고 그 주위로 의자와 소파를 빙 둘러 배치했다.

나는 서로 조금이라도 아는 사람들을 소개해 주는 것은 작위적이고 지나친 간섭일 것 같아서 그날 저녁은 다소 느슨한 분위기로 보낼 생각이었다. 손님들은 의자를 하나씩 차지하고는 한 시간 동안 꼼짝 않고 옆 사람과 소소한 대화를 나눴다. 분위기가 가라앉아 있었고, 다들 지나치게 서로를 의식하는 것처럼 보였다. 조금 놀랐다. 이 그룹이라면 서로 공통 관심사를 찾고 가벼운 대화를 시작하기 어렵지 않을 거라고 예상했기 때문이다.

이윽고 불안해지기 시작했다.

우리는 사람들에게 식탁에 앉아서 저녁 식사를 하자고 말했다. 그때 한 손님이 나를 따로 불러 말했다. "서로 소개를 좀 시켜주시겠어요? 누가 누구인지 모르겠어요." 개입하지 않으려다가 손님들에게 충분한 정보를 제공하지 못했던 것이다.

나는 처음의 태도를 바꿔 주도권을 잡고 모임을 적극 이끌기로 했다. 나는 모두에게 와 줘서 고맙다고 인사한 뒤 잔을 높이 들었다. 지난 한 해 각자 방식으로 "우리 가족에게 요정 가루를 뿌려 줘서" 고맙다고 일일이 감사를 표했다. 그리고 손님들을 한 명씩 소개하기 시작했다. 무슨 말을 할지 미리 생각해 놓지 않았으므로 그때그때 떠오르는 말을 했다. 칭찬을 하려 했는데 첫 손님부터 오히려 창피를 주고 말았다. 이런 말을 했던 것 같다. "새라의 일정이 워낙 빡빡하다 보니 몇 달 전부터 이 날을 예약할 수밖에 없었어요." 새라는 얼굴을 붉혔고 나머지 사람들은 상처 입은 표정을 지었다. 우선순위에서 밀렸다고 생각했을 테니까. 나는 손님마다 특별하게 소개하고 싶었지만 구체적인 내용을 착각해서 매번 고쳐 말해야 했다. "이 분은 테네시 주에서 자랐답니다."라고 조심스럽게 말하면 손님은 "실은 조지아 주예요."라고 수정해 주었다. 어떤 손님에 대해서는 무슨 일을 하는지 설명한 반면 어떤 사람에 대해서는 성격을 설명했다. 내가 하도 헤맸더니 결국 한 손님이 끼어들었다. "저기요, 모든 사람의 직업을 말했는데, 조의 직업은 말 안 해 줬잖아요." 나는 더 당황했고, 그제야 내가 그 사람이 현재 무슨 일을 하는지 모른다는 사실을 깨달았다. 그래서 그 사람에게 대신 말해 달라고 부탁해야 했다. 이렇게 손님들을 소개하는 데 무려 45분이 소요되었다. 남편이 나에게 그만하라는 신호를 계속 보냈지만 소용이 없었다. 손님 중 반만 소개하고 나머지를 소개하지 않을 수는 없었다. 남편은 결국 내가 소개를 마저 하는 동안 손님들에게 일단 저녁을 들라고 말할 수밖에 없었다.

분위기를 바꾸려는 노력이 나를 즉흥적인 독재자로 만들었다. 그리하여 파티는 손님에게 도움이 안 되는 무정부 상태에서 손님에게 도움이 안 되는 독재 상태로 넘어갔다. 소개를 해야 했다면 다양한 방식으로 좀 더 색다르게 할 수도 있었을 것이다. 사람들이 서로 질문을 던지게 하거나, 커플이 서로를 소개하게 하거나, 각 손님에게 재미있는 질문을 던져 답을 듣거나 해도 되었다. 그러나 나는 그렇게 하지 않고 생각나는 대로 마구 던졌다. 내 소개 방식은 손님들을 서로 연결하지도 못했고 하나의 대화로 이어지는 길을 열지도 못했다.

이후 그날 저녁은 아무리 좋게 말해도 엉망진창이었다. 손님 몇

몇이 대화를 독점했다. 대화 방향을 틀어야 한다고 생각은 했지만 소개할 때 실수한 기억에서 헤어나지 못해서 자신 있게 나서서 개입하지 못했다. 그날 손님들은 서로 연결되었다는 느낌을 받지 못했을 것이다. 대화는 뚝뚝 끊겼고, 후식을 끝내자마자 다들 피곤하다면서 자리를 떴다.(손님이 밤 9시에 피곤하다고 말하는 것은 결코 좋은 징조가 아니다.) 다음 날 아침에도 나는 창피함과 후회 속에서 허우적댔다.

나는 그날 두 가지 유형의 권위를 행사했다. 사람들을 방치한 다음 부당하게 통제했다. 어느 쪽도 정답이 아니었다. 그렇다면 어떻게 했어야 할까?

모임이 시작되기 전부터 준비했어야 한다. 그 전날, 모임 일정을 환기하는 이메일에 손님들을 소개하는 재밌는 정보를 집어넣을 수도 있었다. 그러면 모두가 자기에게 편한 시간에, 누가 모임에 올지 파악할 수 있었다. 손님들이 도착하면 서로 연결하고, 새로운 사람이 올 때마다 모임에 합류시켜야 했다. 손님 수가 많지 않지만 따뜻한 말로 서로를 소개하면서 (아부스타이트의 목록에 나오듯이) 각자의 멋진 점을 덧붙일 수도 있었다.

식탁에 앉은 다음 소개를 하더라도 어떤 말을 할지 미리 생각했어야 했다. 그랬더라면 모두에게 똑같은 시간을 할애하면서 따뜻하고, 흥미롭고, 무엇보다 정확한 정보를 제공할 수 있었을 것이다. 다른 사람들은 모르는 그 사람의 아름다운 일화를 찾아서 들려줄 수도 있었다. 아니면 식사를 시작하기 전에 손님들을 하나로 연결해 줄 질문을 던질 수도 있었다. "다가오는 새해에 자신을 위해서 어떤 계획을 세우고 있나요? 세계를 위해서는요?" 그런 다음 내 내면의 아부스타이트를 호출해 모두에게 순서대로 답할 기회를 주는 것이다.

다만 간결하게.

Chapter

4

유일무이한
대안 세계 창조하기

에티켓은 단 하나의 올바른 방식을 내세우지만 임시 규칙은
그런 주장은 전혀 하지 않는다. 임시 규칙은 또한 에티켓에 담긴
인종주의적이고 계급주의적인 허세로부터 자유롭다.
임시 규칙은 가짜 규칙이기 때문이다. 에티켓이 특정 모임과 사교계에
외부인이 들어오지 못하게 막는 역할을 하는 반면 임시 규칙은 오히려
모임 참가 자격을 민주화한다. 암묵적인 에티켓이 공통성을 전제로 한
닫힌 집단에 적합하다면 명시적인 규칙은 차이를 전제로 한 열린 집단에
적합하다. 명시성은 외부인에게도 균등한 기회를 제공한다.

때로는 분위기를 띄워야 할 때도 있다.

지금까지 우리는 의미 있는 목적을 기준 삼아서 모임을 기획하는 법을 살펴보았다. 모임 목적에 맞춰 초대 손님과 장소를 선택하는 법과, 회주의 권력을 적절하게 행사해서 손님을 잘 돌보는 법도 살펴보았다. 이런 결정들은 모임의 탄탄한 토대가 될 것이다.

하지만 내가 조력하는 사람들 중 다수가 모임을 기획하고 운영할 때 이런 기초 작업을 해야 한다는 사실을 실감하지 못한다. 그래서 나는 그들에게 기본으로 돌아가야 한다는 점을 납득시켜야 한다.

이제부터는 이런 기본과는 관계가 없지만 내 고객들이 자주 던지는 질문을 다뤄 보려 한다. 그 질문이란, '모임 분위기를 어떻게 띄울 수 있나요?'이다. 지금까지 모임의 기본 토대를 어떻게 마련하는지를 살펴보았으므로 이제 이 질문을 다뤄도 괜찮을 것 같다. 이 질문에 대한 답을 궁금해하는 이들이 많은지 인터넷에는 여러 조언들이 떠돌아다니고 있다. 쉬노우스닷컴SheKnows.com에는 "다음 디너 파티에서 분위기를 살리는 법"이,[1] 온라인초대장 서비스업체 이바이트Evite에는 "사무실 파티 분위기 띄우는 5가지 방법"이,[2] 온라인잡지 위스덤프Wisdump 에는 "콘퍼런스를 계획한다면 이런 기발한 아이디어로 분위기를 띄워 보자"가,[3] 가톨릭 청소년 선교 홈페이지에는 "다음 청소년부 조식 모임에서 분위기를 살리는 12가지 방법"이 나온다.[4]

그런 정보 가운데는 효과가 있는 것도 있고 없는 것도 있다. 그런데 이런 부류의 조언들은 큰그림을 못 보고 있다. 요컨대 많은 밋밋한 모임들은 모임 맥락과 단절된 일회성 시도나 요령 같은 걸로 개선되지 않는다. 모임이 밋밋한 것은 질병의 증상에 불과하므로 지루하지 않은 모임이 되려면 먼저 질병을 치료해야만 한다. 그렇다면 어떤 질병인가? 성공하는 모임에서 하는 작업, 다시 말해 참가자들을 일시적인 대안 세계로 데려다 주는 데 전혀 공을 들이지 않는 병이다. 분위기를 띄우는 지엽적인 요령과 비법은 인터넷에 맡기겠다. 이 장에서는 더 깊은 층위에서 모임의 분위기를 살리는 방법, 다시 말해 오직 한 번만 존재하는 세계를 설계하는 법에 대해 알아보겠다.

모임 규칙의 등장

몇 년 전부터 특히 눈에 들어오는 초대장들이 있다. 나도 받아 본 적이 있고, 다른 사람이 자기가 받은 것을 내게 보여 주기도 했다. 어떤 면에서 그 초대장들은 평범했다. 사람들을 저녁 식사에, 콘퍼런스에, 회의에 초대하는 것이었으니까. 다만 한 가지 낯선 요소가 눈에 띄었는데, 바로 모임 규칙이었다. 어쩌면 정신이 번쩍 들게 하는 요소일지도 모르겠다.

한 단체는 겸손함이 손톱만큼도 느껴지지 않는 인플루언서 살롱Influencer Salon이라는 명칭을 내걸고 있다. 이 단체에서는 한 달에 한 번 모여서 함께 요리하고 식사하는 모임을 운영하는데 초대장에 이런 규칙이 명시되어 있다. "대화: 참석자는 전시 시간이 다 끝나야 자기 직업이나 성을 밝힐 수 있습니다." "사진: 전시 시간에만 촬영이 허용됩니다." "출석: 출석 의사를 밝힌 뒤 불참한 분은 다시 초대되지 못할 각오를 해야 합니다." (알고 보니 전시는 저녁상을 차리는 행위를 가리키는 말이었다.)

하우스 오브 지니어스House of Genius라는 모임도 있다. 콜로라도 주 볼더 시에서 하나의 실험으로 시작된 이 모임은 일련의 기업가들이 한자리에 모여 함께 머리를 맞대고 한 가지 문제를 해결할 방법을 고민하는 모임이다. 이 모임도 모임 규칙을 명시하고 있다. "이름만 공개합니다: 성, 직업 같은 기타 신원 정보는 모임이 마무리될 무렵에 공개됩니다. 오직 협력 작업에만 집중할 수 있도록 '공개 시간' 전까지는 서로 이름으로만 부릅니다." "건설적인 협력에 집중하기: 이 모임은 더 큰 선을 위해 창의적이고 실천 가능한 아이디어를 교환하는 장입니다. 비판도 가능하지만 부디 건설적인 비판만 하시길 바랍니다. 이미 누군가가 낸 견해에 동의한다면 언제든 그 견해에 동의한다고 밝혀 주세요."

토머스 제퍼슨의 디너 파티에서 영감을 얻어 제퍼소니언 디너

Jeffersonian Dinner라고 이름을 붙인 모임도 있다. 이 모임의 초대장에는 "옆 사람과 대화는 자제해 주세요. 대화는 식탁에 둘러앉은 손님 전체와 나누어야 합니다."라는 경고가 실려 있다.[5]

뉴올리언스 주에서 열린 어느 '데스티네이션 생일 파티'(휴양지 같은 곳으로 손님을 초대하고 회주가 비용 일체를 대는 생일 파티-옮긴이) 초대장에는 비교적 깜찍한 규칙들이 덧붙여져 있었다. "침대에서 보내는 시간은 최소한으로 줄여 주세요." "무리에서 떨어지지 마세요. 열심히 따라와 주세요." "사진은 마음껏 찍어도 좋습니다. 그러나 개인 소장용으로만 간직하세요." "지역 주민과 대화를 나누는 데 주력하세요." "계속 규칙을 만들어 내세요." "집으로 가는 비행기를 놓치지 마세요."

이런 결혼식 초청장도 있었다. "철저하게 아날로그 방식으로 진행되는 결혼식에 온전히 집중해 주시길 바라면서 초대합니다. 스마트폰과 카메라는 잠시 꺼 두시길 정중히 부탁드립니다."

심지어 참석 여부 확답 방법에 관한 규칙을 명시한 크리스마스 파티 초대장도 있었다. "참석하든 말든 상관없지만 반드시 확답을 주세요. 확답을 주지 않으면 내년에는 초대하지 않겠습니다."

때로는 이런 규칙들이 지나치다고 느껴질 때가 있다. '당신이 누구라고 내게 대화를 나누는 상대, 이름 공개 여부, 대화 내용, 적극적인 참여 여부, 스마트폰 사용 여부를 두고 왈가왈부하는가?'

이들 규칙에서는 오래전 모임을 지배했던 낡고 고루한 에티켓이 스테로이드 주사를 맞고서 한껏 날뛰는 것 같은 느낌이 들기도 한다.

에티켓의 장점은 그런 규칙을 적은 메일로 이메일 수신함이 꽉 차는 일이 없다는 점이다. 아무도 규칙이 무엇인지 미리 알리지 않아도 된다. 아무도 에티켓을 지켜야 한다고 강요하지 않는다. 다만 에티켓을 지키지 않으면 다음에 초대받지 못할 가능성은 있다. 그런데 이제 뭔가 다른 것이 등장했다. 손님의 짐작이나 사회 관례에 기대는 대신 회주가 손님들에게 미리, 그리고 직접 모임에서 어떻게 행동해야 하는지 지시하고 있다.

이런 모임이 에티켓을 강화하는 게 아니라 오히려 에티켓에 반발하고 있다는 것을 깨닫기까지는 다소 시간이 걸렸다. 이런 모임 맞춤 규칙의 노골적인 성격과 종종 눈에 띄는 재기 발랄함은 이 규칙의 진정한 의미가 무엇인지를 암시한다. 바로 수동-공격적이고, 배타적이고, 차가울 정도로 보수적인 기존 에티켓의 명령을 더 실험적이고 민주적인 무언가로 대체하고자 하는 것이다.

에티켓의 충돌

6학년 때 나는 부모님께 주니어 코틸리언에 가입하겠다고 졸랐다. 나는 코틸리언(cotillion. 미국이나 캐나다에서 젊은 여성을 사교계에 데뷔시키는 정식 무도회를 가리키는 말-옮긴이)이 뭔지도 몰랐지만 일단 버지니아 주 북부에 살던 내 친구들이 모두 회원이었으므로 나만 소외되고 싶지 않았다. 부모님은 내가 외동인 데다가 어린 시절을 미국이 아닌 곳에서 보냈기 때문에 친구와 지낼 수 있는 곳, 그것도 아주 미국적인 곳이라면 기꺼이 보내 주었다. 그렇게 나는 사실상 남부의 예절학교 모임에 등록하게 되었다.

전미 주니어 코틸리언 연맹의 기원은 1979년 노스캐롤라이나 주 링컨튼으로 거슬러 올라간다. 앤 콜빈 윈터스라는 여성이 그곳에서 예절교육 강좌를 열었다. 윈터스는 미인대회 출신이며 고향 노스캐롤라이나 주 개스토니아 사교계에서 활동했다. 그 뒤 로널드 레이건 대통령의 선거 캠프에서 주 단위 행사 조직위원으로 활동하면서 주로 대학교 행사의 조직 및 운영을 맡았다. 그가 링컨튼에서 시작한 작은 예절교실은 규모가 커졌고 30여 개 주에 300여 개 지부를 둔 전국 단위 단체가 되었다. 주니어 코틸리언은 "어린 학생들에게 예절 강의와 실전 연습 기회를 제공하는 3년짜리 교육 과정으로, 이 과정은 회원 본인과 주변 사람들의 삶을 더 쾌적하게 만드는 예절을 가르"치는 걸 목적으로 한다.[6]

주니어 코틸리언이 가르치는 기술 중에는 전화 통화 예절, 선물을 받았을 때 감사 뜻을 표현하는 법, 소개하는 법, 환영 인사 건네는 법, 모임에 참여하는 법, 예의 바른 대화법, 칭찬하는 법과 칭찬받는 법, 스포츠 예절, 좋은 첫 인상 남기는 법, 행사에 따라 적절한 옷을 갖춰 입는 법, 가정과 공공장소에서 예법, 기본 식탁 차림과 메뉴(미국식, 유럽식, 동양식)에 따른 식사 예절, 손님 예절, 주인 예절을 비롯해 사회생활에서 지켜야 할 여러 예법이 포함되어 있다.

한 달에 한 번 나는 스타킹을 신고, 감색 주름치마와 하얀색 터틀

넥을 입고, 터틀넥 밑단은 치마 속에 단정하게 집어넣었다. 내가 제일 좋아하는 꽃무늬 조끼까지 차려입으면 부모님은 나를 지역 컨트리클럽에 데려다 주셨다. 그곳에서 내 주위 사람들의 삶을 더 쾌적하게 만드는 예절을 배웠다. 남아프리카공화국 출신 여성 강사는 하얀 천으로 덮은 식탁을 준비해 두고 어떤 상차림이 올바른지를 와인 잔의 위치까지 꼼꼼하게 알려 주었다. 그는 감사편지를 보내는 올바른 방법(즉시, 그리고 어떤 부분에 감동했는지를 구체적으로 덧붙인다.), 식당에서 포크를 떨어뜨렸을 때 대처법(절대 집어 들면 안 된다.), 사교댄스의 일종인 폭스트롯의 스텝을 설명했다. 거의 모든 수업이 사교댄스수업으로 끝났던 것으로 기억한다. (나는 그 수업이 늘 힘들었다. 남자아이와 짝이 되어서 스텝을 밟아야 했는데, 내 친구들이 "땀 찬 손 증후군"이라고 부르는 병을 앓고 있었기 때문이다.)

그 수업으로 내 인생이 바뀌거나 하지는 않았지만 주니어 코틸리언은 재미있었다. 수업 시간 내내 친구들과 함께 있으면서 수다 떨고 웃는 게 즐거웠다. 생전 처음 컨트리클럽 구경도 했다. 졸업식도 즐거웠다. 지역 식당인 클라이드에서 무도회를 열었기 때문이다. 그러나 그곳에서 배운 것들이 딱히 유용하다고 느껴지지는 않았다. 주니어 코틸리언에서의 수업은 늙은 부자들이 내게 바라는 행동 양식에 관한 잡다한 정보들로 분류되어 내 뇌 깊은 구석에 저장되었다.

에티켓도 나름의 가치가 있다는 데는 의문의 여지가 없다. 어쨌든 부모님에게 주니어 코틸리언에 보내 달라고 조른 것도 나였다. 특정 사회 계층이나 전문직 집단에서는 공통된 규정과 행동 규범이 있으면 도움이 된다. 이런 공통 지침이 있으면 사람들의 활동을 조율하기가 더 쉽고 서로 민망한 상황이 생기는 것을 막을 수 있으며 논란을 최소화할 수 있다.

에티켓의 이런 긍정적인 측면은 안정적이고 폐쇄적이고 동질적인 집단에서 특히 뛰어난 효과를 발휘한다. 유사한 사람들이 모일 때는 에티켓이 잘 작동하기 때문에 그 모임에 에티켓이 적용되고 있다는 것을 아무도 알아차리지 못한다. 고대 그리스에서 토론회인 심포지엄에 초대받은 사람은 토론회장이 아마도 모임을 주최한 사람의 침실일 것이고, 그곳에 원형으로 놓여 있는 의자들 가운데 하나가 자기 의자일 것이고, 그곳에 갈 때는 간과 목청의 상태를 미리 최상으로 끌어올려 두어야 한다는 것을 알고 있었다. 1950년대 아이오와주 워털루에서 이웃집에 초대를 받은 사람은 거실에서 저녁을 먹은 뒤 손님들이 피아노 쪽으로 어슬렁어슬렁 모여들어 함께 노래를 부르리라는 걸 알고 있었다. 그리고 다른 사람들과 마찬가지로 그 사람도 그 노래를 교회 주일학교에서 배웠을 것이다. 오늘날 스톡홀름에서 8월 초부터 한 달 정도 지속되는 바닷가재 파티에 초대받은 사람은 건배할 때 부르는 노래를 미리 연습해야 한다는 것과 아주 독한 진 한 잔 정도는 단번에 털어 넣을 각오를 해야 한다는 것을 안다. 아르헨티나에서는 가족이 일요일 오후에 바비큐 파티를 열기로 했다면 그 이후 일정은 잡으면 안 된다는 걸 안다. 아무 의미가 없을 테니까. 접시를 한가득 채운 고기를 먹고 또 먹은 뒤에 다들 앉아서 이야기를 나누고 또 나눌 것이기 때문이다. 이것을 스페인어로 소브레메

사(sobremesa. '식사를 마치고'라는 뜻)라 부른다. 이들 모임은 모두 에티켓에 기반해 순조롭게 진행된다. 성향이 닮은 사람들, 비슷하게 교육받고 자란 사람들이 오랜 전통인 암묵적인 행동 지침을 계속 따르면서 즐거운 모임을 갖는다.

문제는 점점 더 많은 사람이, 성향이 닮고 비슷하게 교육받고 자란 사람들과 폐쇄된 공동체에서 살고 있지 않다는 데서 비롯된다. 업무 회의, 강좌, 무역 전람회를 비롯해 최근에 참석한 몇몇 모임을 떠올려 보자. 아마도 당신과 출신 지역도 다르고, 따르는 문화 규범도 다르고, 인종과 종교와 역사도 다른 사람과 나란히 앉아 대화를 나누었을 것이다. 그리고 아마도, 그 사람은 에티켓을 지켰겠지만 당신 것과는 다른 에티켓을 지켰을 것이다. 심지어 어떤 부분에서는 당신이 따르는 에티켓과는 충돌하는 에티켓을 따르는 사람이었을 수도 있다. 뉴욕에서 내가 여는 디너 파티에 초대된 아르헨티나 출신 친구들은 한 시간씩 늦게 나타났으면서도 왜 다른 친구들이 그렇게까지 화를 내는지 이해하지 못했다. 그들은 문명의 충돌이 아닌 에티켓의 충돌을 겪고 있었다. 유대인과 기독교인이 사돈을 맺고 첫 추수감사절을 함께 보내면 한쪽은 매년 그랬듯이 주기도문을 외우고 다른 쪽은 소외감을 느끼며 잠자코 앉아 있게 된다. 그들도 종교의 충돌뿐 아니라 에티켓의 충돌을 겪고 있는 것이다. 지금 우리가 살고 있는 세계에서는 앞으로 이런 충돌이 더 많이 일어날 수밖에 없다.

임시 규칙은 대안 세계를 창조한다

임시 규칙의 등장은 이런 배경을 염두에 두면 더 납득하기가 쉽다. 현대인의 삶에서 단일 문화와 비슷한 사람들로 이루어진 닫힌 공동체가 사라지면서 모임만의 규칙을 명시하는 사례가 늘어나는 것은 당연하다. 임시 규칙은 아마도 현대 사회에 더 적합한 새로운 에티켓인지도 모른다. 태어나는 순간부터 흡수하게 되는 암묵적인 에티켓이 보스턴 상류층이나 미국 내 인도인 공동체 같은 소규모 부족 모임에서 유용하다면, 명시적인 임시 규칙은 다양한 부류의 사람들이 모이는 모임에서 유용하다. 규칙에 기초한 모임은 강압적으로 보일 수도 있겠지만 실제로는 새로운 자유와 개방성을 갖춘 모임이다. 왜 그런지 이해하려면 임시 규칙과 에티켓의 차이를 들여다봐야 한다.

　내가 수강한 주니어 코틸리언 수업은 수백 년도 넘게 이어져 내려온 에티켓 전통을 따른다. 1750년 체스터필드 백작은 자신의 사생아 필립 스탠호프에게 근대 에티켓의 기본 문서 중 하나로 꼽히는 편지를 썼다. "너는 프린치피움 엣 퐁스(Principium et Fons. '기원과 원천'으로 번역할 수 있는 라틴어-옮긴이)라 불리는 지식을 얻었다. 이제는 그보다 덜 중요한 여러 가지 것들을 따라야 한다. 그런 것들이 모여서 크고 중요한 어떤 것이 되는 법이다. 내가 예의범절, 기품, 호칭, 격식에 대해 말하고 있다는 걸 어렵지 않게 짐작했을 거다.[7] 이 네 가지 중 예의범절은 "귀족답게, 그리고 무엇보다 우아하게 썰고, 먹고, 마시는" 능력을 의미했다. 그리고 "어색한 몸가짐과 자기 몸을 닦거나 입, 코, 귀에 손가락을 넣는 것 같이 못 배운 하층민처럼 보이는 단정하지 못한 행동"은 피해야 했다.

18세기 에티켓은 에밀리 포스트(에티켓의 어머니로 불리는 미국 작가-옮긴이)의 가르침, 비즈니스 행위 규범을 정리한 《로버트의 표준 의사 진행법Robert's Rules of Order》, 품위 있는 사교계에서 실수하지 않는 법을 안내하는 다양한 지침서들을 거쳐 주니어 코틸리언까지 이어졌다. 나는 체스터필드 백작의 편지를 읽으며 깜짝 놀랐는데, 에티켓 중심 생활 태도에서 발견되는 몇몇 기본 특성들이 그의 시대부터 굳어져 있었기 때문이다.

그런 특성들 가운데 하나가 고정성이다. 백작이 아들에게 남긴 지침과 내가 주니어 코틸리언에서 받은 교육에서는 은연중에 영속성을 강조한다. 이 행사, 이번 달, 올해에만 적용되는 지침이 아니라는 것이다. 늘 실천해야 하는, 올바르게 살아가는 방식이라고 주장한다. 그 가르침들을 실천한다는 것은 곧 전통을 보존한다는 뜻이었다. 그리고 이들 규약은 변하지 않으므로 어릴 적부터 시간을 내서 배운 다음 사회에 나가서 적절하게 활용해야 한다는 인식이 있었다. 전미 주니어 코틸리언 연맹은 자신 있게 말한다. "우리는 예절이 결코 과거의 유물이 되는 일은 없을 거라고 믿으며 우리가 아이들에게 가르치는 이 기술들이 평생 써야 할 기술이라고 믿습니다."[8]

에티켓 중심 생활 태도는 위압적이기도 하다. 겸손과는 정반대 쪽이어서 다른 문화나 지역에서 어떤 예의범절을 따르는지에는 조금도 관심이 없다. 세련되어 보이고 싶은 사람에게 허용되는 황금 준칙은 단 하나라고 믿으며 그 준칙을 떠받든다. 다양성에는 관심이 없어서 사람마다 다른 삶의 방식이 있다는 관념 자체가 없다. 주니어 코틸리언에서 우리는 콤프턴, 스패니시 할렘, 애팔래치아 지역의 춤은 배우지 않았다. 우리는 폭스트롯을 배웠다. 그리고 그것이 예의바르게 보이는 보편 규약이라는 관념도 함께 물려받았다.

에티켓 중심 생활 태도의 세 번째 특성은 배척이다. 에티켓의 토대가 되는 가치관은 귀족 중심이다. 이 말은 에티켓이 귀족과 대중 사이 간극을 유지하는 역할을 한다는 뜻이다. 에티켓은 사회 계층 사다리를 넓히는 수단이지 무너뜨리는 수단이 아니다. 만약 누구나 폭스트롯을 출 줄 알고 와인 잔의 올바른 위치를 안다면, 주니어 코틸리언이 본부 홈페이지에서 약속하듯 에티켓을 익힌 학생들이 무리의 선두에 서고 "동급생 가운데 가장 성공한 졸업생"[9]이 될 수는 없을 것이다.

에티켓이라는 표준이 고정적이고 위압적이고 배타적이라면, 임시 규칙은 이런 특징들을 완전히 뒤집을 힘을 지니고 있다. 더 실험적이고, 겸손하고, 민주적이고, 무엇보다 만족스러운(!) 모임을 만들어 낼 잠재력이 있다.

에티켓의 목표가 고정된 규범을 유지하는 것이라면 임시 규칙의 목표는 이런저런 시도를 해 보는 것이다. 저녁 식사 자리에서는 정치나 종교 이야기는 꺼내지 않는다는 에티켓을 믿는 사람들은 그 규범이 자신들의 저녁 식탁이나 선거 기간 동안만이 아니라 일상에서 늘 지켜져야 한다고 생각한다. 그러나 토론장에서 성은 빼고 이름으로만 불러야 한다는 규칙은 마지막 손님이 모임 장소를 나서는 순간 유효기간이 만료되는 일종의 유희다. 에티켓이 바탕이 되는 모임에서는 행동 양식이 당신의 정체성에서 흘러나오고 당신이 누구인지를 규정한다. 임시 규칙이 바탕이 되는 모임에서 행동은 일시적인 성격을 띤다. **에티켓은 엄격한 통제를 권하지만 임시 규칙이 적용되는 모임에서는 대담한 도전과 실험이 허용된다. 규칙은 임시로 허구 세계를 창조할 수 있다.** 그 세계는 일상적인 모임보다 훨씬 더 재기발랄해도 괜찮다. **규칙이 일시적이라는 것을 깨닫는 순간 모두가 그 규칙에 기꺼이 복종하기 때문이다.**

에티켓은 단 하나의 올바른 방식을 내세우지만 임시 규칙은 그런 주장은 전혀 하지 않는다. 임시 규칙은 또한 에티켓에 담긴 인종주의적이고 계급주의적인 허세로부터 자유롭다. 임시 규칙은 가짜 규칙이기 때문이다. 임시 규칙의 단발성이 바로 임시 규칙의 겸손함을 대변한다. 아무도 성을 밝히지 않는 것이 문화인의 표식이라고 주장하지 않는다. 그저 그날만큼은, 그 시간만큼은, 그 자리에 모인 사람들 사이에서는, 그 모임의 목적에 맞춰 성은 밝히지 말자고 제안하는 것뿐이다. 그러면 어떤 일이 벌어지는지 한번 지켜보자는 것이다.

에티켓이 특정 모임과 사교계에 외부인이 들어오지 못하게 막는 역할을 하는 반면 임시 규칙은 오히려 모임 참가 자격을 민주화한다. 에티켓만큼 비민주적인 것이 또 있을까. 어떤 모임에 참가하기 훨씬 전부터 여러 해에 걸쳐 내면화해야 하지 않는가! 반면 임시 규칙은 어떤 사전 준비도 요구하지 않는다. 누군가 이 나라에 온 지 얼마 되지 않았고 이 나라 문화에 익숙하지 않다 하더라도, 이메일을 읽을

수만 있다면 임시 규칙을 명시한 모임에는 창피 당하는 일 없이 완벽하게 낄 수 있다. 그러나 에티켓이 지뢰밭이 되는 모임에서는 곤란을 겪을 것이다. 외부인이 제퍼소니언 디너나 하우스 오브 지니어스 모임이나 요즘 유행하는 '침묵 디너 파티'에서 규칙을 지키기는 어렵지 않다. 그러나 함부르크에서 열리는 디너 파티에서 누군가 재채기를 했을 때 "게준트하이트"(gesundheit. '건강하세요'라는 뜻-옮긴이)라고 해야 하는지 안 해야 하는지 같은 건 독일에서 여러 해 동안 사회생활을 하면서 그 사회의 지침과 규범 들을 익히지 않으면 알 수가 없다. 암묵적인 에티켓이 공통성을 전제로 한 닫힌 집단에 적합하다면 명시적인 규칙은 차이를 전제로 한 열린 집단에 적합하다. 명시성은 외부인에게도 균등한 기회를 제공한다.

에티켓은 같은 부류 사람이 모이도록 돕는다. 이와 달리 임시 규칙은 다양한 부류 사람이 모이도록 도우면서도 모인 사람들이 같은 경험을 할 수 있는 장을 마련한다. 내가 관찰한 바에 따르면 오늘날 부족 경계를 넘어서서 능숙하게 모이는 사람들은 임시 규칙을 기꺼이 따르는 사람들인 경우가 많다. 그렇게 하면 내가 앞서 설명한 임시 대안 세계가 종종 탄생한다. 모임을 위한 단발성 헌법을 제정함으로써 회주는 사람들에게 새로운 것을 시도할 수 있는 임시 왕국을 선사할 수 있다. 물론 분위기도 달아오른다.

이제 그런 모임의 예를 자세히 살펴보면서 임시 규칙이 어떤 식으로 작동하는지 알아보자. 디네앙블랑을 소개한다.

디네앙블랑

디네앙블랑(Diner en Blanc. '순백의 저녁 만찬'이라는 뜻-옮긴이)은 감춰진 에티켓이 아닌 명시적인 규칙을 적용하는 모임이 어떤 것을 성취할 수 있는지를 보여주는 동화 같은 사례다. 자메이카 킹스턴, 싱가포르, 르완다 키갈리, 루마니아 부쿠레슈티를 비롯해 전 세계 곳곳에서 열리는 국제 디너 파티 시리즈이며, 한 도시에서 하루 저녁 열리는 이 디너 파티에 많게는 1만 5천 명의 참가자가 모이기도 한다. 각 도시마다 1년에 딱 한 번 열리지만 지금까지 여섯 대륙, 70여 도시에서 열렸다. 이 디너 파티에는 온갖 배경, 인종, 언어, 젠더의 사람들이 한자리에 모인다. 참가자들이 같은 언어를 쓸 필요도 없다. 식단 제약이 있는 사람도 참여할 수 있다.

국제 행사가 된 이 디너 파티는 개인 모임에서 출발했다. 1988년 프랑수아 파스키에는 프랑스령 폴리네시아에서 2년을 보낸 뒤 가족과 함께 본국 프랑스로 돌아왔다. 그는 자신의 귀국을 축하하는 디너 파티를 집에서 열어 아주 많은 친구를 초대했다. 그런데 집에서는 그 많은 사람을 다 수용할 수 없으리라는 것을 깨닫고 친구들에게 파리의 식물원 네 곳 중 한 곳인 바가텔르 정원으로 오라고 알렸다. 공공 정원에서 서로를 알아보기 쉽도록 손님들에게 각자 동반인 한 명과 함께 하얀색 옷을 입고 오라고도 요청했다. 그날 저녁, 마법 같은 시간이 펼쳐졌고 참석자들은 모두 전율을 느꼈다. 그래서 그다음 해에도, 또 다음 해에도 디너 파티를 열었다. 매년 꼬박꼬박 참석하는 사람도 많았지만 새로 참가하는 사람들의 수 또한 계속 늘었다. 순전히 입소문만으로 참석자 수가 늘었고, 늘 그 전 해보다 더 큰 성공을 거두었다. 결국 바가텔르 정원에서 수용할 수 없을 만큼 많은 사람이 참석하게 되어 퐁데자르, 팔레루아얄, 트로카데로 광장 같이 파리를 대표하는 장소에서 모이기 시작했다. 디네앙블랑 조직위원회는 디너 파티에 연속성을 부여하고자 새로 참석하는 사람은 반드시 기존 참석자에게서 초대받을 것을 조건으로 내걸었다. 해가 거듭될수록 파리의 연례 디너 파티 규모는 계속 늘어나 1만 5천 명의 손님이 모이기에 이르렀다. 그리고 이 행사는 대륙을 건너가 전 세계에 퍼지기 시작했다.

이런 확산의 비결 아닌 비결은 디네앙블랑이 공통점이 거의 없는 사람들이 모여서 저녁 식사를 함께하는 것을 가능하게 하는 임시 규칙 중심으로 진행된다는 점이다.

행사 당일, 지역 주민 수천 명이 머리부터 발끝까지 하얀색 의상을 우아하게 차려입는다. 그리고 사람들의 시선을 사로잡을 만한 포인트를 주는데, 보아뱀부터 화려한 머리 장식, 중절모, 지팡이, 하얀 장갑, 천사 날개까지 다양하다. 사람들은 해당 도시의 운영진이 미리 정한 장소에 커플로 도착한다. 샴페인, 집에서 요리한 고급 요리, 유리 식기, 하얀 식탁보, 하얀 꽃으로 가득한 소풍 바구니와 자신이 쓸 휴대용 식탁과 의자를 들고 온다. 이 엄청난 디너 파티 플래시몹이[10] 정확하게 어디에서 벌어질지 미리 아는 사람은 한 명도 없다. 그러나 참가자들은 아주 좋은 시간이 될 거라는 점만은 확신한다.

일반적으로 손님은 50명씩 한 조가 되어 다른 수천 명의 사람들처럼 대기 장소에서 기다렸다가 디너 파티가 실제 열리는 깜짝 장소로 안내된다. 일단 파티 장소에 도착하면 모두들 하얗게 반짝거리는 임시 개미집을 짓기 시작한다. 하얀 식탁에 하얀 식탁보를 덮고 하얀 의자를 펼친다. 식탁은 일렬로 길게 붙이고 한쪽 면에는 여자들이,[11] 다른 쪽 면에는 남자들이 서로 마주보도록 나란히 앉는다. 각 커플은 유리 식기, 도자기, 촛불, 생화, 꽃병, 냅킨꽂이처럼 그날 저녁에 아름다움을 더하기 위해 밖에서 들여온 물품들로 각자의 상을 차린다. 종이나 플라스틱은 티끌만큼도 찾아볼 수 없다.

시작을 알리는 공식 개회사 같은 것도 없고 그날 일정을 이끄는 사회자도 없다.(사실 명시적으로 금지되어 있기도 하다.) 저녁 식사 시작을 알리는 신호도 없다. 대신 손님들이 서로 준비가 되었다는 신호를 주고받은 다음 다 함께 하얀 냅킨을 들고 흔든다. 이제 저녁 먹을 시간이 되었다. 해가 지는 90분 동안 이 거대한 부족은 집에서 해 온 세 가지 코스 요리를 먹는다. 음식은 식탁이나 촛불과 마찬가지로 손님들이 마련해 오는데, 주최 측에서는 되도록 직접 만든 음식을 가져오라고 권한다.(최근 몇 년 사이 몇몇 도시에서는 디너 파티 현장의 노점상에서 음식을 살 수 있도록 허용하기도 했다.) 음료는 화이트 와인과 로제 와인과 샴페인으로 한정된다. 맥주 캔이 눈에 띄는 일은 거의 없다고 봐도 무방하다. 후식으로는 초콜릿으로 코팅된 딸기나 개별 포장된 마카롱처럼 뭔가 특별한 것을 준비하도록 권한다. 저녁 식사 시간에는 모두가 자리를 지켜야 해서 자리에서 일어나거나 돌아다니는 사람은 없다. 이 시간에 청혼을 하는 경우도 있다고들 한다.

전 세계 사람들이 디네앙블랑에 참가한 저녁이 그해 최고의 경험이었다고들 말하곤 한다. 뉴욕의 한 노인은 이렇게 설명했다. "지난 3년하고도 반년 동안 나는 병이 들어서 힘들게 지냈어요. 그렇지만 매년 디네앙블랑만큼은 꼭 참석했어요. 의사가 가지 말라고 말렸는데도요. 이곳에서 영혼이, 마음이, 그리고 몸이 다시 활력을 얻는다고 느끼거든요." 그는 이렇게 덧붙였다. "이곳에 와서 직접 느끼지 않은 사람에게 어떤 분위기인지, 어떤 정서를 느끼는지 제대로 전달하기는 힘들어요."[12]

석양이 한여름 밤에 자리를 내주면 모든 식탁에서 스파클러 폭죽에 불을 붙이는 것을 볼 수 있다. 저녁 일정이 다음 순서로 넘어갔다는 신호다. 이제 손님들은 자리에서 일어나 친구들과 인사하고 포용하고 건배를 나누고 춤을 추기 시작한다. 언제나 사전에 공지되지 않은 깜짝 공연도 시작한다. 뉴욕에서처럼 전자 바이올린 연주 공연일 수도 있고, 도쿄에서처럼 종이우산 춤 공연일 수도 있고, 아이티 포르토프랭스에서처럼 드럼과 기타 연주 공연일 수도 있다. 이렇듯 단합된 부족의 맥박이 빨라지면서 분위기가 한껏 달아오른다. 자정이 되면 트럼펫이 울린다. 손님들은 각자 자신이 가져온 식탁과 의자를 접고 물건을 챙겨서는 한꺼번에 떠난다. 그 많은 사람이 네 시간 동안 앉아서 저녁을 먹고 즐겼는데도 이들이 떠나고 나면 그런 모임이 있었다는 흔적 하나 남지 않는다.

규칙을 믿고 도박을 하다

디네앙블랑은 어떻게 그렇게 널리 확산되었을까? 아마도 에티켓이 그렇게 다양한 사람들을 대상으로 한 모임에서는 적합하지 않다는 직감을 믿었기 때문일 것이다. 그래서 디네앙블랑은 이 모임만의 규칙을 정하는 도박을 했다. 덕분에 이시하라 쿠미라는 여성이 이 마법 같은 모임을 일본에 도입할 수 있었다.

바가텔르 정원에서 수천 킬로미터 떨어진 곳에서, 그리고 첫 모임에서 수년이 지난 후, 이시하라는 우연히 유튜브 동영상을 통해 뉴욕에서 열린 플래시몹 디너 파티를 보게 된다. 이시하라는 일본의 해변마을 카마쿠라에서 태어나 열네 살 때 가족과 함께 독일 뒤셀도르프로 이사했다. 그곳에서 일본인 학교를 다녔고 스스로를 유목민이라고 여기게 된다. 싱가포르와 런던에서 잠시 거주한 그는 20대 후반에 일본으로 돌아와 요가 강사, 크리에이터, 통역사를 비롯 이런저런 일을 하며 생계를 꾸렸다. 하얀색으로 휘감은 수천 명이 모여 있는 디네앙블랑 영상은 순식간에 그의 마음을 사로잡았다. 그는 말했다. "이 순백의 모임에 감탄밖에 나오지 않았어요." 그는 디네앙블랑이 서로 다른 사람들을 같은 경험으로 묶는 전 세계적인 현상이라는 점이 특히 마음에 들었다. 그래서 일본에서도 열어야겠다고 마음먹었다.

우선은 디네앙블랑 저작권을 따내기 위해 디네앙블랑 프랑스 본부 사람들을 설득해야 했다. 디너 파티의 품격을 유지하기 위해 프랑스 본부에서는 디네앙블랑을 주최할 수 있는 권한을 공식 저작권으로 등록해 전 세계 모임 운영자에게 그 저작권 사용권을 부여하는 식으로 관리한다. 그는 대규모 행사를 조직한 경험이 풍부한 일본인 친구 두 명을 설득해 함께 저작권 계약 공모에 지원하고 인터뷰를 했다. 그리고 영상 통화를 두 번 더 한 끝에 저작권을 따냈다.

이제 이시하라는 지극히 유럽적인 디너 파티를 사생활을 매우 중시하는 일본인의 성향과 어떻게 접목시킬지를 고민해야 했다. 그와 친구들은 행정 당국을 찾아가 기이해 보일 이 행사를 열기 위한 넓은 공공장소를 빌려 달라고 요청해야 했다. 또한 이 행사에 대해 들어 본 적이 없을 수백 명의 사람들에게서 흥미를 끌어내야 했다. 아마도 가장 큰 난관은 서로 모르는 사람들을 대상으로 정교하고도 낯선 지침을 일일이 따르게 하는 일이었을 것이다.

일본 디네앙블랑의 조직위원이 된 이시하라는 프랑스 본부에서 받은 상세하고 긴 규칙 목록을 전부 따르도록 강제해야 했다. 그는 내게 그 목록 요약본을 보내 주었다.

- 초대장을 받은 사람은 동반인을 한 명 데리고 와야 합니다.
- 식탁의 한쪽에는 남성이, 마주보는 자리에는 여성이 앉습니다.[13]
- 복장은 하얀색만 허용됩니다. 양말, 신발, 머리 장식도 마찬가지입니다.
- 격식을 차리되 기발하면서도 세련되게 입으세요.
- 와인, 샴페인, 물을 가져오세요. 맥주, 기타 주류, 탄산음료는

금지됩니다.

- 한 변이 70~80센티미터인 정사각형 식탁을 가져오셔야 합니다. 식탁은 하얀색 식탁보로 덮습니다.
- 플라스틱이나 종이는 허용되지 않습니다. 오직 유리 식기나 도자기만 사용할 수 있습니다.
- 초대에 응했다면 반드시 참석해야 합니다. 날씨가 어떻든 무조건 참석하세요.
- 음식은 훌륭해야 합니다. 가능하면 집에서 직접 요리한 음식을 권하며 패스트푸드는 허용되지 않습니다.
- 이날 저녁 일정을 진행하는 사회자는 없습니다. 모든 일정은 집단 신호에 따라 진행됩니다.
- 식사 시간에는 자리에서 일어나면 안 됩니다. 격식을 갖춘 행사이기 때문입니다.
- 뒷정리를 잘하세요. 쓰레기봉투를 가져옵니다. 흔적을 조금이라도 남기면 안 됩니다.
- 디네앙블랑은 1년에 한 번만 열 수 있습니다.

이 저녁 모임에 일본인의 참여를 끌어내는 일은 만만치 않아 보였다. 이시하라의 말에 따르면 일본 문화에서는 낯선 사람과 함께 저녁 식사를 하지 않는다. 격식을 갖춰서 차려입는 것은 꽤 흔한 일이지만 하얀색 신발을 찾기란 거의 불가능에 가까웠다. 규칙에서 정한 크기에 꼭 맞는 식탁을 구하려면 최소한 한 달 전에 주문을 해야 했다. 사람들은 모임 참석을 온라인으로 예약하는 데 익숙하지 않았다. 파티에 참석하려고 그렇게 많은 짐을 꾸리거나 준비해야 하는 것에도 익숙하지 않았다. 이시하라는 행사에 사람들이 참석하게 하는 것만도 넘치도록 어려운 일이라고 말했다. 일본인들은 자신이 한 번도 보지 못한 무언가에 돈을 지불하는 데 익숙하지 않았기 때문이다. 서로 모르는 수천 명의 일본인이 모임 규칙을 따르게 할 뿐 아니라 그런 규칙을 따르는 일에 기대를 품게 하는 것. 이것이 이시하라가 직면한 도전 과제였다.

몇 달 동안 이시하라는 일본 디네앙블랑 페이스북 페이지에 매일 글을 올렸다. "사람들의 흥을 북돋기 위해서"였다. "그저 그날그날 일어난 일을 담는 게 아니었어요. 적어도 한 달을 염두에 두고 글을 썼지요. 이를테면 당신이 좋아하는 촛대를 사는 일, 당신이 좋아하는 스커트를 사는 일, 그렇게 동기를 부여하고 흥을 북돋우는 거죠." 그는 두세 달 동안 각각 다른 요소에 초점을 맞춰 글을 올렸다. 어느 날에는 디너 파티의 유럽적인 면에 대해 썼다. "무도회 같은 거예요. 형식을 아주 중시하는 모임이죠. 격식에 맞게 차려입어야 해요. 무도회에서 종이접시 같은 걸 내놓을 생각은 결코 하지 않겠죠!" 디너 파티의 엄격한 규칙은 의도된 것이라는 설명도 했다. "아주 품이 많이 드는 파티예요. 소풍이랑은 달라요." 무엇보다 그는 내가 1장에서 다룬 유월절 원칙을 활용해 이것이 1년에 단 한 번 있는 특별한 날을 위한 특별한 초대라는 사실을 강조했다. 더군다나 일본에서 열린 제1회 디네앙블랑이지 않았던가. "우리는 일본에서 그 누구도 식사를 해 본 적이 없는 비밀 장소를 찾았습니다." 그는 자신이 올린 글의 내용을 보여 줬다. "당신 평생 그곳에서 저녁을 먹는 일은 이번이 아마 처음이자 마지막일 것입니다."

　도쿄에 있는 사람 중에는 특정 규칙에 거부감을 드러내는 이도 있었다. 전 세계 어디에나 그런 사람들이 있었다. 싱가포르에서는 싱가포르 음식이 충분히 '격식'에 맞는지가 논란이 되어[14] 결국 "구닥다리 식민지 사고에서 벗어나지 못했다."[15]는 분노에 찬 반발까지 낳았다. 보스턴에서는 한 블로거가 "그러니까 내가 정신적으로든 육체적으로든 동성애자라면 내 연인을 동반인으로 데리고 갈 수 없다는 것인가? 대칭을 망칠 수도 있어서?"[16]라며 분통을 터뜨렸다. 워싱턴 DC에서는 "이 모임만큼 페인트볼 테러를 하고 싶은 욕구를 불러일으킨 행사도 없다."[17]라고 야유를 보냈다. 뉴올리언스 주에서는 "이 행사는 내게 뉴올리언스 미식축구팀 세인츠의 이름이 새겨진 낡은 운동복을 입고 큐피드 셔플 춤을 주면서 팔뚝에서 흘러내리는 로스트비프 소스를 핥아 먹고 싶게 만든다."[18]라며 조롱했다. 모임 주최 측이 "속물적"이며 참가비가 "너무 비싸다"(도시마다 다르지만 1인당 참가비가 35~50달러쯤 함)는 비난도 쏟아졌다.[19] 손님에게 너무 많은 일을 떠넘긴다는 불만도 속출했다. 밴쿠버에서는 예술가 두 명이 "즉흥적이고, 계획이라고는 손톱만큼도 안 세우고, 가족 친화적인" 대안 행사를 열었다.[20] 수아르누아르(Ce Soir Noir. '검은 저녁'이라는 뜻 - 옮긴이)라고 이름 붙인 이 행사에는 1천5백 명이 참석했다. 그러나 디네앙블랑은 도시에서 도시로, 해를 거듭해서 계속 퍼져 나갔다. 그리고 참가 대기자 목록은 길어져만 갔다. 도쿄에서는 1만 1천 명이 대기자 명단에 이름을 올렸다. 필라델피아에서는 그 수가 무려 2만 6천 명에 이른다.

뉴욕에서 벽에 붙은 파리처럼 눈에 안 띄게 이 행사를 지켜본 나는, 이 디너 파티 참석자들이 어느 모로 보나 내가 그동안 뉴욕에서 참석한 그 어떤 모임 못지않게, 또는 그 이상으로 다양하다고 장담한다. 그리고 이 행사만큼이나 우아한 뉴욕의 고급 식당을 찾는 손님 대부분에 비하면 훨씬 더 다양하다. 뉴욕 디네앙블랑 주최자 중 한 명이 《타임아웃》지와의 인터뷰에서 밝혔듯이 "이 행사의 아름다운 점은 참가자의 다양성입니다. 이 모임에는 뉴욕의 모든 지역에서 온갖 배경의 사람들이 모입니다. 우리가 현재 몸담고 있는 이 도시를 정말로 잘 대변하고 있어요. 그토록 다양한 배경의 사람들이 그토록 많이 한자리에 모여 모두가 한마음이 되어 축제를 벌이는 현장의 일부가 된다는 것은 참으로 멋진 일입니다. 다른 것은 차치하더라도 그날 밤만큼은 우리 모두가 하얀색으로 차려입었죠."[21]

워싱턴 DC 디네앙블랑에 관한 글을 쓴 정치부 기자 셰인 해리스도 비슷한 감상평을 내놓았다. 그는 이 모임이 "융통성 없는 사교 일정과 규율"로 유명한, 자기애가 강한 도시인 워싱턴 DC에서 보기 드물게 "속물근성에서 자유로운" 모임이라고 칭찬했다.[22]

우리 모두 하얀색으로 차려입기는 했다. 그러나 집단으로 따지면 흑인 비중이 가장 컸고, 그다음이 백인, 그리고 간간이 아시아인과 히스패닉이 섞여 있었다. 우리는 노인이었고, 젊은이였고, 동성애자였고, 이성애자였다.

누가 부자인지, 누가 가난한지 알 길이 없었다. 아주 화려한 실크 드레스를 입은 여성은 법률회사의 파트너일 수도 인턴일 수도 있었다.

이 사람들은 적어도 내가 아주 많은 사교 모임에서 부딪히고 싶지 않은 그런 부류와는 거리가 멀었다. 아무도 옆 사람의 어깨 너머로 힐끔거리면서 자신이 누구와 이야기해야 이득이 되는지 잔머리를 굴리지 않았다. 아무도 내 직업이 무엇인지 묻지 않았다. 아주 유쾌한, 계급장을 뗀 모임이었다.

해리스에게 좀 더 익숙한 워싱턴 정가의 우아한 저녁 모임에서는, 참석자들의 옷차림 색상은 다채롭지만 피부색은 하얀색이 압도적인 게 보통일 것이다. 디네앙블랑에서는 거꾸로 옷차림이 하얗고 피부색은 다채롭다. 나는 이것이 우연이 아니라고 생각한다. 규칙이 명시되고 모임이 하룻밤 게임이 되면, 암묵적으로만 통용되는 어떤 것들은 몰라도 된다. 특정한 방식으로 교육받고 자라지 않았어도 된다. 특정 문화가 몸에 배어 있지 않아도 된다. 수십 년간 이어져 온 사회적 신호를 물려받지 않아도 된다. 오늘밤의 규칙만 숙지하면 된다. 이것이 바로 임시 규칙을 내세우는 모임이 지닌 협상카드다. **모임을 설정할 때 더 엄격하게 굴수록 회주는 더 구별되고 더 풍성한 자유를 보장할 수 있다.** 그 지역의 모임 전통과는 무관하게 온갖 부류 사람들이 참석하는 모임 경험을 제공할 수 있기 때문이다.

도쿄에서 이시하라가 주최한 첫 디네앙블랑에는 정해진 시간, 정해진 장소에 하얀색으로 차려입은 1천6백 명의 참석자가 모였다. 이시하라는 저녁 식사 시작을 알리는 손수건 흔들기 시간에 느낀 감정을 이렇게 표현했다. "우리가 이 장소를 점령했습니다." 참석자들은 거의가 서로 처음 보는 사이였다. 그러나 그 광경과, 기이하고 서로를 엮어 주고 자유롭게 하는 규칙이 만들어 내는 아름다움과, 경외감에 모두 하나가 되었다. 이시하라는 이렇게 말했다. "이미 마음이 열려 있었기 때문에 모두와 친해질 수 있었어요."

파티가 끝날 때 트럼펫을 울려 참가자들에게 행사가 끝났음을 알렸다. 이시하라는 "신데렐라 기억하시죠?" 하고 물었다. "신데렐라는 12시 종이 울리면 가야 한다는 걸 알았어요. 그리고 이 모임에서도 사람들은 이 한여름 밤의 꿈이 끝났다는 걸 자동으로 알아차렸죠." 이시하라는 이렇게 물을 수밖에 없었다고 한다. "이게 꿈이야, 생시야?" 이것이 규칙을 통해 얻은 다채롭고 열린 모임의 힘이다. 이런 모임은 전혀 다른 세계를 창조한다. 그리고 그 세계의 유효기간이 끝나면 당신의 세계가 다시 시작된다.

스마트폰을 이길 수 있는 단 하나의 것

앞서 살펴보았듯이 에티켓은 현대 사회를 연결하기에는 문제가 많은 접착제다. 에티켓을 중심에 두면 차이를 뛰어넘는 모임을 열기가 더 어려워지기 때문이다. 단점은 그것만이 아니다. 에티켓은 또한 이 시대의 가장 강력한 힘인 '중독성 강한 기술'을 막아 내기에는 절망적일 정도로 빈틈으로 가득하다.

오늘날 회주는 좋든 싫든 사람들이 종종 딴 곳에 가 있는 현실에 대처해야 한다. 전자 기기 탓이다. 지칠 줄 모르는 산만함은 현대인의 삶, 특히 현대의 모임에 내려진 저주와도 같다. 사람들은 대개 너무 바빠서 애초에 모일 수조차 없다. 모임 일정을 잡는 일은 악몽이나 마찬가지고, 일정을 조율하는 일은 고난의 연속이다. 그런 어려움을 뚫고 어쩌다 모임이 성사되어도 우리의 마음은 수천 갈래로 갈라져 있다.

어떻게 하면 모임에 온 사람들이 그 순간에 충실하도록 만들 수 있을까? 스마트폰 화면에서 눈을 떼게 할 뿐 아니라 그 화면 생각을 아예 꺼 버리도록 만들 수는 없을까? 일부 연구 결과에 따르면 사람들은 하루에 평균 150번 스마트폰을 확인한다고 한다.[23] 그중 50번을 당신 모임에서 하지 않도록 확실하게 막을 방법은 없을까? 사람들을 한자리에 불러 모으기는 했지만 그 사람들을 '지금 여기'에 온전히 존재하도록 할 방법이 과연 있을까?

너무나 오랫동안, 너무나 많은 모임에서 이 질문에 대한 답으로 우리는 예절과 암묵적인 규범, 즉 에티켓에 과도하게 의존해 왔다. 우리는 저녁 식사 중에 스마트폰을 확인하지 않는 것이 한 번 소스를 찍어 입에 넣었던 칩을 다시 소스에 담그지 않는 것처럼 굳이 말하지 않아도 사람들이 알아서 자제하는 행동이기를 바란다.(어느 쪽도 실제로는 제대로 지켜지지 않고 있지만.) 그러나 에티켓은 '산만함의 시대'에서 기술에 밀리고 있다. 에티켓이 여러 집단에서 광범위하게 실패하는 이유는 그것이 내면화되고 암묵적이어서만은 아니다. 실은 더 단순한 이유로 맥을 못 추고 있다. 현존하는 가장 똑똑한 사람들이 모여서 에티켓이 새로운 중독성 강한 기술을 상대로 전혀 힘을 못 쓰도록 열심히 일하고 있기 때문이다.

2011년 구글은 앱처Apture라는 작은 기업을 인수했다. 그리고 그 과정에서 그 회사의 CEO 트리스탄 해리스도 함께 영입했다. 해리스는 지메일 받은편지함 앱 설계팀과 일하게 되었고 훗날 공식 석상에서 이렇게 인정했다. "세 개 기업(구글, 애플, 페이스북)에서 일하는 한줌의 설계자들(대부분 샌프란시스코에 거주하는 25~35세 백인)이 전 세계 수백만 명 사람들의 주의력 사용 방식에 이토록 큰 영향력을 끼친 적이 없었다. … 우리는 이 권력을 갖고 있다는 사실에 엄청난 책임감을 느껴야 한다."[24] 해리스는 이런 생각을 "주의력 분산을 최소화하고 사용자의 주의력을 존중할 것을 요구하는 선언문"이라는 제목의 144장짜리 슬라이드 프레젠테이션에 담아 구글에서 함께 일하는 동료들에게 전달했다. 이 문서는 주의력 분산은 개인 책임이 아니며 에티켓 같이 들쑥날쑥하는 방식으로는 그에 대응할 수 없음을 호소하는 간절한 청원이었다. 해리스는 《애틀랜틱》과의 인터뷰에서 주의력이 분산되지 않도록 하는 것을 개인 책임으로 미루는 것을 두고 이렇게 말했다. "내가 간신히 지고 있는 책임을 무너뜨리는 것이 맡은바 임무인 수천 명이 화면 너머에 모여 있다는 사실을 무시한 처사"라고. 구글은 해리스를 사내 "철학자"로 임명했다. 그의 임무는 기술이 인간 사회에 어떤 영향을 끼치는지 성찰하는 것이다.

에티켓도 실리콘밸리의 프로그래머들을 상대로 승산이 없는 판국에 모임 규칙이 그들에게 맞설 수나 있을까? 충분히 가능하다. 임시 규칙은 명백한 데다 실험적인 게임이 되기 때문이다. 정해진 시간 동안 무언가를 시도하는 것은 재미를 준다. 영속하는 것이었다면 강압적이라고 느껴질 제약들이라도, 잠시 동안의 대안 세계를 창조해내는 의식적 노력의 일환으로 가끔씩만 적용될 때는 매력적이고 흥미진진하게 받아들여질 수 있다.

'나 여기 있어요' 날

언젠가 남편과 내가 그런 유형의 모임을 기획한 적이 있다. 그 모임은 순전히 우연의 산물이었다. 뉴욕으로 곧 이사할 참이던 우리는 새로운 보금자리를 탐사하고 싶은 마음으로 들떠 있었다. 우리는 뉴욕을 지속적으로 탐사하는 습관을 들이고 싶었고 같은 동네 몇 군데만 도는 지루한 패턴에 빠지지 않기를 바랐다. 그에 대해 대화를 나누다가 정기적으로 하루를 전부 비워서 그날 낯선 동네 한 군데를 정해 구석구석 돌아보기로 결정했다.

곧 그 탐험에 나설 첫 날이 왔다. 우리는 첫 탐사 구역으로 할렘을 선택했다. 이 계획을 자비로운 권위의 본보기인 친구 노라 아부스타이트에게 말했더니, 아부스타이트는 초대하지도 않았는데 이렇게 선언했다. "나도 갈게요." 신혼부부의 로맨틱한 나들이 계획이 이제 친목행사, 즉 모임이 된 것이다. 아부스타이트는 더 나아가 친구를 데려오겠다고 했다.(그렇다. 자기 규칙을 자기가 깬 것이다.) 아직 구체적으로 뭘 할지 확실하게 정하지 못한 우리 부부는 그러라고 허락했다. 그렇게 '나 여기 있어요' 날이 탄생했다.

우리에게는 캘빈 버츠 3세가 담임목사로 있는 아비시니안 침례교회에 다니는 친구가 있다. 그 교회에서는 성가대가 특히 유명하여 매년 수천 명의 방문객이 교회를 찾아온다. 그 교회에 갔을 때 우리는 교인의 손님이었기 때문에 외부인이 앉는 2층이 아닌 예배당 본당에 앉을 수 있었다. 설교를 시작하기 전에 버츠 3세 목사는 우리 이름을 부르고 우리의 이력을 교인 전체에게 큰 소리로 읽어 주었다. 모두가 박수를 쳤고 우리는 뺨이 붉어졌다. 예배가 끝난 뒤 10여 명의 교인들이 와서 우리를 환영하고 인사를 건넸다.

그곳에서 한껏 기분이 고조된 우리는 근처 식당에서 점심을 먹기로 했다. 식당에서는 각자가 경험한 뉴욕의 다양한 얼굴을 공유하고 이 도시가 얼마나 미친 속도로 돌아가는지에 대해 이야기했다. 두세 시간을 함께 보낸 우리는 뉴욕 생활에서 오는 두려움과 불안, 뉴욕의 사회 규범을 익히는 일, 이곳에 계속 머물려면 얼마나 벌어야 하는지에 대한 이야기로 넘어갔다. 별 계획 없이 식당을 나선 우리는 남쪽으로 40블록 정도를 걸었다. 점점 뉴욕을 탐사하고 있다는 느낌이 들기 시작했다. 누군가 큰 건물이나 식당뿐 아니라 가정집도 돌아보자고 제안했다. "그곳이 진짜니까." 그러나 어떻게 가정집을 들여다볼 수 있을까?

문득 아부스타이트가 근처에 친구가 산다는 사실을 기억해 냈다. 아부스타이트는 그 자리에서 친구에게 문자를 보내 우리가 잠깐 들러도 되겠느냐고 물었다. 놀랍게도 그 친구는 우리를 초대해 차를 대접했고, 덕분에 우리는 아주 아름다운 그의 집을 구경할 수 있었다. 우리는 이날의 운에 너무나 들뜬 나머지 계속 이렇게 걷기로 했다. 이번에는 북쪽으로 방향을 틀어서 뉴욕 시 박물관을 방문했다. 그곳에서 우리는 뉴욕의 지면이 어떻게 평평해졌는지, 어떻게 농장이 포장도로가 되었는지, 어쩌다 고층빌딩이 특정 지역에 몰리게 되었는지를 비롯한 뉴욕의 역사를 속속들이 배웠다.

박물관에서 나오는 길에 이웃 건물에서 울리는 커다란 음악 소리를 따라간 우리는 매주 일요일 오후 네 시에 그곳 지하실에서 댄스파티가 벌어진다는 사실을 알게 되었다. 우리는 각자 맥주 한 병을 손에 들고 춤을 추기 시작했다. 한 시간 뒤 땀에 흠뻑 젖어서는 그곳을 떠나 센트럴파크로 갔다. 긴장이 풀리고, 마음이 평온해지고, 그렇게 걸었는데도 몸에 에너지가 넘치는 게 느껴졌다. 그리고 아무도 단 한 번도 스마트폰을 확인하지 않았다. 저녁 7시에 헤어진 우리는 우리가 만난 모든 사람과, 우리가 걸은 모든 거리와, 우리가 나눈 모든 대화로 충만해져서 집으로 돌아왔다. '새로운 도시로 온 지 3주밖에 안 되었는데…'라는 생각이 들면서 어쩌면 이곳에서 동족을 찾을 수 있을지도 모른다는, 이곳이 우리에게 고향이 되어 줄 수도 있겠다는 희망을 품게 되었다.

두 사람이 주고받은 모호한 아이디어가 우리가 뉴욕에서 보낸 첫 몇 년간 가장 의미 있는 모임 중 하나로 발전했다. 처음에는 그렇게 네 명이 모였고, 어느 날 여섯 명으로 늘더니, 여덟 명, 열 명, 그 이상으로 불어났다. 처음에는 규칙이 전혀 없었다. 우리는 그냥 내내 붙어 다녔다. 그렇게 주말 중 하루를, 우리가 평소에 사람들과 보내는 시간과는 다르게 느껴지는 모임으로 채워 나갔다. 동네를 하나 골라서 그날의 '큐레이션'에 따라 순례했다. 모임 구성원들이 돌아가면서 큐레이터 역할을 맡아 모임에서 무엇을 할지 정했다. 처음에는 모임에서 무엇을 할지를 비교적 즉흥적으로 정했다. 규칙이라고 해 봐야 약속 시간을 칼같이 지켜야 한다는 것과 모임이 끝날 때까지 떠날 수 없다는 것이 전부였다. 원래는 규칙을 세울 생각이 없었는데 모임을 지속하다 보니 그런 규칙이 유기적으로 생겨났다.

나와 남편은 거의 매번 일종의 마법을 부리는 모임 양식을 거의 우연히 발견했다. '나 여기 있어요' 날은 인위적인 아이디어에서 나왔지만 그 틀은 자연스럽게 성장했다. 우리가 내거는 제약은 당연한 것들이었다. 걸어서 다닐 수 있는 구역을 선택한다, 식사 때 모두 한 식탁에 둘러앉을 수 있도록 인원을 제한한다, 날씨를 고려한다… 우리는 그 동네를 아는 사람인지 아닌지에 상관없이 순서대로 한 사람이 큐레이터 역할을 맡아서 사전조사를 한 후 모두를 위한 구체적이고 즐거운 경험을 만들어 낼 때 이 모임의 양식이 가장 좋은 효과를 낸다는 것을 알게 되었다. 또한 모두가 큐레이터의 자비로운 권위에 복종하기로 합의한 날 최고의 경험을 한다는 것도 알게 되었다.

우리의 본래 목적은 '현재에 충실하기'가 아니라 '탐험하고 발견하기'였다. 그러나 두 사람의 만남이 정기적인 집단 탐사로 탈바꿈했고, 더 많은 사람, 그것도 우리가 모르는 사람이 이 모임에 참여하고 싶다는 의사를 밝혔기 때문에, 그동안 자연스럽게 형성된 모임 관례를 명시할 필요가 생겼다. 모임에 참여하는 사람들에게 그들이 모임에서 무엇을 기대해야 하는지, 그리고 그들에게 어떤 것이 기대되는지를 알려야만 했다. 나는 기존에는 암묵적으로 강제되던 규칙을 명문화했고, 이 규칙을 모임에 새로 참여하는 사람들에게 공지했다.

- '나 여기 있어요' 날에 참여하고 싶다면 시작하는 순간부터 마지막 순간까지 동참해야 합니다. 대략 10~12시간이 소요됩니다.
- 모든 전자 기기는 꺼야 합니다. 그날 활동에 직접 사용되는 경우에만 예외가 허용됩니다.
- 그날 모임과 모임에서 하는 활동에 충실하게 참여할 것에 동의해야 합니다.
- 식사 시간에 하는 대화에는 모두가 참여합니다.
- 모임에서 하는 모든 활동에 적극 참여해야 합니다.

가장 중요한 규칙 두 가지는 한나절을 처음부터 끝까지 함께 보내야 한다는 것과 전자 기기를 무조건 꺼야 한다는 것이라는 게 곧 분명해졌다. 이 두 가지 규칙이 뉴욕과 디지털 기술에 점령당한 현대 사회에서 보기 드문 '현재에 충실하기'를 모임 참가자들이 실천하도록 강제했기 때문이다. 모임 참가자들은 모임이 진행되는 동안에는 모임으로 들어올 수도 모임에서 나갈 수도 없었다. 이것이 원칙임을 받아들인 참가자들은 더 느긋해졌다. 매 순간을 빽빽하게 채우는 계획을 세울 여지가 사라졌다. 더 나은 선택지를 찾을 수 있는 자유를 포기한 것이다. 그냥 '여기'에 있어야 했다. 그리고 우리 모두 '여기'에 있었기에 서로의 존재를 최대한 누릴 수 있었다. 이런 규칙 덕분에, 바쁘게 지내면서 스트레스에 시달리고 늘 정신이 딴 데 팔린 사람들이 한자리에 모여 단순하게 시간을 보낼 수 있었다. 이 규칙 덕에 모임 참가자들은 '여기'에 있는 것만으로도 다른 세상에 있을 수 있었고, 그래서 만족했다. 이것이 '나 여기 있어요' 날이 성공할 수 있었던 이유다.

우리는 규칙을 형식이나 고지식함과 연결시키곤 하지만 '나 여기 있어요' 날의 규칙은 친밀감을 낳았다. **우리는 각자 있을 때는 구글이나 페이스북이나 스냅챗의 천재 프로그래머를 당해 낼 수 없다. 그러나 일단 '현재에 충실하기'를 일시적이고 소박하고 포괄적인 하루짜리 규칙으로 명문화하자, 주머니에 꽂힌 기계의 힘과 뇌의 혼란을 극복하는 데 성공할 수 있었다.**

이 실험을 통해 우리는 하나의 집단으로 열두 시간을 함께 보내는 것과, 네 시간씩 세 번에 나누어 함께 보내는 것은 근본적으로 다르다는 사실을 발견했다. 함께하는 시간이 길어질수록 우리들의 실체가 더 많이 모습을 드러냈다. 가벼운 대화는 오래 가지 않는 법이다. 그런 이야기에 우리들은 금방 피로를 느끼고 싫증을 낸다. 그리고 벽이 무너지기 시작한다. 그리하여 늦은 오후가 될 무렵에는 어린 시절 이야기, 돈, 부모, 종교 문제로 자신이 겪는 일들을 나누기 시작한다. 평소에는 쉽게 꺼내지 않는 이야기들이다. 이런 대화는 정말 소중했고 내 외로움을 덜어 주었다. 나처럼 모험을 찾아 고향을 떠나 뉴욕에 왔지만 가족을 그리워하는 사람들이 있다는 것을 알게 되었다. 나처럼 사회에서 실패를 경험하고 그런 실패에 대해 이야기도 하고 싶지만 꼭 일 이야기만 하고 싶지는 않은 사람들이 있다는 것을 알게 되었다. 나처럼 돈 때문에 걱정이 많지만 돈을 핑계로 안전한 길을 택하고 싶지 않은 사람들이 있다는 것을 알게 되었다. 그리고 단지 잠시 속도를 줄이고 친구 혹은 낯선 이와 시간을 충분히 즐길 준비가 되어 있을 뿐 아니라 그것을 갈망하기까지 하는 '바쁜 뉴요커'가 있다는 것도 알게 되었다.

'현재에 충실하기' 규칙은 효과가 있었다. 강압적이지 않았기 때문이다. 그저 가끔 있는 이 모임에만 적용되는 공식이었다. 그리고 그 규칙을 따를 때 우리는 다르게 행동했고, 그래서 사람들이 서로를 보고 서로와 상호작용하는 방식도 바뀌었다. 우리가 동네를 돌아다니면 동네 사람들이 건물 앞 계단에 모여 앉아서 이 기이한 유목민 부족을 호기심 어린 눈으로 바라보았다. 우리가 남들과는 다른 규칙에 따라 움직이는 것처럼 보였을 것이다. 우리는 어느새 낯선 사람들이나 동네 술집 주인과 함께 앉아 수다를 떨고 있기도 했다. 한번은 프로그램을 방영할 시간을 기다리는 지역 방송 스태프와 시간을 때우기도 했다. 레드훅에서는 청어 통조림을 함께 먹자는 제안도 받았다. 우리는 유대교 회당에서 아주 신실한 정통주의 유대교 교인과 동성애를 주제로 토론을 벌였다. 차이나타운에 남은 최후의 도교 신전에서 점도 봤다. 맨해튼과 퀸스 사이를 흐르는 이스트 리버에 자리한 루스벨트 섬에서는 마법 같은 밤을 보냈다. 그 섬의 술집 주인이 자기 아파트에 우리를 초대해서는 아파트 옥상에 있는 월하미인 선인장을 보여 줬다. 그의 중국인 할머니가 뉴요커가 된 손자에게 보내온 이 선인장은 1년에 단 한 번 꽃을 피운다고 했다.(그날 밤에는 꽃을 볼 수 없었다.) 우리가 와인 잔을 들고 윌리엄스 다리를 내려다보는 동안 술집 주인은 가족 앨범을 꺼내 할머니 사진을 보여 주었다. 그렇게 그의 아파트에 머물러 귀를 기울이면서 우리는 아름다움의 찰나를 목격했다.

스스로에게 이런 규칙을 강제하면서도 우리는 왜 그토록 자유롭다고 느꼈을까? 코미디언이자 '나 여기 있어요' 모임에 여러 번 참가한 친구 바라툰드 서스턴은 이런 답을 내놓았다.

사람들이 모여 있다고 해도 무언가를 함께 한다는 건 드문 일이잖아. 우리를 지금 이 순간 여기에서 *끄집어내* 어디든 데려다주는 힘을 지닌 기술을 우리 모두 들고 다니니까. 누구나 언제든지 다른 무언가를 할 수 있어. 따라서 한 가지 일을 하기로 적극적으로 선택하고 그것을 정해진 사람들과 함께 하는 게 중요해. 나도 가끔은 이 모임의 규칙 때문에 안절부절못하기도 해. 누군가에게 문자를 보내거나 정보를 검색하고 싶어지거든. 인스타그

램을 확인하고 싶어지기도 해. 비는 시간이면 무조건 인스타그
램에 들어가도록 길들여져 버렸으니까.

'나 여기 있어요' 날 덕분에 그 시간을 다른 식으로 채우는 방법
을 알았어. 모임 규칙 덕분에 그 경험에 더 흠뻑 빠져들었어. 스
마트폰을 들여다보았다면 놓쳤을 주변을 관찰하고, 수천 킬로미
터 떨어진 사람이 아닌 내 옆에 있는 사람과 상호작용할 수 있었
지. 그리고 이 모임에서 한나절을 보내리라는 것을 알고 있었기
에, 매 순간 다음에 어떤 일이 일어날지 신경 쓰느라 느끼는 은
근한 불안에서 벗어날 수 있었어. 다른 곳에서 어떤 일이 벌어
지는지는 중요하지 않았지. 다음에 내가 어디로 가야 하는지도
신경 쓰이지 않았고. 나는 여기에 있기로 했으니까.

이것이 이 모임의 핵심이자 마법이었다. 무한한 선택지가 존재하
는 세계에서 한 가지를 선택한다는 것은 혁명적인 행위이다. 그런 제
약이 오히려 해방감을 낳았다.

벌칙은 팔굽혀펴기!

다이아몬드는 영원한지 몰라도 모임 규칙은 바로 이 순간만을 위한
것이다. 그렇기 때문에 힘을 발휘할 수 있고 서스턴 같은 사람에게
위압감이 아닌 해방감을 안겨 준다. 일시적이고 소박하고 포괄적인

이 규칙은 모임이 시작할 때 만들어졌다가 모임이 끝날 때 사라지는 세계를 만들어 낸다. 모임 규칙이 정해진 시간 동안에만 유효하기 때문에 회주는 창의성을 마음껏 발휘할 수 있다. 규칙을 정할 때 미래의 모임이 어떠해야 한다고 주장하지 않는다. 규칙에 기반하는 모임은 라스베이거스와도 같아서 모임에서 일어난 일은 모임 안에 귀속된다. 그래서 에티켓과는 반대로 규칙은 모임에 실험 정신을 더한다.

내가 몇몇 태국 컨설턴트들에게 동료들 앞에서 팔굽혀펴기를 하라고 시켰을 때, 적어도 나는 속으로 계속 그렇게 되뇌었다. 당시에 나는 컨설턴트 20명을 대상으로 한 1박 2일짜리 워크숍을 방콕 근교에서 진행하고 있었다. 태국에서는, 특히 이 기업에서는 '고객이 언제나 먼저'라는 아주 강력한 에티켓이 지배하고 있었다. 따라서 낮이든 밤이든, 가족과 식사할 때도 전화가 울리면 받아야 하고, 결혼식장에서도 문자메시지에 답하기 위해 식장 밖으로 뛰쳐나가야 하고, 필요하다면 즉시 비행기에 몸을 실어야 했다.

전반적으로 보면 이 에티켓은 이 기업이 어마어마한 성공을 거두는 데는 도움이 되었다. 그러나 이 모임에서만큼은 그 에티켓이 성공에 아주 큰 걸림돌이 되었다. 워크숍의 목적은 컨설턴트팀 내에서 신뢰를 쌓는 것이었다. 내게는 28시간이 주어졌고 모든 일정이 1분 단위로 쪼개져 있었다. 첫째 날과 둘째 날 모두 아주 밀도 높은 두 시간짜리 일정이 계획되어 있었다. 컨설턴트들은 서로에게 집중하여 솔직하고 진지한 대화를 나누면서 그동안 서로에게 감춰 왔던 이야기도 꺼내 놓아야 했다. 그러다 첫 번째 휴식 시간이 되었다. 몇몇 컨설턴트는 쉬는 시간에 고객과 전화 상담을 예약해 두었다. 당연히 15분의 휴식 시간이 끝난 뒤에도 컨설턴트 네 명이 돌아오지 않았다. 그들은 비록 직원으로서는 자신의 일에 충실했을지 모르지만 그렇게 지각함으로써 회의실에 모여 있는 사람들의 화를 돋우고 집단에게 피해를 줬다. 그리고 신뢰가 깨졌으므로 두 시간 동안 우리가 이룬 성과역시 전부 무너지고 말았다. 회의실에서 기다려야 했던 사람들이 자신이 무시당했다고 느꼈기 때문이다. 고객 우선 에티켓은 그렇게까지 강력한 지배력을 행사하고 있었다. 나는 그런 에티켓을 일시적이지만 명시적인 규칙으로 상쇄해야 한다는 것을 깨달았다.

지각생들이 하나둘씩 부끄러운 표정으로 돌아오자 컨설턴트 한명이 이렇게 외쳤다. "벌칙은 팔굽혀펴기!" 거의 농담조였다. 회의실에 있던 참가자들이 모두 웃음을 터뜨렸다. 나는 이 신호를 놓치지 않고 그것을 규칙으로 삼기로 했다. 정장을 입고 있던 지각생 네 명은 믿을 수 없다는 표정으로 나를 바라봤다. 제시간에 회의실로 돌아온 컨설턴트들은 씨익 웃으면서 박수를 치기 시작했다. 어느새 지각생 네명은 바닥에 엎드려 팔굽혀펴기를 하고 있었다. 각각 열 번씩이었다.

그러자 회의실에 감돌던 긴장감이 사라지고 새로운 규칙이 탄생했다. 지각해도 받아들여는 주겠지만 대신 벌칙으로 팔굽혀펴기를 10회실시해야 한다. 그날 휴식 시간을 세 번 더 가졌고, 세 번째 휴식 시간 뒤에는 모두가 거의 뛰다시피 복도를 가로질러 제시간에 도착했다. 휴식 시간이 끝날 때마다 사람들은 모이기로 한 시간이 되면 재깍 문을 닫았다. 누군가 몇 초만 늦어도 모두가 환호하는 가운데 바닥에 엎드려 팔굽혀펴기를 해야 했다. 팀 전체가 일시적으로 회사의 에티켓에 반하는 규칙을 지키기로 한 것이다. 다소 창피할 수는 있어도 무해하면서도 재미있는 벌칙을 지정함으로써 우리는 모두가 동의한 임시 사회계약을 작성했다. 그 규칙은 몸을 쓰는 재미있는 벌칙을 규정하고 있었기에 이 팀에 매우 필요했던 경쾌함을 더했다.

이 사례에서 고객 우선 에티켓은 회사 전체를 위해서는 좋았을지 몰라도 특정 모임에는 해가 되었다. 팔굽혀펴기 벌칙은 우리가 모인 대안 세계에 그림자를 드리운 강력한 에티켓을 몰아내는 데 도움이 되었고, 팀 모임에는 그 모임만의 임시 에티켓이 필요하다는 사실을 일깨워 주었다. 앞서 말했듯이 에티켓은 훈훈한 분위기를 조성하고 격식과 모범적인 행동을 이끌어 내기도 한다. 그러나 때로 어떤 에티켓은 문화에 깊이 자리 잡고서 특정한 순간에 더 어울리는 다른 양식의 행동이 설 자리를 없게 만들기도 한다. 컨설턴트팀은 일반적으로 좋은 에티켓에 충실했지만 그에 못지않게 중요한, 동료를 아껴야 한다는 윤리가 끼어들 여지를 남기지 않았다. 팔굽혀펴기 벌칙은 우리가 그런 여지를 만들어 낼 수 있게 도왔다.

조직 컨설턴트인 해리슨 오언은 콘퍼런스에 만연한 에티켓의 한계를 실감했을 때 이 진리를 자기 나름으로 발견했다. 콘퍼런스에서는 격식 지키기와 다른 사람의 연구에 관심 있는 척하기가 매우 중시되는 가치였기에 그에 못지않게 중요한 '배움'이라는 가치는 설 자리가 없었다. 오언은 사회공학자도 아니었고, 점잖은 회의 참가자들에게 다른 사람과 다른 사람의 감정에 무심하라고 재교육할 생각도 없었다. 게다가 언제 누가 꼭 필요한 사람이 될지도 모르는 일이었기에 그런 에티켓을 바꿀 수 있을 리가 없었다. 다만 그는 일시적으로 그 에티켓의 힘을 약화시킬 수는 있었다. 그는 '열린 공간 기법'이라는 방법론을 만들어 냈다. 그는 이 방법론에 격식 지키기라는 암묵적인 규범을 상쇄할 한 가지 규칙을 더했다. 그 규칙은 '두 발 법칙'이었다. 규칙의 내용은 다음과 같았다. "우리가 함께 있는 동안 당신이 아무것도 배우지 못하고 있다는 생각이 들거나 아무런 보탬이 되지 못하고 있다는 생각이 들면 두 발을 움직여 다른 곳으로 가세요."25

이 규칙을 이용해 오언은 일종의 실험을 했다. 콘퍼런스에서 사람들에게 배울 것이 없는 강연장을 떠날 자유가 주어진다면, 더 나아가 떠나도록 격려를 받는다면 어떤 일이 벌어질까? 서로 공격하는 느낌이 강연장을 메울까? 강연자는 그렇게 나가는 사람을 이해해 줄까? 강연하는 방식은 달라질까? 오언은 나중에 이 규칙의 목적이 "그저 모든 죄책감을 덜어 내자는 것이었습니다. 어쨌거나 사람들은 평소에 두 발 원칙을 직접 실천하지는 않더라도 마음속으로는 그렇게 하니까요. 그런데 이제 그렇게 행동하는 것에 죄책감을 느낄 필요가 없어진 겁니다."26 내가 태국에서 조력한 워크숍 사례에서처럼, 이 규칙은 콘퍼런스 참가자들의 다른 필요를 만족시키지 못하는 에티켓의 지배력을 상쇄했다.

임시 규칙은 회주가 일반적인 사회 규범이라면 금지되었을 방식으로 사람들을 연결시키고 싶을 때에도 도움이 된다. 샌프란시스코에서 활동하다 지금은 해체된 래티튜드 소사이어티Latitude Society라는 지하 비밀 조직을 예로 들어 보겠다. 이 조직은 모임에서 소속감을 키우는 다양한 규칙을 활용했다. 그중에서 자기 잔에는 술을 따를 수 없으며 다른 사람이 술을 따라 주어야만 한다는 규칙이 특히 내 맘에 쏙 들었다. ('프락시스'라는 별칭으로 그 조직의 조력자로 활동한 앤서니 로코가 이 규칙을 알려줬다.) 이 단순한 규칙은 사람들이 서로 교류할 수밖에 없도록 (놀이하듯) 강제했다. 이 규칙은 대다수 사람들이 원하는 것(술)을 처음에는 어색할 수도 있는 행동(모르는 사람에게 부탁하기)과 묶었다. 이 조직의 운영자들은 자기 잔에 술을 따르기 전에 다른 사람의 잔을 먼저 채운다는 오래된 에티켓이 약해져서 모임에서 모르는 사람끼리 그 에티켓을 지킬 거라고 기대하기는 힘들다는 사실을 알았다. 그래서 그런 규칙을 만든 것이다.

규칙을 적절하게 사용하면 모임에서 더 많은 성과를 얻을 수 있다. 모임 규칙이 참가자들의 행동을 잠시 바꿔 놓기 때문이다. 폴 로디시나는 자신이 이끄는 세계적인 컨설팅업체 A. T. 커니의 이사진 사이에 나쁜 습관이 형성되어 있음을 깨달았다. 이사진은 끊임없이 더 많은 정보를 원했고 사실을 확인하는 질문을 던졌다. 그런데 이런 행동은 이사진이 중요한 결정을 내리는 데 필요한 논의를 방해했다. 한번은 이사들 간 협상이 깨져 분위기가 험악해진 적이 있었다. 그때 로디시나는 사람들이 어려운 결정을 미루려고 계속 질문을 한다는 걸 깨달았다. 일반적으로 호기심은 좋은 것이지만 이 이사회 모임이 추구하는 목적에는 도움이 되지 않았다. 이사회 의장인 그는 이 회의에서는 더 많은 정보를 요청하는 질문이 아닌 질문만을 할 수 있다는 새로운 규칙을 도입했다. 요컨대 이미 주어진 정보를 바탕으로 논의를 진전시키는 질문만 할 수 있었다. 예를 들어 "이것을 수행하는 데 방해가 되는 요소는 무엇이죠?" "이것에 반대하는 사람 있습니까?" "이 안건에 합의하려면 어떤 조건이 충족되어야 합니까?" 같은 질문은 허용되었다. 하지만 "작년 4분기 통계 수치를 주시겠어요?" 같은 질문은 할 수 없었다.

로디시나는 회의 전에 모든 이사에게 안건을 결정하는 데 필요한 정보를 전부 제공했고, 불명확한 부분이 있으면 미리 질문을 할 시간을 충분히 줬다. 정보를 요청하는 질문을 금지함으로써 그는 이사들이 어렵더라도 생산적인 논의를 하도록 유도했다. 이사들은 자기 입장을 더 명시적으로 밝힐 수밖에 없었으며 어떤 식으로든 결정을 내려야만 했다. 이사회 의장으로서 규칙을 정할 권한이 있는 로디시나가 도입한 이 규칙은 이사들의 언어를 바꾸었다는 점에서 특히 돋보인다. 로디시나는 언어를 제한하고 재구성함으로써 이사들이 더 많은 정보를 요청할 수 없는 일시적인 대안 세계를 창조했다. 그 세계에서는 모두가 제자리걸음을 하거나 뒤로 물러서는 대신 오직 앞으로 나아갈 수만 있었다.

로디시나는 이사회 세계에 일시적인 변화를 일으키기 위해 완벽한 규칙을 만들어 낼 필요가 없었다. 모임이 성과를 내는 데 방해가 된다고 판단된 행동 하나를 포착해서 그걸 막는 임시 규칙을 만드는 것으로도 충분했다.

모임을 공지사항으로
시작하지 말자

회주라면 어떤 상황에 맞닥뜨리건 바깥 세계를 몰아내고
사람들의 주의와 상상력을 사로잡는 이동 통로를 마련할 방법을 고민해야 한다.
그리하여 출발선을 긋고, 더 나아가 손님이 그 출발선을 건너도록 도와야 한다.
손님들이 자신의 일상 세계를 잠시 떠나 토끼 굴 속 대안 세계로
뛰어들도록 안내하는 것이다.

지금까지 우리는 모임 목적을 정하는 법과, 모임에 관련한 세부 사항들을 결정할 때 그 목적을 기준으로 삼는 법을 살펴보았다. 목적에 맞는 손님과 장소를 고르는 법도 논의했고, 회주가 모임이 그 목적을 충실히 이행할 수 있도록 이끄는 법에 대해서도 알아봤다. 분위기를 띄우는 여러 수단과 모임의 임시 규칙을 실험해 보기도 했다.

언젠가는 모임이 열리는 바로 그 날이 올 것이다. 그리고 그때 우리는 준비가 아닌 진행에 대해서 생각해야만 한다. 참가자들과 함께 실제로 무엇을 해야 하는지에 대해서.

마중물 붓기

모임이 시작하기 전에 이미 모임은 시작된다

모임은 손님이 모임에 대해 알게 되는 순간 시작된다. 당연한 이야기를 뭐하러 하느냐고? 그걸 당연하게 여기지들 않기 때문이다. 당연한 이야기였다면 그토록 많은 회주가 모임 전초전을 이처럼 소홀히 했을리가 없다. 내 경험에 비추어 보면, 회의 시작을 선언하거나 결혼식장에 사람들이 착석하거나 사람들이 디너 파티 장소에 들어설 때 모임이 시작한다고 생각하는 회주가 종종 있다. 그런데 손님들은 그 순간이 오기 훨씬 이전부터 모임에 대해 생각하고 준비하고 기대를 품는다. 그들은 내가 '발견의 순간'이라고 부르는 때부터 모임을 경험하기 시작한다. 그래서 모임 목적에 충실한 회주는 공식 행사 일정이 시작할 때가 아닌 참가자가 모임을 발견하는 순간부터 회주로서 임무 수행에 돌입한다.

발견의 순간부터 공식 일정이 시작하기까지의 기간이 손님을 예열할 절호의 기회이자, 손님이 모임에 들어서기까지의 여정을 회주가 조직할 수 있는 시간이다. 이 기회를 놓치면 모임의 사무적인 측면이 모임의 인간적인 측면을 압도해서, 손님들이 바라는 바를 반영하여 손님에게 최고의 경험을 제공한다는 계명은 뒷전으로 밀려나고 만다. 더 나아가 이 전초전에서 예열을 소홀히 하면 실제 모임이 진행되는 동안 회주가 해야 하는 일이 늘어난다.

조력자가 아닌 음식이나 실내장식 분야 전문가가 모임 관련 조언을 하는 경우가 워낙 많다 보니, 모임 관련 조언은 거의 언제나 사람을 준비시키는 일보다는 사물을 준비하는 데 초점이 맞춰져 있다. 그래서 모임 시작 전까지의 시간은 사람에 대한 일을 하기보다는 물리적인 사항들을 정하는 기간이 되고 만다. 즉 모임에 올 사람이 아닌 모임 장소가 이 기간의 주인공이 된다.

예를 들어 마사 스튜어트가 자기 웹사이트에 올려 둔 '파티 계획 세우기 지침'을 살펴보자.[1] 이 지침에는 파티 주최자를 위한 스물아홉 가지 항목의 체크리스트가 포함되어 있다. 이 체크리스트에는 모임 몇 주 전에 해야 할 일(당신이 열고 싶은 파티의 종류를 선택하라.)과, 몇 시간 전에 해야 할 일(아직 세팅하지 않았다면 주류 카운터를 세팅해 두어라.)도 나온다. 그러나 내 눈길을 끈 것은, 마사 스튜어트의 지침에는 초대된 손님과 소통하는 일과 관련된 내용이 세 가지밖에 없으며 그마저도 모두 사무적인 내용이라는 점이었다. 초대장 또는 초대 이메일 보내기, 포트럭 파티라면 손님들에게 어떤 음식을 가져와야 하는지 알리기, 참석 여부를 알리지 않은 손님에게 참석 여부 확인하기가 그 세 가지다.

이런 관점에서 참석자란 준비시켜야 하는 대상이 아닌 몰아넣어야 하는 대상이다. 그리고 사람을 준비시키는 데는 모자란 관심을 쏟고 사물 준비에는 상당한 공을 들인다. "하루 전: 샐러드에 쓸 채소와 기타 요리에 쓸 채소를 다듬고 썻는다. 전채 요리에 쓸 채소는 미리 데쳐 놓자.(준비가 끝난 채소는 종이타월로 감싼다.) 모든 채소는 용도에 따라 별도 용기에 공기가 들어가지 않도록 잘 담아 둔다." 전채 요리에는 그렇게 신경을 쓰면서 사람과 관련된 사항들은 저절로 최상의 결과가 나오기를 바라고 있다. 스튜어트의 모임 준비 방식은 현재 유행하는 모임 접근법을 아주 잘 보여 주고 있는데 나는 그런 모임 접근법을 바꾸고 싶다. 우리는 더 나은 모임을 누릴 자격이 있다.

블로거이자 컨설턴트이자 《60일 만에 멋진 행사를 설계하는 법

How to Plan a Great Event in 60 Days》의 저자인 라셸 이시프도 스튜어트와 비슷한 조언을 한다. 그는 모임 기획 과정을 "주제 목록", "예산 목록", "장식 목록", "음악 목록"과 같이 "멋진 파티나 행사를 기획하는 데 필요한 열 가지 목록"으로 나누어 설명한다.[2] 각 목록에서 제시하는 요령은 유용하지만 열 가지 목록은 하나같이 사물과 사람에 관한 사무에만 집중되어 있다. 손님을 준비시키는 법은 나오지 않는다. 이런 사무적인 측면은 물론 중요하다. 그러나 이들 지침에서 사람을 준비시키는 작업을 다루는 지면을 찾아보기 힘들다는 게 놀라울 따름이다.

이들 지침을 전초전 기간 동안 전채 요리 같은 것보다는 사람을 준비시키는 데 초점을 맞춘 지침과 비교해 보자.

약혼한 지 4개월이 지났을 때, 런던의 유명한 공연 연출가 펠릭스 배러트는 "다음 회에 계속"이라고 인쇄된, 열쇠가 하나 들어 있는 봉투를 우편함에서 발견했다. 그로부터 한 달 동안 새로운 소식은 없었다. 나중에 그는 그 일을 회상하며 "아주 황홀한 고문"이었다고 말했다. "세상 전체가 갑자기 극도로 초현실적으로 느껴졌어요. 모든 것이 신비로 둘러싸였죠."[3]

이런 신비로운 경험은 배러트에게 낯설지 않았다. 다른 점이 있다면 이전에는 그가 그런 경험을 연출했다는 점뿐. 영국의 이머시브 연극(무대를 없애고 관객을 공연과 하나가 되게 하는 연극 형식으로, 관객은 공연장을 자유롭게 또는 지시에 따라 돌아다니며 공연에 직접 참여하거나 둘러본다 - 옮긴이)단 펀치드렁크의 예술감독인 배러트는 대담한 관객 참여형 연극을 무대에 올려서 연극계에 신선한 충격을 안겼다. 셰익

스피어의《맥베스》를 각색한 〈슬립 노 모어Sleep No More〉를 뉴욕 무대에 올렸을 때는 극장 입구에서 관객의 소지품을 모두 압수하고, 관객을 일행과 떨어뜨려 놓았으며, 술 한 잔을 손에 쥐어 주고 공연 내내 흰색 가면을 쓰도록 한 뒤, 첼시의 5층짜리 폐쇄된 창고를 탐사하게 했다.

그런데 이번에는 배러트가 관객이 되었다. 첫 편지를 받고서 배러트는 기다렸다. 마침내 두 번째 편지가 도착했다. "이제 시작하겠습니다."라는 문장과 함께 그가 일하는 곳에 여행 가방 하나가 배달되었다. 훗날《뉴욕 타임스》와의 인터뷰에서 그는 그 가방 안에 물때를 기록한 조석표, 좌표가 표시된 지도, 그리고 작은 삽이 들어 있었다고 밝혔다. 주어진 좌표를 찾아가 보니 템스 강가였다. 좌표가 가리키는 곳을 삽으로 파자 컴퓨터 화면에 찍힌 글자들을 찍은 사진이 잔뜩 든 상자가 나왔다. 그 글자 사진들을 조합해서 알게 된 내용은 그가 일련의 과제를 완수하면 비밀 조직에 입회할 수 있다는 것이었다.

몇 주에 걸쳐 그는 다양한 방식으로 기이한 행동 지침을 받았다. 낯선 사람이 메시지를 전달하는가 하면, 고양이 목걸이에 문구가 적혀 있기도 했고, 멀리 떨어진 휴양지에서 보내 온 편지를 통해 지침이 내려오기도 했다. 비밀 조직에 들어가기 위해 완수해야 하는 과제들이었다. 그는 역시 그여서 그 과제들을 전부 수행했다. 그는 하프 마라톤 대회에 참가하고, 두 배를 연결한 밧줄을 건넜다. 각 과제를 수행할 때마다 그는 비밀 조직에 더 가까워지고 있었다.

그러던 어느 날 그는 두건을 뒤집어 쓴 채 오래된 저택으로 납치당했다. 그곳에서 두건을 쓰고 망토를 걸친 30여 명의 남자들이 그를 맞이했다. 배러트의 친구들이었다. 그는 인생에 길이 남을 자신의 총각파티에 초대된 것이었다.

배러트의 친구들은 그의 총각파티를 기획할 때 두 가지 사항을 아주 잘 이해하고 있었다. 첫째, 모임은 손님이 문에 들어서기 훨씬 전부터 시작한다는 것. 말하자면 모임의 시곗바늘은 손님이 그 모임의 존재를 알게 된 순간부터 움직이기 시작한다. 배러트에게 그 순간은 봉투에 든 열쇠를 발견한 때였다. 그 순간 이후로 배러트는 모임으로의 여정을 시작했다. 둘째, 그의 친구들은 바로 그 순간부터 자신들이 회주로서 배러트를 실제 모임의 문 앞까지 계속 안내해야 한다는 것도 알았다. 그리고 자신들이 그를 모임으로 이끄는 방식이 그가 어떤 모습으로 모임에 등장하게 될지를 결정한다는 것도.

90퍼센트 원칙

나는 분쟁 해결 분야의 동료에게 결코 잊을 수 없는 원칙을 배웠다. 바로 모임의 성공을 결정하는 요소의 90퍼센트는 모임이 시작하기 전에 결정된다는 원칙이다.

란다 슬림은 워싱턴 DC에 있는 중동 연구소에서 진행된 2트랙 (민간) 대화 모임을 이끈 인물이다. 레바논 내전의 상처 속에서 자란 그는 미국으로 이민 와서 노스캐롤라이나 주립대학교에서 사회심리학으로 박사학위를 받았고, 이후 1.5트랙(민간 반 관료 반)과 2트랙 외교 실무자로 권위를 인정받았다. 이러한 대화에는 전·현직 정부 관료와, 갈등의 여러 국면을 대변하는 영향력 있는 민간인들이 각자 전문 분야를 맡아 참여하여 정부의 공식 외교를 보완한다. 공식 외교와 는 달리 각자가 바라는 바를 솔직히 드러내어 받을 것은 받고 줄 것 은 준다. 슬림은 지난 20년간 중동에서 야심차게 진행된 몇몇 중요 한 대화를 이끌었다.

그중 하나가 미국과 유럽의 지도자들, 그리고 중동의 이슬람교 지 도자들과 그 반대편에 있는 비종교 지도자들을 한자리에 모아서 진 행한 연속 대화였다. 이 모임에서는 참가국들이 새로운 관계를 맺을 토대를 마련하고 신뢰를 구축하기 위해 1년에 세 번 사흘씩 하는 토 론을 3년간 지속했다. 그리고 이 대화 그룹은 정부 입장을 충분히 이 해하면서도 자기 견해를 자유롭게 개진할 수 있는 영향력 있는 민간 인 대표 스무 명으로 구성되었다.

참가자들이 비자를 신청하기도 전에, 토론 안건이 정해지기도 전 에, 참가자들이 비행기에 몸을 싣기도 전에, 슬림은 자기 인맥과, 그 동안 쌓은 신뢰와, 유창한 아랍어 실력을 총동원해 2년간 중동 전역 을 돌면서 알맞은 참가자를 찾아 대화 준비를 시켰다. 때로는 참가 자 후보와 신뢰를 쌓기 위해 그의 가족과 몇 시간이고 차를 마시기 도 했다. 또 전직 미 정부 관료와의 만남을 금지하는 지침을 돌려놓 기 위해 당 지도부를 만나 설득하기도 했다. 그는 아주 먼 거리를 날 아가 분쟁 지역 한복판으로 들어갔다. 자신이 위험을 감수할 의지가 있으며 진심으로 이 프로젝트에 임하고 있다는 것을 입증하고, 참가 자들에게 자신을 믿고 위험을 감수해 달라고 호소하고 싶었던 것이 다. 2년간 슬림은 참가자들을 대신해 정치적 허락을 받아 내고 참가자들에게 대화를 준비시켰다. 그는 참가자들의 신뢰를 얻는 것이 얼마나 중요한지 잘 알고 있었다. 그는 말했다. "처음부터 대담자에게 강한 신뢰를 심어 주어야 합니다. 당신이 절대 그들을 배신하지 않을 것이라는 것을, 당신이 실천할 수 없는 약속은 하지 않는다는 것을, 당신이 언제나 그들에게 진실만을 말한다는 것을, 감춰진 속셈 같은 건 없다는 것을 증명해야 합니다." 이것이 그가 모임 성공 여부는 실제 모임이 시작하기 전에 이미 90퍼센트는 결정 나 있다고 말하면서 끊임없이 전하고자 하는 메시지다. 그리고 슬림은 이런 준비를 *대화 전 대화 기간*이라고 부른다.

물론 모임 전초전을 치르기 위해 2년 동안 비행기를 타고 중동 지역을 돌아다녀야 하는 사람은 거의 없을 것이다. 내가 슬림의 이야기를 들려주는 것은 그처럼 하라고 권하기 위해서가 아니라 그의 방식에서 모임의 뼈대가 되는 철학을 배울 수 있기 때문이다.

그중 하나는 요구와 준비의 상관관계에 관한 것이다. 모임 참석자에게 더 많은 것을 요구할수록, 예컨대 사람들이 모임에 참여하기 위해 먼 길을 달려와야 한다면, 전초전 기간에 더 많은 관심을 쏟고 더 많이 배려하고 더 세심하게 과정을 실행해야 한다. 참가자에게 요구하는 용기와 노력에 비례해 회주도 이 전초전 기간에 참가자에게 공을 들여야 한다.

또 하나는 모임 시작 직후부터 손님에게 요구되는 모든 특별한 행동을 이끌어 내기 위한 준비 작업을 전초전에서 해야 한다는 점이다. 사내 전략회의를 기획한다면 사원들의 창의성이 중요할 것이다.

그렇다면 사원들이 회의가 시작하자마자 대담하고 창의적인 아이디어를 낼 수 있도록 준비시켜야 한다. 회의 며칠 전에 직원들에게 이메일로 본인이 생각하는 가장 대담한 아이디어를 전달해 봐도 좋을 것이다. 만약 사내 멘토십 프로그램을 기획하고 있고 직원들이 프로그램에 열린 마음으로 임하기를 바란다면 어떻게 해야 할까? 프로그램 시작 전에 이메일을 보내 보면 어떨까? 그 이메일에 이사 세 명이 멘토 덕분에 실제로 경험할 수 있었던 특별하고 개인적인 변화를 고백하는 내용을 담는 것이다. 슬림은 모임 참가자들이 대화에 처음 참여하는 순간부터 거의 비이성적일 정도의 신뢰를 서로에게 느껴야 한다는 것을 알았다. 참가자들은 대화의 효용성을 믿고, 슬림을 믿고, 상대측의 대변인 선정 과정을 믿고, 자신들이 대화 후에 본국으로 돌아가도 끔찍한 일은 당하지 않을 거라고 믿어야만 했다. 그런 신뢰는 참가자들이 대화의 장에 들어선 뒤에 쌓을 수 없다. 슬림은 대화를 시작할 때부터 그런 신뢰가 이미 구축되어 있어야만 한다는 것을 알았기 때문에 전초전 기간에 열심히 그 작업을 진행했다.

마지막으로 또 하나를 꼽자면 중동 지역의 평화를 논하는 모임이건 주말 댄스 파티이건, **모든 모임은 모임 장소에 들어서는 손님들의 기대와 태도에 영향을 받는다**는 점이다. 그 영향은 긍정적인 것일 수도 부정적인 것일 수도 있다. 예를 들어 댄스 파티에 손님들이 소극적인 태도로 나타나거나 그날따라 조용한 대화를 원하는 상태에서 오면 파티 분위기를 띄우기가 힘들 것이다. 마찬가지로 직원들이 일하면서 겪는 일들에 대해 허심탄회하게 이야기를 나누려고 회의를 열었는데 직원들이 냉소적이거나 방어적인 태도로 무장해서 나타나면 이야기를 풀어 나가기 어려울 것이다. 물론 참가자들이 모임 장소에 들어온 후에 분위기를 바꿀 수도 있다. 그러나 그러려면 경력이 많고 기운이 넘치는 회주가 필요하고, 그런 작업을 하느라 모임 자체에 할 애할 시간이 줄어든다. 따라서 참가자들을 모임에 맞게 준비시키는 일은 전초전 기간에 미리 해 두는 편이 낫다.

마중물 붓기는 어렵지 않다

모임을 잘 이끌려면 평화 협상가가 되어야 한다고 생각할까 봐 미리 말해 두는데, 신중하게 작성한 이메일만으로도 전초전에서 해야 하는 작업을 완수할 수 있다. 마중물 붓기는 살짝 흥미를 끄는 초대장을 만 드는 일처럼 간단할 수도 있고, 손님에게 무언가를 가져오는 대신 무 언가를 해 달라고 솔직하게 부탁하는 것으로도 가능하다.

미셸 라프리스의 예를 살펴보자. 미셸 라프리스는 마돈나의 열두 번째 정규 앨범 MDNA 발매 기념 투어와 슈퍼볼 하프타임 쇼 등 에 관여한 연기자이자 공연 연출가로, 현재 〈태양의 서커스〉 연출을 맡고 있다. 어느 해 겨울 그는 투어로 정신없었던 한 해를 마무리하 는 연말 파티를 집에서 열기로 했다. 문제는 그가 크리스마스 트리 를 장식할 시간조차 없을 정도로 바빴다는 것이다. 그는 손님들에게 한 해 동안 즐거웠던 순간을 담은 사진 두 장을 보내 달라는 짤막한 이메일을 보냈다.

파티 당일, 동그랗게 자른 사진 스물네 장이 걸린 크리스마스 트리가 그의 집에 들어선 손님들을 맞이했다. 스쿠버 다이빙을 하는 모습, '판매 완료' 표지판이 걸린 집 앞에 서 있는 모습, 분장을 마치고 곡예를 하러 무대에 나가려고 기다리는 모습을 비롯한 손님들의 즐거운 순간들이 사진들에 담겨 있었다. 손님들은 크리스마스 트리 주위를 빙 에워싸고 칵테일을 마시면서 서로의 즐거운 순간들에 찬사를 보냈다. "어느새 우리는 모르는 사람이나 그냥 동료가 아닌 사이가 되었어요. 각자의 사적인 순간이 그곳에 함께 있었고, 그래서 파티가 아주 좋은 분위기에서 시작했어요." 라프리스가 회상했다. "사람들에게 환영받는다는 느낌을 준 것 같아요. 그리고 서로에게 어떤 일이 있었는지를 듣고 싶어 한다는 인상을 줬고요." 그는 그날 모임의 주제를 명시적으로 알리지 않았지만 손님들에게 "행복을 상징하는 무언가를 가져오는 행위"를 시킨 덕분에 "그날 저녁 전체가 그런 방향으로 흘러"갔다.

모임 직전에 손님들에게 사진 두 장을 보내 달라는 이메일을 보낸 라프리스는 실제 모임이 시작하기 전인 전초전 기간부터 회주의 과제를 수행한 것이다. 손님들은 한 해 동안 찍은 사진들을 뒤져 봐야만 했고, 덕분에 지난 1년을 돌아볼 수 있었다. 파티가 열리는 라프리스의 집에 들어서기 전에 그 사진들을 살펴봄으로써 한 해를 기념할 준비가 된 것이다. 라프리스의 요청은 그가 현관문 앞에 나타난 손님들이 품고 있었으면 하고 바랐던 마음 상태를 이끌어 냈다.

크리스마스 트리를 장식한 사진들은 서로의 1년을 돌아보는 이야기들을 꺼내는 계기가 되었고, 라프리스가 의도하지는 않았지만 저녁 식사 중에도 손님들은 1년 중 가장 좋았던 순간들에 대해 계속 이야기했다. "행복으로 가득한 크리스마스였어요."라고 라프리스는 말했다. 이 모든 것은 이메일 보내기라는 단순하지만 명백한 마중물 붓기 작업 덕분이었다.

라프리스는 우리 대부분이 놓치는 것을 놓치지 않았다. 그는 모임 시작 전에 손님이 모임에 기여하게 하면 모임을 대하는 손님의 자세가 달라진다는 사실을 알고 있었다. 우리는 손님에게 와인 한 병이나 간식거리를 가져오라고 부탁하는 것은 대수롭지 않게 여기면서도 전초전 기간에 그 외에 무엇을 더 요구할 수 있을지에 대해서는 생각해 보지 않는다. 그래서 라프리스처럼 손님들에게 미리 특정 과제를 수행해 달라고 부탁하는 일이 거의 없다. 그런데 사실 그건 과제라기보다는 모임 분위기 속으로 들어가 보는 일에 더 가까운 것이다.

나는 단체와 일을 할 때는 거의 언제나 디지털 설문지를 참가자들에게 보내서는 답을 적어 모임 전에 회신해 달라고 부탁한다. 설문지는 해당 모임의 목적에 맞게, 그리고 손님들이 그 목적에 대해 미리 생각해 볼 수 있도록 매번 새로 만든다. 설문지는 대개 여섯에서 열 가지 질문으로 구성되며 답변은 반드시 모임 시작 전에 제출해야 한다. 대학교에서 주최한 교육의 미래를 논하는 모임의 설문지에는 다음과 같은 질문을 실었다. "스무 살 전에 당신의 세계관에 근본적인 영향을 준 순간이나 경험은 무엇인가요?" "미국이나 해외에서 세계 문제를 해결할 미래 세대의 교육을 대담하고도 효과적으로 수행하고 있는 학교나 기관은 어디인가요? 우리가 배울 점이 있을까요?"

미국의 빈곤층 대상 복지 프로그램을 재고하는 모임을 앞두고는 이런 질문을 던졌다. "당신이 제일 처음 직접적으로나 간접적으로 빈곤을 접한 때는 언제인가요?" "이 프로그램이 시작된 50년 전과 비교해 달라진 핵심 원칙이 있나요?" 인수합병을 끝낸 테크 기업이 팀워크를 북돋기 위해 경영진 모임을 기획했다면 이런 질문을 한다. "당신은 왜 이 기업에 입사했나요?" "경영진이 가장 먼저 해결해야 할 문제가 무엇이라고 생각하십니까?"

설문지를 새로 작성할 때마다 나는 다음 두 가지 요소를 집어넣으려고 노력한다. 첫째는, 참가자들이 서로 연결될 수 있도록 돕고 각자가 모임에서 무얼 바라는지 돌아볼 수 있게 하는 요소. 둘째는, 참가자들이 모임에서 수행하게 될 과제의 본질이 무엇인지 솔직하게 털어놓고 공유하도록 하는 요소. 그런 면에서 설문지는 대학 입학 지원서와 비슷한 역할을 한다. 또한 설문지 답을 통해 나는 각 참가자가 어떤 사람인지와 모임 참가자 집단 전체의 역학 관계를 파악하기도 한다. 참가자들 역시 모임에 오기 전 답을 작성하는 과정에서 자기 가치관을 돌아보는 시간을 보낼 수 있다. 나는 설문지 답을 바탕으로 모임 일정을 설계한다. 또한 설문지 답을 모임 당일에 모임을 시작할 때 활용하기도 한다.

설문지에는 또 다른 기능도 있는데 각 참가자와 나를, 우리가 만나기 훨씬 전부터 연결해 주는 것이다. 그것만으로도 모임을 시작하는 내 어깨가 다소 가벼워진다. 설문지를 만들어 전달하는 행위는 참가자들에게 모임에 적극 참여하라고 초대하는 것이다. 설문지에 답을 하고 그것을 내게 보냄으로써 참가자들은 그런 내 초대에 응한다. 우리가 모임 장소에 들어서기 훨씬 전부터 이렇게 모임 구성원 간의 관계, 그리고 신뢰 쌓기가 시작된다.

모임은 사회계약이다

마중물 붓기가 중요한 이유는 모임이 일종의 사회계약이기 때문이다. 그리고 이 계약서의 초안이 마련되고 암묵적인 합의가 이루어지는 때가 전초전 기간이다.

왜 모임이 사회계약인 걸까? 모임은 회주와 손님의 합의로 탄생하기 때문이다. 그런 합의의 내용은 명확할 때도 있고 명확하지 않을 때도 있지만 일반적으로 양측이 모임의 성공에 어떻게 기여할 것인가를 다룬다. 달리 말해 모든 모임에는 기대가 따른다. 손님도 회주에게 기대(공약이 지켜질 것, 음식이 나올 것)를 걸고, 회주도 손님에게 기대(숙제를 해 올 것, 아이디어를 마련해 올 것, 증손자는 데리고 오지 않을 것, 열정적으로 춤을 추고 분위기를 띄울 것)를 건다. 사람들이 모이는 곳에서는 언제나 그런 기대가 있다. 그리고 그런 기대에 대한 주된 합의가 모임의 사회계약 내용이 된다.

모임 목적과 마찬가지로 모임의 사회계약 밑바탕에 깔린 전제 역시 갈등과 불만을 통해 드러나곤 한다. 언젠가 미국 콜로라도 주 아스펜에서 열린 콘퍼런스 기간에 나의 몇몇 친구들이 저녁 식사 모임에 갔다가 잔뜩 성이 나서 돌아온 적이 있다. 그 모임의 회주가 사회계약을 위반했다고 느꼈기 때문이다. 누군가의 집에서 열리는 친목을 위한 저녁 식사 모임이라고 들었는데 모임 중간에 회주가 자기가 진행하는 프로젝트에 대한 아이디어를 나누는 시간으로 바꿔버렸다. 손님 대부분이 그 분야 전문가도 아니었던 데다 이미 긴 하루를 보냈으므로 일 같은 건 하고 싶지 않았지만, 어느새 자문단 역할을 떠맡게 된 것이다. 비전문가 무리였던 내 친구들은 저녁 식사는 미끼에 불과했다는 사실을 깨달았다. 미끼를 문 손님들은 이제 회주의 사업 상담을 해 줘야 했다. 회주가 저녁 값을 부담했지만 손님들은 어쩐지 이용당했다는 느낌을 지울 수 없었다. 회주는 손님들이 '이봐요! 저는 이런 것에는 동의하지 않았어요.'라고 생각하는 상황을 만들면 절대 안 된다.

모임의 사회계약은 대개 눈에 보이지 않는다. 우리가 그 계약서의 규약을 지킬 때도 마찬가지다. 예를 들어 당신은 얼마 전 참석한 디너 파티에 사회계약 따위는 없었다고 생각할 것이다. 그런데 혹시 와인 한 병, 여섯 개들이 맥주 한 팩, 아니면 후식을 들고 가지는 않았는가? 왜 그렇게 했는가? 너무 당연해서 큰 소리로 말할 필요조차 없는 암묵적인 사회계약 때문이다. 저녁 대접을 받게 되었으니 회주의 부담을 덜어 줘야 한다는 바로 그 규약 말이다. 마찬가지로 인맥 확장을 위한 행사의 사회계약은 다음과 같은 내용을 담고 있을 것이다. '나는 이 행사에 참가하려고 45달러를 냈소. 당신이 내가 동네 술집에서 만날 수 있는 사람보다는 더 나은 사람들을 데려다 놓을 거라고 믿기 때문이오.' 모임에서 사회계약의 내용은 다음 질문에 대한 답이다. 나는 무엇을(물리적인 것이거나, 정신적인 것이거나, 재정적인 것이거나, 정서적인 것) 제공할 것인가? 그 대신 나는 무엇을 받기를 기대하는가?

모임 일정이 정해지는 그 순간부터 회주에게는 모임의 사회계약 초안을 작성할 의무가 있다. 그런데 일에도 순서가 있으므로 회주는 먼저 행사의 틀을 짜야 한다. 이때 모임 고유의 특수한 목적이 길잡이가 된다. 장례식이라면 우리는 '추모하고 기억하기' 위해 모이는 걸까, 아니면 '애도하고 잊지 않기' 위해 모이는 걸까? 이렇듯 목적이 다르면 장례식의 형태도 달라지고 손님들의 태도나 분위기도 달라진다. 초대장의 첫 줄에서부터 당신이 원하는 방향으로 손님들이 준비하도록 인도할 기회가 열리는 것이다.

회주는 모임의 맥락을 설정할 수도 있다. 나는 제16회 #Agrapalooza 연례행사에 초대받은 적이 있다. 이 모임에서는 매년 여름마다 회주가 친구 부모님 집을 빌려 즉석에서 만든 게임을 하고 술에 취해 장기 자랑을 벌인다. 이 행사에는 이전 행사들에서 만들어진 관례와 기억 들이 전부 소환된다. 나는 하나의 행사가 아닌 하나의 세계로 초대받은 것이다. 몇 년 전에는 유월절 모임에 초대받았는데 회주는 이 날 모임이 자신에게 특별한 의미가 있다고 알렸다. 어머니 없이 맞이하는 첫 유월절이었기 때문이다. 그 말을 듣는 순간, 모임에 초대된 그 순간부터 나는 이 모임의 정서적 분위기가 어떠할지를 이해했다. 실제로 모든 모임을 유월절 원칙에서 접근해야만, 즉 회주가 이 모임이 다른 모임과 어떻게 다른지를 알고 있어야만 그것을 손님에게도 전달할 수 있다.

그리고 회주는 사회계약 초안을 작성하는 동안 많은 모임의 핵심에 자리하고 있는 기본 거래에 대해 생각해 볼 수 있다. 이는 모임을 일종의 거래로 보는지 그러지 않는지와는 상관이 없는 문제다. 나는 모임을 거래의 장으로 삼아야 한다고 권하는 것이 결코 아니다. 그보다는 어떤 암묵적인 거래 없이 모임을 여는 것이 불가능하다는 점을 지적하고 있는 것이다. 그리고 이 거래 조건을 꼼꼼하게 구체화하지 않으면 사람들이 서로에게 기대하는 바가 사람들이 서로에게 내놓을 준비가 되어 있는 것과 일치하지 않게 되고, 결국 문제가 일어나게 된다. 아스펜의 저녁 모임을 떠올려 보라. 만약 회주가 사업 문제에 관해 조언을 구할 거라는 걸 공지하지 않는다면, 하루 종일 스마트폰을 빼앗길 거라는 걸 공지하지 않는다면, 질문을 통해 개인의 이야기를 공유해야 할 거라는 걸 공지하지 않는다면, 거부 정도가 아니라 그보다 더한 반응도 나올 수 있다. 장담한다. 그래서 **전초전 기간에 회주가 해야 하는 일 중 하나는 손님들이 초대에 응할 때 그 사회계약서의 내용에 대해 암묵적이든 명시적이든 소통하는 것이다.**

그런데 내가 고객이나 지인에게 '모임은 사회계약'이라는 개념에 대해 이야기할 때면 이렇게 반문하는 이들이 있다. "그러면 모임에서 신비감과 경이로움을 어떻게 이끌어 낼 수 있죠? 모든 걸 명시하라고요?" 손님을 준비시키기 위해 모임의 모든 내용을 일일이 명문화해야 하는 것은 아니다. 배러트의 친구들은 배러트에게 그를 납치하는 데 동의하라는 계약서를 보내지 않았다. 단지 모든 단계에서 앞으로 어떤 일이 벌어질지에 대한 맛보기를 제공하면서 계속할 건지 말 건지를 선택하도록 했을 뿐이다.

이름이 만들어 내는 것이 있다

그렇다면 모임 전초전 기간을 어떻게 활용해야 사회계약 초안을 작성하고 손님들의 기대를 조율할 수 있을까? 기회는 앞서 언급했듯이 손님이 모임에 대해 알게 된 순간, 즉 초대하는 순간에 생긴다.

모임에 사람을 초대할 때 너무 많은 회주들이 초대하는 과정에서 엉뚱한 부분에 지나치게 공을 들인다. 예를 들어 초대장을 인쇄해서 만들지 형압 방식으로 만들지, 이메일을 활용할지 전자 초대장 대행업체를 이용할지, 흰 바탕에 검정 글자가 좋을지 흰 바탕에 파랑 글자가 좋을지 같은 세부 사항에 온통 신경을 쓰는 것이다. 이런 접근법은 사물을 준비하는 것을 사람을 준비시키는 것보다 우선순위에 두는 마사 스튜어트의 방식이다.

손님을 초대할 때 가장 중요한 건 손님에게 모임과 관련해 어떤 신호를 보낼지, 또 손님에게 무엇을 요구할지다. 그리고 그렇게 하는 방법 가운데 하나가 모임에 구체적인 이름을 붙이는 것이다.

모임에 어떤 이름을 붙이는가에 따라 사람들이 그 모임을 바라보는 관점이 달라진다. 이름은 모임 목적이 무엇인지와 참가자에게 기대되는 역할과 참여 수준이 무엇인지를 알린다. 부서에서 새로운 전략을 논의하는 한나절짜리 모임을 주최한다면 그것을 무엇이라 불러야 할까? 정기회의? 워크숍? 아이디어 전략회의? 아이디어 실험실? 이 이름들 가운데 '아이디어 전략회의'는 '회의'보다는 더 적극적인 참여를 요구할 것이다. 비록 나중에서야 깨달았지만 '나 여기 있어요' 날이 순조롭게 진행된 이유 가운데 하나는 우리가 그 모임에 이름을 붙였고, 그 이름이 참가자들에게 우리 모임이 무엇을 가장 중시하는지를 알리는 마중물 역할을 했다는 점이다. 즉 모임 명칭이 모임에 참가한 모든 사람에게 그 자리, 그 순간에 충실할 것을 요구한다는 점을 선언했던 것이다.

미국 매사추세츠 주에 있는 뱁슨 대학교의 학과장 레이철 그린버거는 학생들이 자신을 방문해도 좋은 시간표를 짜서 매주 공지해야 했다. 그는 이 시간에 '면담 시간'이라는 이름을 붙이고 싶지 않았다. 그 이름이 의무적이고 일방적인 업무를 수행하는 시간이라는 느낌을 주었기 때문이다. 학생들은 그 시간을 이용해 교수를 찾아가 상담을 받고 조언을 구한다. 하지만 학교에서 음식 나눔 프로그램을 운영하던 그린버거는 학생들이 자신뿐 아니라 서로와도 연결되도록 돕고 싶었다. 그래서 이 시간을 "공동체 식탁"이라 부르기로 했다. 이 모임은 서서히 그 이름에 걸맞은 모습을 갖춰 나갔다. 학생들은 공책뿐 아니라 빵이나 과자를 직접 구워서 들고 오기 시작했다. 그리고 그린버거가 의도한 것은 아니었지만 공동체 식탁이라는 이 아이디어가 현재 뉴욕에도 도입되어 음식에 관심이 있는 기업가, 학자, 시민운동가, 학생 들이 매달 식탁에 둘러앉아 아이디어를 주고받으면서 공동체를 만들어 나가고 있다.

나는 내가 조력자로서 꾸리는 소모임을 워크숍이라고 부르지 않는다. 나는 이 시간을 '비전 실험실'이라고 부른다. '비전'을 이름에 넣은 이유는 사람들이 일, 회사, 삶에 대한 비전을 마련하는 걸 돕기 때문이다. '실험실'이란 단어는 비전 마련의 핵심 요소인 실험 정신과 가능성을 상징한다. 참가자들은 이 이름을 듣는 것만으로도 모임에 다른 자세로 임한다. 무엇보다도 더 열린 마음으로 모임 장소에 나타난다. 비전 실험실에서 무엇을 기대해야 하는지 확실하지 않으므로 호기심을 보인다. 참가자들이 궁금증과 호기심을 보여야만 나도 참가자들을 정말로 도울 수 있다.

모임 이름은 회주가 만들고 있는 세계에 자신이 어울리는지, 어떤 식으로 그 모임에 속할 수 있을지를 참가자가 판단하는 데 도움이 된다. 뉴욕 주 북부에서 와사익 프로젝트Wassaic Project라는 예술 공동체를 공동 설립한 이브 비들은 자신이 운영하는 연수 프로그램에 '예술가 교류 시간'을 도입했을 때 이 교훈을 얻었다. 아무도 참석하지 않았기 때문이다. 그래서 몇몇에게 그 이유를 물었다. 답변자들은 그 저녁 모임이 "너무 촌스러울 것" 같다는 생각이 들어서라고 말했다. 이곳에 모인 예술가와 자유로운 영혼들에게 '교류 시간'이라는 단어는 그들이 피하려고 애쓰는 '타협하는' 삶을 연상시켰던 것이다. 그는 이 의견을 받아들여 저녁 모임 이름을 '해피 아워'로 바꿨다. 출석률이 확 올라갔다. 이렇듯 이름을 바꾸는 간단한 조치만으로도 모임에 누가 초대될지와 참가자들에게 기대되는 바가 무엇인지에 대한 사람들의 인식이 달라진다.

초대장에는 내가 '언어 마중물 붓기'라고 부르는 것을 시도할 기회로 가득하다. 여기서 언어란 인쇄된 문자로만 제한되지 않는다. 사진과 영상도 포함되며, 그런 요소들이 언어에 힘을 실어주기도 한다. 그러나 어떤 매체를 사용하든 마중물 붓기의 목적은 사람들에게 모임이 지향하는 분위기와 결에 관한 신호 보내기다. 〈스타워즈: 깨어난 포스〉 시사회 초대장을 보낼 때 월트디즈니사에서는 손님들에게 "랜드스피더와 샌드크롤러를 비롯한 기타 운송 수단에도 주차 공간이 제공될 것"이라고 약속했다.[4] 아주 간단하지 않은가. 이 모임은 유쾌한 분위기로 진행될 것이며 스타워즈 시리즈에 죽고 못 사는 광팬들을 위한 행사라는 점이 초대장에 확실하게 드러나 있다.

앞 장들에서 제시한 계명에 따라 사려 깊은 배제를 실천하기 위해 손님들에게 오래전부터 무엇이/누가 초대되었고 무엇이/누가 배제되었는지를 밝히면 손님들이 모임을 준비하는 데 도움이 된다. 예를 들어 뉴욕 브루클린에서 열리는 밤샘 댄스 파티 초대장의 한 문장을 살펴보자. "우리가 늘 말하듯이… 매력적인 싱글 친구를 데리고 오세요. 유모차는 집에 두시고요. 파크 슬로프에서 열리는 파티가 아니니까요." 뉴욕에서 아이를 키우는 가족이 가장 많이 모여 사는 동네인 파크 슬로프가 언급되어 있다. 이 초대장에 적힌 이런 평범한 정보는 문자 그 이상의 의미를 담고 있다. 특정 지역과 단어를 나열함으로써 손님들에게 이 파티에 오려면 어떤 준비를 해야 하는지를 알린다. 아이가 없는 손님조차도 저 문장에서 힌트를 얻는다. 광란의 파티가 되리라는 것을 말이다.

캔들에 불을 붙였다면 이제는 킨들을

초대는 시작에 불과하다. 모임이 열린다는 걸 알게 되는 순간 손님이 품는 기대감을 계속 살리려고 노력하지 않는 건 실수다. 일단 초대가 그 역할을 다한 후에도 손님에게 손을 내밀고 마중물 붓기 작업을 계속할 기회는 여전히 많다. 사려 깊은 회주라면 이런 순간들을 포착해서 모임 분위기를 설정하고 손님들이 자기 역할을 다하도록 충분히 활용할 것이다.

한번은 아주 어려운 과제를 다루는 콘퍼런스에서 이런 기대감 유지 작업을 멋지게 해내는 것을 지켜본 적이 있다. 2009년의 일이다. 콘퍼런스 운영진은 고위 관료들을 디트로이트로 초대하면서 참석자들에게 수많은 읽을거리를 던져 주었다. 어느 날 한창 근무 중이던 백악관 사회혁신 시민참여국의 내 상사가 소포를 하나 받았다. 콘퍼런스 운영진이 읽을거리를 몽땅 대여용 킨들에 담아서 보낸 것이다. 당시에 킨들은 여전히 신상품이었는데 내 상사도 아직 한 번도 다루어 보지 못한 기기였다고 알고 있다. 매주 수백 통의 편지와 수천 통의 이메일을 받고 밤 10시가 지나서야 퇴근하는 일이 잦았던 내 상사는, 콘퍼런스에 등록하기 전에 이미 감당할 수 없을 정도로 읽을거리가 밀려 있던 상황이었다. 그러나 그 소포를 받은 상사는 그 킨들이 읽을거리를 한가득 더했는데도 미소를 지었다. 운영진이 그에게 읽을거리를 다 읽어서 참가자의 몫을 이행해 달라고 요청한 것은 맞다. 그러나 그 읽을거리를 대여용 킨들에 넣어서 보내는 아주 작은 제스처로, 상상하기 힘들 정도로 바쁜 이 여성의 시선을 사로잡고 다음 신호를 보내는 데 성공했다. "이 콘퍼런스는 다를 거예요."

이런 마중물 붓기 작업은 회주가 참가자에게 많은 것을 요구하거나 참가자가 유독 소극적인 부류일 때 매우 중요하다.《뉴욕 타임스》

기자 새라 리올이 뉴욕에서 참여형 공연을 관람하고 감상평을 쓴 적이 있다. 그 기사에서 그는 스스로를 이렇게 묘사했다.

> 누구나 죽기 전에 하고 싶지 않은 일의 목록이 있다. 내 목록에는 창피를 당할 수도 있는 대중 참여를 요구하는 모든 활동이 들어 있다. 변장을 하거나, 군중 앞에서 선언을 하거나, 진실 게임을 하거나, 경쾌한 노래에 맞춰 박수를 친다거나, 행진을 하거나, 구호를 외치거나, 즉석에서 마이크를 잡고 연설을 한다거나, 더 큰 권력의 통제를 받는다거나, 단체 군무를 함께 하는 등등. 나는 무슨 수를 써서라도 이런 활동들을 피해 다닌다.[5]

내가 전문으로 기획하는 모임들은 이 기자 같은 정서를 공유하는 사람들에게는 두려움의 대상일 수 있다. 그렇다고 그런 모임을 열지 말아야 한다거나, 그런 성향 사람들은 그런 모임을 참고 견뎌 내든지 불참하든지 해야 한다거나, 아예 처음부터 그런 사람들을 초대하지 말아야 한다는 말은 아니다. 다만 모임에 초대된 사람들 가운데는 이 기자와 같은 사람이 있을 것이며, 회주가 그런 참가자에게 무언가를 요구할 계획이라면 아주 구체적이고 명확하게 요구를 해야 하며, 회주가 (그 사람에게 공황장애를 일으킬 가능성이 큰) 모임을 열 거라고 알린 그 순간부터 그 사람의 손을 잡고 잘 이끌어 줘야 한다는 뜻이다.

안내하기

마중물 붓기 작업과, 준비 과정과, 실제 모임 시작 사이에는 흔히 간과되는 또 다른 단계가 있다. 바로 안내하기다. 모임 장소에 손님이 왔을 때 손님이 문턱을 넘을 수 있도록 안내하는 게 좋다. 속담에서도 말하듯 문턱을 넘기란 세상에서 가장 어려운 일 아닌가! 그렇게 문턱을 넘으며 손님은 넓은 세상을 뒤로 하고 회주가 세운 작은 왕국으로 들어선다.

그렇다고 직원들을 번쩍 들어서 다음 4분기 회의로 옮기라는 말은 아니다.(불편하기도 하고 불법이기도 할 것이다.) 손님을 들어 안아서 문턱 너머로 옮겨 주는 건 지나치게 친밀한 행동으로 보이기도 하고 만만찮은 일이기도 할 것이다. 내가 말하는 것은 그게 아니라 공들여 만든 모임 세계로 손님을 이동시키는 것이다. 손님이 모임 장소에 도착하는 순간과, 종 울리기나 유리잔 두드리기 같이 모임 시작을 알리는 정형화된 행위 사이에는 모르는 채 흘려보내는 채워지지 않은 시간이 있다. 회주들은 이 사실을 모르는 경우가 많다. 이 무인지대를 잘 활용해 보자.

이런 진입 단계를 잘 관리하는 게 중요하다. 누구든 완전한 백지 상태로 모임 장소에 나타나지는 않기 때문이다. 회의 일곱 개가 연달아 잡혀 있는 가운데, 네 번째 회의를 엉망으로 마치고서 기운이 빠지고 정신이 나간 채로 다섯 번째 회의에 들어가는 사람도 있고, 목요일에 꽉 막힌 도로를 겨우 뚫고 딸을 농구 교실 시작 시간에 아슬

아슬하게 맞춰 데려다 주고서 교회 소모임 장소에 들어가는 사람도 있으며, 성인식에 참석하기 직전에 자기가 쓴 기사가 퇴짜 맞았다는 상사의 문자 메시지를 받은 사람도 있다. 이런 참가자들에게 모임으로 들어오는 통로를 만들어 주지 않으면 그들은 모임에서 가장 중요한 시작 순간부터 마음이 딴 곳에 가 있게 된다.

통로와 문

사람들이 각자의 세계를 뒤로 하고 모임 세계에 들어서게 돕는 방법 중 하나가 물리적이건 비유적이건 통로를 지나게 하는 것이다.

이머시브 공연계나 참여형 공연계에서는 많은 사람들이 공개적인 참여를 피하고 싶어 한다는 것을 잘 알기 때문에 그런 통로를 만드는 데 특히 뛰어난 실력을 발휘한다. 그보다 훨씬 더 단순한 디너 파티, 회의, 소규모 모임을 열 때 우리는 그런 공연계로부터 무엇을 배울 수 있을까?

뉴욕을 기반으로 활동하는 공연단인 서드 레일 프로젝트Third Rail Projects는 이런 통로 만들기의 전문 집단이다. 나는 이 단체가 어떻게 관객을 대안 세계로 그토록 재빨리 끌어들이는지 알고 싶어서 그 극단의 공연 두 개에 참여해 봤다. 그리고 적어도 내가 참여한 〈장엄한 천국〉과 〈그리고 그녀는 떨어졌다〉에서는 공연이 실제로 '시작'하기 전에 관객들이 지나야 하는 문자 그대로의 '통로'가 만들어져 있었다. 〈장엄한 천국〉은 1970년대 후반 쇠락하고 있는 열대 리조트와 그 시대의 문화적 가치를 다루고 있는데, 관객이 리조트에 들어가기 전에 어색할 정도로 쾌활한 레크리에이션 강사가 마중을 나와 꽃목걸이와 열대과일 주스를 건넨다. 그런 다음 관객과 함께 비행기처럼 꾸며진 아주 좁고 갑갑한 공간에 들어간다. 승무원이 이런저런 지시를 내리고 위에 달린 모니터에서는 공연 중에 우리가 해도 좋은 것과 하면 안 되는 것들에 대한 지침이 나온다. 그런 다음 우리는 '천국'으로 풀려난다. 〈그리고 그녀는 떨어졌다〉는 루이스 캐럴의 글에서 영감을 얻은 이머시브 공연으로, 쓰이지 않는 창고를 무대로 쓴다. 먼저 관객 열다섯 명이 의사 역할을 맡은 배우와 함께 작은 대기실에 들어가 앉는다. 독일 술 예거마이스터를 연상시키는 묘약과 검은 실로 묶인 열쇠 꾸러미도 받는다. 의사가 환영 인사를 하면서 이 방은 **"문턱 공간"**이며 이제 곧 다른 세계로 이동할 거라고 말한다.

이 두 공연 모두 안내하기라는 마법이 실제 공연과는 철저히 별개로 실행된다. 실제 공연은 관객이 보기에는 아직 시작조차 하지 않았다. 그러나 공연 제작자들은 당신의 전체 경험을 형성하는 것이 중요하다는 것을 이해하고 있고, 자신들이 정식으로 공연을 시작하기 전부터 공연의 맥락이 만들어지기 시작한다는 것을 알고 있다. 그런 이해를 토대로 아주 유명한 퍼포먼스 아티스트인 마리나 아브라모비치는 관객을 바깥 세계에서 끄집어내 자신의 공연으로 들이는 이동 단계에 적용할 수 있는, 누구나 충분히 따라 할 수 있는 방법을 개발했다.

뉴욕 현대미술관에서는 퍼포먼스 아트를 "예술가의 신체가 매개물이고 예술가의 행위가 예술 작품"인 라이브 공연으로 규정한다.[6] 이 예술 양식에서는 다른 예술 양식에 비해 관객과 예술가가 맺는 관계가 매우 중요하다. 아브라모비치는 1974년 작품인 〈리듬 0〉 같은 퍼포먼스 아트로 유명해졌다. 이 작품에서 그는 72가지 소품을 탁자 위에 올려 두었다. 그 소품 중에는 관객이 마음대로 다룰 수 있는 총알이 단 한 개 들어 있는 총이 들어 있었다. 더 최근 작품으로는 〈예술가가 여기 있다〉가 있다. 그는 의자에 736시간 30분 동안 앉아 있었다. 그동안 방문객들이 차례로 들어와 말없이 그와 마주보고 의자에 앉았다. 각 작품에서 그는 여느 훌륭한 회주와 마찬가지로 '모임을 형성하는 관객의 능력'을 아주 민감하게 활용한다.

시간이 지나면서 아브라모비치는 공연 전에 관객을 준비시키는 이른바 '아브라모비치의 음악 방법론'이라는 것을 정립한다. 아브라모비치는 관객이 공연장에 들어서기 전에 소지품을 전부(핸드폰도 포함해서) 사물함에 넣어 두도록 한다. 그런 다음 관객은 좌석에 가만히 앉아 소음 제거 헤드폰을 쓰고 30분 동안 바깥의 모든 혼잡한 소리에서 차단된 채 있는다. 지금 이 순간에 오롯하게 존재하기 위해서다. 아브라모비치는 이 시간을 감각을 정비하는 시간으로 활용한다. 그는 말했다. "침묵은 관객이 공연을 경험할 수 있도록 준비시킵니다."

뉴욕의 거대한 공연장인 파크 애비뉴 아모리에서 열린 어느 공연에서 이 방법이 적용되었다. 관객은 피아니스트 이고르 레비트와 피아노가 무대 중앙으로 이동하는 것을 조용히 지켜봤다. 30분 뒤 징을 울려서 관객에게 헤드폰을 벗어도 된다는 신호를 보냈다. 관객이 모두 헤드폰을 벗은 뒤에야 레비트는 첫 음을 두드렸다. 이 공연을 본 한 관객은 침묵의 30분을 여러 단계로 나누어서 설명했다. "처음에는 사람들이 자리에 앉아 가만히 있는 데 익숙해지기까지 꼼지락거리고 꿈틀거리는 소리가 여기저기서 들렸어요. 그다음에는 관객이 전부 차분해지고 공연장이 조용해졌어요. 그런데 침묵한 지 15분쯤 지났을 때 공연에 대한 기대와 흥분이 솟아오르기 시작하더군요. 그렇게 관객들은 나머지 시간을 공연에 대한 기대와 함께 보냈어요." 한 비평가는 아리아의 첫 음이 울리는 순간을 "최면에 걸린 듯한 경이로움"의 순간이었다고 묘사했다.[7] 이것은 당연히 그가 30분간 바깥 세계와 단절된 채 있었다는 사실과 관련이 있다. 공연장의 관객들은 다른 방식으로 연주를 들을 준비가 되어 있었다.

아브라모비치는 자신의 70번째 생일 파티에 100여 명의 친구와 동료를 구겐하임 미술관으로 초대했다. 미술관 입구 안쪽에서는 손거울과 금박지를 들고 등을 꼿꼿이 세운 채 하얀 실험실 가운을 입고서 침묵하고 있는 여성들이 한 줄로 서서 손님들을 맞이하고 있었다. 나는 여성들이 있는 곳으로 안내되었고 그중 한 명이 내게 금박지를 주면서 내 입술을 가리켰다. 주위를 둘러봤더니 다른 손님들이 직사각형 금박지로 입을 가리고 있는 것이 보였다. 나는 금박지를 받아들고는 여성이 들고 있는 손거울을 보면서 금박지로 입술을 덮었다. 그러자 그 여성은 조용히 나를 의자에 앉힌 뒤 헤드폰을 씌웠다. 나는 이 모든 것이 무엇을 의미하는지 알 수 없었지만 어떤 면에서는 알 필요가 없었다. 아브라모비치는 일반적으로 사람들이 이리저리 방황하며 보내는 파티 시작 전의 짧은 시간 동안 손님들이 시작 의식을 치르도록 했다. 금박지로 입술을 가리고 헤드폰을 쓰자 비밀 조직에 입회하는 것 같은 기분이 들었다. 나는 그곳에서 시키는 대로 할 수밖에 없었지만 회원의 표식을 하고 있었다.

아브라모비치에게 그가 만들어 내는 이런 통로에 대해 묻자 그는 가볍게 답했다. "그냥 사람들을 안전지대에서 끌어내서 새로운 경험을 하게 하고 싶은 것뿐이랍니다." 그는 **통로가 오래된 일상을 제거하고 새로운 것을 위한 공간을 마련해 주면 사람들이 더 열린 마음으로 새로운 경험에 임한다**는 것을 알고 있다.

물론 손님에게 침묵의 30분이라는 터널을 통과하게 하거나 입술을 금박지로 가리라고 강요하기가 꺼려질 수도 있다. 꼭 그렇게 하지 않아도 된다. 아주 작은 조치만으로도 문턱을 만들 수 있다. 출발선을 건너기 전에 안내자와 손님이 잠시 멈추는 것이다. 또 상을 받은 공연 제작자여야만 그렇게 할 수 있는 것도 아니다. 사람이 어느 한 상황에서 다른 상황으로 이동하는 것을 돕는다는 발상은 전통 사회의 많은 의식에서도 볼 수 있다. 의사가 진료실에 들어서면 재킷을 벗고 의사 가운을 입는 행위와 마찬가지라고 보면 된다. 이슬람교도가 기도를 올리기 전에 손과 발을 씻는 행위나 일본 다도 의식 전에 신발을 벗는 행위를 떠올려도 된다. 현대의 모임에서 다른 점은 통로가 미리 정해져 있지 않다는 사실뿐이다. 그러니 회주가 직접 만들어야 한다. 그리고 그런 통로를 만들기 가장 쉽고 가장 자연스러운 장소는 바로 문이다.

아리아나 허핑턴은 정치, 언론, 웰니스 분야 활동 덕분에 주목도 받고 논란도 일으키는 인물이다. 당신이 그를 어떻게 평가하든지 간에 그는 아주 우아하고 뛰어난 회주이다. 2013년 허핑턴은 콘퍼런스를 열어 웰니스에 대한 여러 아이디어를 탐구했고, 이를 바탕으로 스라이브Thrive라는 새 회사를 설립했다. 그는 맨해튼 소호에 있는 자기 아파트를 콘퍼런스 장소로 정했다. 본질상 사업을 위한 콘퍼런스였고 참가자 대부분이 서로 모르는 사이였다. 그런데도 허핑턴은 마치 결혼식장에서 하듯이 참가자들을 맞이했다. 아침 일찍부터 30분 넘게 직접 현관문에 서서 참가자들을 일일이 환영했다. 비서에게는 물론 딸에게도 시키지 않고 본인이 직접 했다. 그렇게 그는 그날 있을 콘퍼런스의 분위기를 설정했다. 그는 이렇게 말하고 있었다. '그래요, 우리는 콘퍼런스를 위해 모였어요. 그러나 꼭 콘퍼런스에서처럼 행동할 필요는 없죠. 이곳은 내 집이고 당신은 내 손님입니다.'

내 시누이가 결혼식을 올릴 때, 신랑 쪽 가족이 결혼식에 참석하려고 스코틀랜드에서 비행기를 타고 왔다. 결혼식 전 금요일 밤에 이 스코틀랜드 부족 전체를 시댁으로 초대해 파티를 열었다. 버스 한 대가 집 앞에 멈추고 잘 차려입은 스코틀랜드인들이 우르르 내렸다. 나와 남편은 즉시 현관으로 달려 나가 시부모 옆에 서서 신랑 쪽 가족 10여 명과 일일이 인사를 나눴다. 이 작은 환영 제스처 덕분에 신랑 쪽 가족 모두가 신부 쪽 가족 모두와 만나는 순간이 만들어졌다. 그것도 파티가 끝날 무렵이나 파티 도중이 아닌 파티 시작 직전에. 이 제스처 덕분에 주말 내내 양쪽 가족은 서로 친밀감을 느낄 수 있었고 누구에게라도 다가가 말을 걸어도 된다고 인식했으며 실제로도 그렇게 했다. 부족 만들기의 방아쇠를 당긴 행위가 모임의 출발선에서 이루어졌다.

심리적 문턱 넘게 하기

때로는 내가 앞서 언급한 뉴욕의 공연장과는 달리 물리적인 대기실이 없을 수도 있다. 때로는 현관에 서서 모두에게 일일이 인사를 건네기가 불가능할 수도 있다. 안내하기 작업은 때로 물리적으로가 아니라 심리적으로 진행되어야만 할 수도 있다. 나는 내 친구이자 코미디언인 바라툰드 서스턴이 이것을 멋지게 해내는 장면을 목격했다.

그는 어느 자선 모금 행사 파티의 일정 가운데 코미디 쇼 순서를 맡아 달라는 부탁을 받았다. 행사 장소는 브루클린 브루어리였다. 행사 당일 그곳은 어두컴컴하고, 시끌벅적하고, 맥주에 취한 사람들로 가득했다. 나는 그가 어려운 상황에 놓였다는 것을 알 수 있었다. 무대는커녕 단상도 없었다. 사람들은 이미 몇 시간 동안 먹고 마시고 있었다. 친구들과 어울려 웃고 떠들었으며 방해받고 싶어 하지 않는 것 같았다. 음악 소리조차 사람들의 대화 소리에 묻혔다. 더 나아가 서스턴이 누구인지 모르는 사람이 대부분이었다. 심지어 서스턴이 마이크를 넘겨받았는데도 지금의 재미를 잠시 미루고 어떤 남자가 하는 농담을 들을 생각을 하지 않았다.

사람들에게 소리를 지르거나 누군가 불쌍해서라도 봐 주겠지 하는 마음으로 코미디 쇼를 시작하는 대신, 서스턴은 본능적으로 안내인 역할을 자처했다. 그가 그런 역할을 하는 일은 드물다. 그날 모인 사람들이 워낙 통제 불능 상태이다 보니 이런 이동 통로가 필요하다고 직감으로 느꼈던 듯하다. 그는 마이크를 들었다. 그것이 외부에서 인지 가능한, 그에게 주어진 권력과 권한의 유일한 표식이었다. 그는 한 무리의 사람들에게 다가가 그중 가장 말이 많은 사람에게 마이크를 넘겼다. 서스턴은 그에게 마이크에 대고 무리를 소개해 달라고 했다. 그렇게 소개가 끝난 뒤 서스턴은 나머지 사람들을 보며 이들을 환영하고 박수를 보내 달라고 했다. 그리고 다음 무리로 이동해서 같은 일을 반복했다. 그렇게 서스턴은 따스한 말과 농담을 섞어 가며 무리 중에서 가장 목소리가 크고 소란스러운 사람들 대여섯 명을 잠재웠으며, 그들의 힘을 빌려 군중을 관객으로 변신시키는 자신의 임무를 수행해 나갔다. 90초가 지나자 그곳에 있는 모든 사람의 이목이 서스턴에게 집중되었다. 그는 한가운데로 걸어가서 자신이 준비한 코미디 쇼를 시작했다.

회주라면 어떤 상황에 맞닥뜨리건 바깥 세계를 몰아내고 사람들의 주의와 상상력을 사로잡는 이동 통로를 마련할 방법을 고민해야 한다. 그리하여 출발선을 긋고, 더 나아가 손님이 그 출발선을 건너도록 도와야 한다.

배러트의 총각파티로 돌아가 보자. 그의 친구들은 마중물 붓기와 안내하기를 모두 훌륭하게 해냈다. 메시지와 과제를 통해 준비가 된 덕분에 배러트는 다음에 무슨 일이 일어날지에 대해 늘 촉각을 곤두세우고 있었다. 그리고 앞으로 닥칠 일의 성격을 점점 더 잘 알게 되었다. 그렇게 배러트를 준비시킨 친구들은 그를 납치해서 모임 장소에 데리고 오는 방식을 써서 모임으로 안내했다. 내가 이 얘기를 하는 건 (반드시) 손님을 납치해 오라는 뜻이 아니다. 배러트의 총각파티를 계획한 사람들처럼 모임 시작으로 이어지는 모든 순간을 계획해야 한다는 뜻이다. **우리 대다수가 하는 실수는 이 막간이 '중요하지 않다'고 생각하는 것이다.** 아니다. 이 시간은 아주 중요하다.

일상의 모임에서 안내하기는 촛불을 켠다거나, 환영 인사를 건넨다거나, 모든 손님에게 동시에 특별한 음료를 따라 준다거나 하는 것처럼 간단히 진행될 수도 있다. 손님이 도착하는 시점과 모임 시작 시점 사이의 마지막 이동 단계가 바로 문턱을 넘는 순간이라는 걸 기억하라. 첫 빗방울이 떨어지는 순간과 첫 번개가 치는 순간 사이에 기대감이 쌓인다. 희망과 불안이 뒤섞인다. 그리고 그 시작 순간이 바로 손님들에게 메시지를 보낼 때다. '여기 세워진 마법의 왕국으로 당신을 초대합니다.'라고.

놓쳐 버린 기회들

회주가 이러한 안내하기 작업을 제대로 하지 않으면 모임의 잠재력이 떨어지는 경우가 있다. 더 대단한 것을 이룰 수 있었던 열정적인 정치 유세 사례를 돌아보자.

2016년 4월 6일, 버몬트 주 상원의원이자 민주당 대통령 후보 예비선거에 나선 버니 샌더스는 필라델피아에서 대규모 집회를 열었다. "우리가 믿는 미래"라는 슬로건을 내건 필라델피아 집회에 참석하려는 사람들의 줄이 끝없이 이어졌다. 안전상의 이유로 많은 사람이 경기장에서 거의 세 시간을 기다린 끝에야 샌더스 의원이 등장했다. 그 소식을 듣고 안타까운 생각이 들었다. '아주 훌륭한 모임 기회였는데. 그 세 시간 동안 안내하기 작업을 했더라면 사람들이 그날 집회에서 더 많은 것을 얻어 갈 수 있었을 것이고, 버니 샌더스의 선거 운동도 더 큰 동력을 얻었을 텐데.' 그러나 그런 작업은 없었다.

대신 수천 명의 사람들이 1만 200석 규모의 경기장에 가만히 앉아 하염없이 기다려야 했다. 이들은 바깥세상을 뒤로 하고 경기장으로 들어왔고, 몇 시간 뒤에 공식 일정이 시작될 예정이었다. 그런데 아무도 그 사이의 빈 시간을 채워 주지 않았다. 어떤 것을 던져 주었어도 기꺼이 받아들일 준비가 되어 있는 충성스러운 관객들이 모여 있었는데도 말이다. 수많은 조직위원회와 일해 본 나는 이 행사의 조직위원회가 왜 그 빈 시간을 채우지 않았는지 짐작은 간다. 그들은 행사가 아직 시작하지 않았다고 생각했을 것이다. 그 시간은 분명히 그들이 생각하는 행사 일정에 포함되지 않았다. 그 시간은 보안 팀에 맡길 시간이지 회주가 신경 써야 할 시간은 아니었다.

그렇다면 그 시간에 무엇을 할 수 있었을지 한번 상상해 보자. 버니 샌더스의 팬 수천 명이 모여 있다. 두세 시간이 주어져 있고 샌더스는 아직 등장하지 않았다. 조직위원회에서는 지원자를 받아 조력자로 임명해 사람들이 무리를 지어 앉거나 낯선 이와 마주보고 왜 이곳에 왔는지, 이 나라에 가장 필요한 것이 무엇이라고 생각하는지에 대해 대화를 나눌 수 있었을 것이다. 여덟 명 단위로 원형으로 앉아 미국 경제에서 소외된 계층으로 살아가는 자신들의 이야기를 공유할 수도 있었을 것이다. 그렇게 그 시간을 활용하여 사회 운동을 조직할 수도 있었다. 수천 명의 이목이 집회로 쏠려 있었지만 조직위원들의 머릿속에는 그 시간이 '기다리기' 항목으로 분류되어 있었다. 그들은 그 시간을 활용할 생각은 전혀 하지 않았다. 그때부터 회주로서의 책임을 다해야 한다는 것을 이해하지 못했다.

출발시키기

자, 여기까지의 임무를 통해 사람들을 미리 준비시키고 모임 장소에 도착한 손님들이 문턱을 넘도록 도와주었다. 이제 모임을 시작할 순간이다. 어떻게 모임을 시작해야 할까? 어떻게 하면 잘 시작할 수 있을까?

시작은 모임에서 가장 놓치기 쉬운 기회의 장이다. 우리는 모임이 시작할 때 자주 실망하곤 하는데 많은데 꼭 그러라는 법칙은 없다. 내가 만난 남아프리카 출신 오페라 작곡가 네오 무양가는 어떤 오페라건 첫 열여섯 마디를 들으면 그 나머지 주제도 짐작할 수 있다고 했다. 그리고 그 오페라가 마음에 들지 안 들지도. 그는 말했다. "오페라의 첫 마디는 소리의 크기, 박자, 진행 같은 요소를 활용해 *청중에게 그들의 일상 세계를 잠시 떠나 토끼 굴 속 대안 세계로 뛰어들라고 초대합니다.*" 그의 말을 들으면서 나는 모임도 그런 식으로 작동한다는 것을 깨달았다. 모임의 시작은, 의도적으로 기획되었건 아니건, 손님들에게 이 모임에서 어떤 경험을 하게 될지, 무엇을 기대하면 좋을지에 대해 신호를 보낸다.

모임이 시작한 직후의 얼마 안 되는 시간 동안 우리는 모두 네오 무양가가 된다. 신호를 읽고 스스로에게 질문을 던진다. '어떤 모임인 거지? 믿을 만한 회주인가? 회주가 불안해하나? 나는 어떤가? 이제 무슨 일이 일어날까? 계속 있을 만한 모임인가? 내가 이 모임에 속해 있을까? 나는 이 모임에 속하고 싶은가?' 따라서 시작은 모임의 정당성을 구축하는 중요한 장이 된다.

모임이 시작할 때 참가자의 집중력이 가장 높다. 연구자들이 '인지 처리 한계'라고 부르는 것 때문이다. 우리는 무언가를 경험할 때 모든 순간을 기억하지는 못한다. 뇌에서 효율적으로 선별된 것들이 나중에 우리 기억 속에 남는다. 연구에 따르면 강연을 듣는 청중은 첫 5퍼센트, 마지막 5퍼센트, 그리고 가장 핵심이 되는 순간을 상대적으로 훨씬 더 잘 기억한다고 한다.[8] 나는 모임에도 마찬가지 비율이 적용된다고 믿는다. 그런데도 우리는 모임을 어떻게 시작하고 끝낼지에 대해서는 거의 신경을 쓰지 않고, 그 순간이 닥쳐서야 뒤늦게 부랴부랴 임기응변으로 대처하곤 한다.

조문객의 주의를 흩트리면 안 된다

모임을 제대로 출발시키고 싶다면 가장 먼저 바꾸어야 할 것은 사무를 처리하는 일로 모임을 시작하는 관례다.

언젠가 아주 소중한 친구의 장례식에 참석했을 때였다. 교회는 사람들로 가득 차 있었다. 자신의 분야를 선도하고 많은 사람을 도운 그 친구를 기리기 위해 가족, 친구, 지인을 비롯한 수백 명이 아름다운 장소에 모였다. 사람들은 예배당에 들어서면서 서로 인사를 나누었다. 대개 고인을 통해 연결되어 있었지만 수년간 서로 만나지 못한 사이였다. 슬픔으로 가득한 분위기였고 많은 이가 벌써 울고 있었다. 그때 목사가 일어나서 단상 쪽으로 나아갔다.

그 순간은 잉태의 순간이었다. 우리는 하나같이 몸을 앞으로 숙였다. 그가 건넬 위안의 단어를 놓치고 싶지 않았기 때문이다. 그는 숨을 크게 들이마시고 우리를 슥 둘러보더니 입을 열었다. "혹시나 해서 말씀드립니다. 고인의 가족이 추도식이 끝난 뒤 이 거리 끝에 있는 문화센터에서 열릴 추도 모임에 여러분을 초대했습니다. 그런데 안타깝게도 그 장소에는 주차 공간이 충분치 않다고 합니다. 여기서 거리가 얼마 되지 않으므로 차는 이곳에 두고 함께 걸어가면 좋겠습니다." 내가 기억하는 목사의 이 말로 몇 초도 되지 않는 그 중요한 순간의 잠재력이 낭비되고 말았다. 우리는 모두 위안과 친교에 목말라 있었다. 그 순간이 완성되어 가고 있었고, 목사는 우리의 관심을 한 몸에 받고 있었다. 그런데 그는 공지사항 발표를 잊을까 봐 걱정하는 마음에 그 출발의 순간을 주차 문제를 논의하는 데 써 버렸다. 목사는 모임의 출발점에서 공지사항을 발표함으로써 한 남자를 위해 모여든 부족을 다시 이어 줄 수 있는 귀중한 출발점을 제공할 기회를 날렸다.

이런 식의 관례를 따르는 것은 그 목사만이 아니다. 모임이 시작하기 전의 순간이 그다지 중요하지 않다고 여기는 우리들은 수많은 모임들을 헛기침으로 시작한다. 콘퍼런스도 이런 식으로 시작한다.

"시작하기에 앞서 알릴 것이 있습니다. 주차장에 흰색 카마로 차량의 전조등이 켜져 있다고 합니다. 차량 번호는 TXW 4628입니다." 마을 주민 공청회도 공지사항으로 시작한다. 아주 잘 차려 입은 사람들로 가득한 파티는 행사 후원자에게 감사 인사를 길게 늘어놓는 것으로 시작한다. 지금 나는 시작 순간이 다음과 같은 생각에 지배되는 모임의 예들을 열거하고 있다. '자, 먼저 사무를 후딱 처리해 버려야 해.' 내가 괜히 까다롭게 군다고 생각할 수도 있겠지만 나의 지적은 더 나은 모임을 위해 꼭 명심해야 할 점이다.

시작의 정치학

장례식 같은 모임과 관련해 내가 방금 지적한 내용에 대해 많은 사람들이 투덜거리면서도 동의할 거라고 본다. 이론적으로는 아무도 장례식을 비롯한 사적이고 친밀한 모임을 사무 처리로 시작해야 한다고 생각하지 않는다. 다만 우리가 최선이라고 여기는 이론을 실천하지 못하는 것뿐이다. 그런데 후원자가 있고 감사드려야 할 사람들이 있는 다른 모임들에서는 회주가 이렇게 말할 것이다. "선택의 여지가 없었어요. 먼저 사무 처리를 하는 수밖에."

나는 여기에 동의하지 않는다. 그래서 이렇게 말한다. "이런 살림 챙기기부터 하는 게 아무리 중요해 보이더라도, 그렇게 하면 당신 모임의 목적을 손님들 마음에 각인할 기회를 놓치게 됩니다." 그리고 때로는 모임에서 회주가 손님들에게 중요하다고 강조한 것들에 대해 실제로는 별로 신경 쓰지 않고 있음이 드러나서 모임 목적이 훼손되기도 한다.

매년 퍼스널 데모크라시 포럼Personal Democracy Forum이 뉴욕에서 열린다. 민주주의의 현재에 관심이 있는 주요 시민운동가, 기술자, 공동체 지도자, 정부 관료를 비롯한 수천 명의 사람이 한자리에 모인다. 2015년 포럼의 주제는 "모든 사람을 떠올려라: 시민 기술의 미래"였다. 주최 측에서는 "모두가 참여하는 미래, 우리가 기술을 적절히 활용해서 함께 만드는 미래, 시민운동이 공유하는 문제의 해결책을 내놓는 미래로 당신을 초대합니다."라고 주제 선정 이유를 설명했다.[9]

따라서 그해 포럼이 시작할 때 포럼 설립자 중 한 명인 앤드루 라시에지가 '대표 후원자'인 마이크로소프트사의 한 이사에게 단상을 넘기면서 첫 발언권을 준 것은 다소 당혹스러웠다.

그게 뭐 그리 대수냐고 반문할 수도 있다. 그런데 대수다. 그 첫 순간에 사람들은 영감을 얻을 준비가 완벽하게 된 상태에 있다. 사람들은 묻고 있다. 이 모임은 진정 무엇을 위한 것인가? 누가 주도권을 쥐고 있는가? 사람들이 그곳에 모인 이유는 그들이 회의 주제에 관심이 있었기 때문일 것이다. 민주주의가 바뀔 수 있다고, 단순히 권력이 있거나 인맥이 좋은 사람뿐 아니라 더 많은 사람들이 참여할 수 있다고 믿었을 것이다. 그런데 그 짧은 첫 순간에 주최 측은 민주주의와 대중 참여를 가로막는 바로 그것을 답습하고 말았다. 돈이 특혜를 사는 현장을 버젓이 연출한 것이다. 여러 지역 공동체의 지도자를 무대로 초대해 짧게 한 마디씩 하게 하는 대신 후원 기업에게 첫 발언권을 줌으로써 주최 측은 자신들이 해결하겠다고 나선 문제를 오히려 체현해 버리고 말았다.

후원자는 주최 측이 행사에서 이루고자 하는 것을 더 널리 알리기 위해 참여한다. 그런데 회주와 후원자가 다를 때는 행사에 회주와 후원자, 이렇게 주인이 두 명 생긴다. 양측 입장이 언제나 같은 것도 아니다. 이런 괴리가 모임 내내 수면 위로 떠오를 수도 있는데, 모임의 시작과 끝에 가장 고통스러운 형태로 종종 드러난다. 따라서 회주는 소중한 시간과 공간을 후원자에게 넘기는 행위에 대가가 따르지 않는다거나 그 행위가 여전히 중립적일 수 있다고 생각해서는 결코 안 된다. 그런 행위는 퍼스널 데모크라시 포럼에서처럼 모임 자체의 진짜 목적이 무엇인지에 대한 의심을 불러일으킬 수도 있다.

만약 그런 후원자를 뒤로 물러나게 하는 데 영감을 줄 본보기가 필요하다면 조지 루카스를 떠올려라. 그는 첫 〈스타워즈〉를 촬영할 때 영화를 아주 대담하게 시작하고 싶어 했다. 그런데 전미 영화감독 조합에서 이에 반대했다. 당시 대부분의 영화는 오프닝 타이틀 시퀀스에 시나리오 작가와 감독 이름을 내보냈다. 후원자가 아닌 창작자에게 감사 표시를 하는 셈이었다. 당시에는 다 그렇게 했다. 하지만 루카스는 전미 영화감독 조합의 반발에도 불구하고 오프닝 타이틀 시퀀스에 누구의 이름도 내보내지 않기로 했다. 덕분에 영화 역사에서 가장 인상적인 오프닝이 탄생했다. 물론 루카스는 대가를 치러야 했다. 전미 영화감독 조합에서는 루카스의 반항적인 선택에 25만 달러의 벌금을 부과했다. 그러나 그는 관객의 경험을 훨씬 더 중요하게 여겼고 이를 위해 대가를 치를 각오가 되어 있었다. 회주라면, 당신도 그래야 한다.

콜드 오픈

TV 프로그램 제작자들은 루카스가 겪은 것과 비슷한 상황에 맞닥뜨리곤 한다. 그들이 찾아낸 해결책 가운데는 모임에 더 직접적으로 적용할 수 있는 것이 있다. 바로 콜드 오픈cold open이다.

콜드 오픈은 TV 쇼를 오프닝 타이틀이 아니라 쇼의 한 장면에서 바로 시작하는 기법이다. 1950년대부터 감독들은 콜드 오픈을 시도했다. 시청자의 시선을 곧장 붙들어서 채널을 돌리는 걸 막기 위해서다. 〈새터데이 나이트 라이브〉가 그런 예다. 이 쇼에서는 뉴스나 다른 프로그램의 일부처럼 보이는 개그를 몇 분간 선보인 뒤에 배우들이 "뉴욕에서 생중계합니다. 새터데이 나이트입니다!"라고 소리친다. 콜드 오픈을 가장 잘 활용한 예다. 이 쇼를 만드는 사람들은 시청자의 주의를 사로잡는 것이 TV에서 가장 중요하다는 것을 알고 있다. 모임에서도 일단 손님들의 주의를 붙들어라. 그런 다음에 사업을 논의하든 감사 인사를 돌리든 접대에 필요한 일을 하든 하라.

물론 어떤 모임에서든 처리해야 할 사무가 있다. 사람들에게 화장실이 어디에 있는지도 알려야 하고 점심이 어디에 차려져 있는지도 알려야 한다. 모임 직전에 변경 사항이 생겨서 손님들에게 공지해야 하는 경우가 종종 벌어지는 것도 사실이다. 그러나 이런 정보를 반드시 모임 시작 직후에 알려야 할 필요는 없다. 사무를 처리하거나 기타 정보를 전달할 시간이 없어도 된다는 게 아니다. 그저 그런 것들로 모임을 시작하지는 말라는 거다. 콜드 오픈을 시도하자.

손님을 압도하는 동시에 공경하기

일단 모임을 사무 처리로 시작하지 않기로 했다면 달리 어떻게 시작해야 할까? 내 답은 간단하다. 모임 시작은 유쾌한 충격 요법 같은 것이어야 한다. 사람들의 마음을 사로잡아야 한다. 그리고 이때 손님에게서 경탄을 이끌어 내는 동시에 손님에게 공경받고 있다는 확신을 심어야 한다. 역설적으로 들리겠지만 손님 마음에 완벽하게 환영받고 있다는 느낌과 여기에 있을 수 있어서 감사하다는 느낌 모두를 심어야 한다.

경외심과 공경받는다는 느낌을 동시에 이끌어 낸다는 발상은 모임 안보다는 모임 밖에서 더 잘 실천되는 면이 있다. 소설 쓰기나 호텔 로비 장식하기와 같이 일상과 거리가 먼 일을 하는 이들은 사람들로 하여금 대접받고 있다는 느낌과 초라해진다는 느낌을 동시에 경험하게 하는 데 일가견이 있다. 어느 작가라도 자신이 얼마나 오랜 시간 공을 들여 첫 문장을 써 냈는지에 대해 넘치도록 상세한 이야기를 들려줄 수 있을 것이다. 호텔리어에게 로비 디자인에 담겨 있는 이론에 대해 물으면 작은 변주들이 얼마나 큰 차이를 가져오는지를 말해 줄 것이다. 이런 것들은 각각 그들의 전문 영역에 속한다. 내흥미를 끄는 것은 이들의 접근 방식에서 발견되는 공통점이다. 허먼 멜빌이 《모비딕》을 "이슈마엘이라고 부르시오."라는 문장으로 시작할 때, 포시즌 호텔 로비에서 당신보다 키가 훨씬 더 큰 꽃이 당신을 맞이할 때, 나는 이 두 가지 모두가 우리에게서 경외심과 공경받는다는 느낌을 동시에 이끌어 낸다고 믿는다.

이런 시작들과 마주하면 우리는 다소 위축되면서도 환영받는다는 느낌을 받는다. 우리의 시선은 고정되고 신경은 진정된다. 멜빌은 독자에게 자신 있게 직접 말을 건다. 그는 소설의 세계 전체를 당신에게 설명하지 않는다. 단지 그 세계에 온 당신을 환영할 뿐이다. 마찬가지로 포시즌 호텔 로비의 꽃은 강렬하고 당신보다 키가 클지 모르지만, 그래서 당신은 경외심과 위압감을 느끼게 되고 집에서는 이런 상황에 처하지 않는다는 사실을 떠올린다. 그런데 다른 한편으로 그 꽃은 당신을 위해 거기에 있는 것이다. 당신에게 공경을 표하기 위해서.

압도하면서 공경하기 기법을 다리오 체키니만큼 잘 이해하는 사람도 없다. 그는 이탈리아 키안티의 판차노 마을에서 8대째 내려오는 가업인 정육점을 이어받아 운영하고 있다. 세계적인 요리사들이 순례지처럼 들르는 작은 정육점 마첼레리아 체키니에 들어서면 체키니가 시작의 대가임을 곧바로 깨닫게 된다. 그는 가게에 들어서는 거의 모든 사람을, 친구이건 낯선 사람이건 안아 준다. 낯선 이가 당황하면서 들어서면 곧장 와인 한 잔과 돼지기름을 바른 빵 조각을 건넬 수도 있다. 거의 매일 밤, 영업이 끝난 뒤에는 정육점 바로 위에 있는 공간에서 손님 30명을 기다란 나무 식탁에 앉힌 다음 불을 피우고서 석쇠를 올린다. 손님들이 그가 준비한 음식을 맛보기 전에 그는 피처럼 붉은 피오렌티나 스테이크 두 조각을 머리 위로 들어 올리면서 큰 소리로 외친다. "소고기를 먹느냐, 안 먹느냐 그것이 문제로다!"

손님들 중에는 오랜 지인도 있고 거리를 지나다가 우연히 들른 이도 있는데 모두 이런 선언에 마음을 빼앗기고 감탄한다. 직원들이 옆에서 돌아다니지만 체키니는 다 구워진 스테이크를 직접 손님 접시에 올린다. 이탈리아의 유명 인사인데도 친절한 웨이터 노릇을 마다하지 않는다. 그는 손님과 교류하면서 손님을 공경한다. 손님과 같은 언어를 쓰지 않더라도 아무 문제가 없다. 그는 식탁 주위를 돌아다니면서 손님 한 명 한 명과 악수를 하고, 그들의 이야기에 귀를 기울이고, 뺨을 두드리고, 호탕하게 웃는다. 정육점에서 활기에 가득 차 있는 체키니는 손님에게도 그런 기운을 불어넣는다. 체키니는 무대에 선 공연자이지만 회주이기도 하고, 가이드이기도 하고, 친구이기도 하다. 그는 열린 마음과 열정의 본보기로서 손님 안에 있는 그런 면을 일깨운다. 어느새 손님도 낯선 이와 마주 보며 대화를 나누고, 작은 위험을 감수하고, 의외의 질문을 던지는 등 일반적인 식당에서와는 다르게 행동한다.

회주로서 손님에게서 경외심을 이끌어 내는 것은 어떤 의미에서는 스스로를, 그리고 모임을 손님보다 우위에 놓는 것이다. 공경할 때는 물론 손님을 회주 자신보다 우위에 둔다. 체키니처럼 둘 다 동시에 할 때는 손님을 그들이 전혀 속할 법하지 않은 클럽의 소중한 회원처럼 대접하는 것이다.

이러한 압도하면서 공경하기 기법을 성공적으로 실천할 방법은 많다. 나는 수하타 로이초두리 교수의 회계 수업을 들은 적이 있다. 수업 첫날 그는 전설이 된 방식으로 출석을 불렀다. 출석부를 내려다보거나 이름을 줄줄 읊는 대신 강의실을 돌아다니며 70여 명에 달하는 학생 한 명 한 명과 일일이 눈을 마주치면서 그 학생의 (때로는 발음하기 아주 힘든) 성과 이름을 불렀다. 학생들이나 교수나 서로를 처음 만나는 자리였다. 그런데 그는 학생 전체의 이름을 외우고 있었다. 우리는 경외감을 느꼈다. 그는 우리의 사진을 찬찬히 살펴보면서 몇 시간 동안 이름을 외웠을 것이다. 이것은 완벽하게 지루한 모임의 요소인 출석 부르기를 몇 시간의 노력 끝에 극적인 시작으로 변화시킨 예다.

로이초두리 교수는 이처럼 잊지 못할 순간을 만들어 내며 우리에게 두 가지 중요한 신호를 보냈다. 그가 자기 수업을 아주 소중하게 여긴다는 신호와, 그가 아주 똑똑한 사람이며 우리도 노력만 한다면 조금은 그처럼 될 수 있다는 기대를 품으라는 신호였다.

이탈리아의 유명한 정육점 주인이나 70여 명의 얼굴과 이름을 기억할 정도로 똑똑한 회계학과 교수여야만 압도하면서 공경하기 기법을 실천할 수 있다고 생각하지는 말기 바란다. 여기, 훨씬 더 일반적인 상황에서 압도하면서 공경하기 기법을 적용한 사례 한 가지를 들어 보겠다.

나는 이복 언니와 형부를 점심에 초대했다. 언니 부부는 워싱턴 DC에 살고 있고 우리 부부는 언니 부부를 자주 만나지 못한다. 그런데 언니 부부가 친척을 보러 뉴저지에 갈 일이 생겼고, 그 김에 나는 우리가 있는 뉴욕에 들르라고 권했다.

약속 시간까지 10분쯤 남았을 때 남편은 거실로 들어와 당황한 얼굴로 왜 식탁을 차리지 않았느냐고 물었다. 나로서는 "그냥 로렌 언니"가 오는 것이었다. 특별히 격식을 차리지 않아도 되는 가까운 사람과 함께하는 가벼운 식사였다. 나는 언니가 와서 친밀감을 느끼기에 좋은 방법이 언니가 도착한 뒤에 함께 식탁을 차리는 거라고 생각했다. 그러나 언니 부부에게 특별 대접을 해야 한다고 생각한 남편은 미리 식탁을 차리자고 고집했다. 우리가 식탁을 다 차린 지 1분 뒤에 현관문 종이 울렸다. 언니 부부가 도착했다. 현관에서 인사를 나눈 뒤 로렌 언니는 식당으로 들어갔고 곧이어 놀란 표정을 지었다.

"누가 와?"

"로렌이 왔잖아." 남편과 내가 동시에 말하면서 웃음을 터뜨렸다. 로렌 언니는 우리가 언니 부부를 위해서 일부러 식탁을 차렸다는 사실에 놀랐고 감동받은 얼굴이었다. 우리가 언니 부부를 위해 특별히 뭔가를 한 것에 공경을 받았다고 느꼈던 것 같다. 그리고 우리가 그렇게 아름답게 상을 차린 것에 감탄했다.

참가자들을 연결하기

압도하면서 공경하기 기법이라는 첫 충격 요법을 실시하면 손님의 이목을 집중시키는 데 성공할 수 있을 것이다. 손님은 모임에 있고 싶어 한다. 이 모임에 참여할 수 있어서 행운이라고 생각한다. 모임에 자신의 모든 것을 쏟아붓겠다고 생각하고 있을 수도 있다. 그러면 회주에게 주어진 다음 과제는 사람들을 연결하는 것이다. 잡다한 참석자 무리를 하나의 부족으로 발전시키는 것이다. 뛰어난 회주는 서로 다른 사람이 하나의 집단이 되기를 바라기만 하지 않는다. 직접 나서서 하나의 집단으로 묶는다.

터프 머더Tough Mudder 조직위원회에서는 장애물 경주를 즐기는 사람들을 위해 주말 장애물 경주를 연다. 이 경기에 참가한 사람들은 전기가 흐르는 전선들이 주렁주렁 매달린 장애물을 통과하고, 3톤이 넘는 얼음과 물을 채운 대형 적재함을 헤엄쳐 건넌다. 터프 머더는 본질상 일종의 마라톤 경기지만, 참가자들이 거의 언제나 자신의 성과에만 집중하여 태생적으로 개인주의적인 기존 마라톤 대회의 개회 의식과 매우 다른 개회 의식을 실시한다.

터프 머더 경기의 출발선에 선 모든 참가자들은 오른손을 들고 다 함께 터프 머더 선언문을 낭독한다.

터프 머더 참가자로서, 나는 선서합니다

- 나는 터프 머더가 시합이 아닌 도전임을 알고 있습니다.
- 나는 경기 기록보다는 팀워크와 동료애를 우선합니다.
- 나는 우는 소리를 하지 않습니다. 그건 애들이나 합니다.
- 나는 동료 참가자가 완주하도록 돕겠습니다.
- 나는 두려움을 극복하겠습니다.[10]

여럿이 모여 몸으로 하는 도전이라는 공통점이 있지만, 개인적 경험인 마라톤과는 달리 터프 머더는 함께 도전하도록 디자인되었다. 이 선언문은 개인 기록에는 해가 되더라도 참가자들이 몸과 마음으로 서로 돕도록 마중물을 붓는다. 터프 머더를 창설한 윌 딘은《포브스》와의 인터뷰에서 "터프 머더는 진짜 상은 함께 결승선을 통과하는 것이라는 정신을 토대로 삼고 있습니다. 우리가 마련한 장애물 대부분은 결코 혼자서는 통과할 수 없습니다. 서로 도움을 주고받아야만 하죠. 이런 상호의존성이 아주 멋진 공동체 의식과 자신의 성공만이 아닌 다른 사람의 성공에 대한 관심을 낳습니다."[11] 딘과 그의 동료들은 참가자들이 경쟁이 아닌 협력을 목표로 삼도록 북돋기 위해서는 경기가 시작할 때부터 무언가를 해야 한다는 것을 알고 있었다. 그 결과 터프 머더 선언문 낭독이라는 작지만 영속적인 연결 행위가 탄생했다.

손님들을 연결하는 방법으로는 선언문 낭독 외에 다른 방법들도 있다. 가장 매력적인 방법은 손님들이 서로 바라보도록 유도하는 것이다. 손님들이 서로의 존재를 인식하는 아주 간단한 행위도 우리가 모일 때 종종 잊는 아주 중요한 단계다. 줄루족의 인사와 화답 문구에는 서로 바라본다는 인식이 박혀 있다.

인사: "사우보나." (나는 당신을 봅니다.)
화답: "응기코나." (나는 여기 있습니다.)

서구 세계의 정신없이 바쁜 일상에서는 종종 이 단계를 건너뛴다. 목사가 신도들에게 자신이 아니라 서로를 바라보면서 "안녕하세요." "부활절을 축하합시다." 같은 인사를 나누게 하는 것도 이 단계를 실행하는 것이다. 많은 모임에서 이 단계를 건너뛰지만 이 단계는 모임이 시작할 때 특히 강력한 힘을 발휘한다.

TV 프로그램 제작자 질 솔로웨이는 촬영에 들어갈 때마다 함께 일하는 사람들과 이런 식으로 서로 연결되는 시간을 가진다. 〈트랜스페어런트〉와 〈나는 딕을 사랑해〉를 제작했고 에미상을 수상한 이력이 있는 솔로웨이는 이 의식을 "상자"라고 부른다. 아침식사를 마친 뒤 모든 출연진이 도착하고 무대와 장비 설치가 끝나면 솔로웨이를 비롯해 그날 에피소드를 지휘하는 감독들이 상자 의식을 할 시간을 정한다. 제작 보조자가 중앙에 나무상자를 놓고 상자 둘레로 여유 공간을 충분히 둔다. 스태프들은 나무상자를 보자마자 상자 둘레로 모여들어 박수를 치면서 구호를 외친다. "상자, 상자, 상자, 상자!" 모든 사람이 원으로 합류하고 누군가 상자에 올라가 입을 열기 전까지 구호 외치기는 계속된다. 누군가 상자 위에 서면 그 사람이 발언권을 가진다.

사람들은 자기 머릿속을 메우고 있는 생각들(친한 친구에 대한 걱정, 가족의 죽음, 자신의 연기에 대한 생각)을 나눈다. "사람들은 상자 위에 올라가서 어려운 일, 중요한 일을 나누면서 울고 마음을 가볍게 합니다."[12] 〈트랜스페어런트〉에서 조시 역할을 맡은 제이 듀플래스가 《할리우드 리포터》와의 인터뷰에서 밝혔다. "일을 시작하기 전에 머릿속을 비웁니다. 그 빈자리를 배려와 재능이 채우고 현장으로까지 흘러나오죠."[13] 〈트랜스페어런트〉에 출연한 트레이스 리세트는 이렇게 말했다고 전해진다. "그게 질이 일하는 방식이죠."

솔로웨이는 부족을 연결하는 일이 중요하다고 굳게 믿기 때문에 그 의식에는 엑스트라 연기자들도 참여한다.

〈나는 딕을 사랑해〉에 출연한 그리핀 던은 식당 장면에서 중앙 식탁에서 멀찍이 떨어져 앉아 있던 한 엑스트라 배우의 이야기를 들려주었다. 어느 날 그 배우가 상자 위로 올라갔다. "상자 위에 올라선 이 배우는 자신은 골목 끝에 있는 은행 지점장인데 지금처럼 소속감을 느끼고 가족 같은 느낌을 받은 적은 처음이라고 말했어요."[14]

"카메오 출연자도 우리 촬영장을 떠날 때는 운다니까요. 과장하는 게 아니에요."[15] 〈트랜스페어런트〉에 출연한 배우 에이미 랜데커가 버슬닷컴Bustle.com과의 인터뷰에서 말했다. "계속 함께하지 못하는 걸 슬퍼해요. 이 업계에서 그런 일은 드물죠."

상자 의식은 대개 20~25분 정도 걸리지만 실제 리허설에 들어가기 전까지 최대 40분이 걸리기도 한다. 솔로웨이는 이 의식에 충분한 시간을 할애한다. 솔로웨이를 보조하는 크리스티나 옐름은 적당한 때에 상자를 거두고 리허설로 넘어가는 과정을 설명해 주었다.

일단 상자 위에 올라가고 싶어 하는 사람이 줄어든 것처럼 보이면 조연출자가 사람들 사이를 크게 한 바퀴 돌아요. 상자 위에 올라가서 말하고 싶은 사람이 있는지 마지막으로 확인하는 거죠. 아무도 상자에 올라가지 않으면 조연출은 한 바퀴를 다 돌고 난 뒤 상자 위로 올라가서 마무리 멘트를 합니다. 마무리 멘트는 대개 그날에 특히 유의해야 할 사항들과 스태프가 절대 잊으면 안되는 안전 지침을 반복해서 주지시키는 것을 포함합니다. 그런 다음 조연출이 그날의 안전 단어를 외치고 나머지 사람들이 그 단어를 받아 함께 외치는 것으로 의식이 끝납니다. 우리 촬영장에서 선호되는 안전 단어는 "버키"와 "닭"이에요.

상자 의식은 대규모 작업팀의 구성원들을 서로 연결하고 사람들의 머리를 비우고 리허설로 들어가는 통로를 만드는 개막식이다. "일을 시작하기 전에 모두를 연결하는 집단적인 순간이 되어 주죠."[16] 랜데커가 말했다. 또한 상자 의식은 좋은 쇼를 만드는 비법 소스의 재료 중 하나인 진정성을 만들어 내고 〈트랜스페어런트〉에서 다루는 주제 중 하나를 강화한다. "그냥 함께 어울려 노는 거죠. 아이들처럼요."[17] 솔로웨이는 또 다른 인터뷰에서 말했다. "아무도 뭔가 실수할까 봐 걱정할 필요가 없어요." 약 20분의 시간을 할애해 감독은 출연진과 스태프가 서로를 바라보게 만들면서 그 무리를 하나의 부족으로 탈바꿈시킨다.

바라툰드 서스턴은 친구들이 모인 자리에서 손님들이 서로를 바라보게 만든다는 아이디어를 적용했다. 명절을 맞아 집에서 파티를 연 그는 자신이 초대한 사람들이 서로 잘 모른다는 사실을 깨달았다. 그 자리에 모인 사람들을 연결하는 허브였던 그는 파티에 온 사람들이 전부 아는 사이가 되게 만들기로 마음먹었다. 그래서 모두에게 독특하게 느껴질 개막 순서를 마련했다.

손님이 도착할 때마다 서스턴은 박수를 치면서 외쳤다. "아텐시온(atención. 스페인어로 '주목하세요'라는 뜻 – 옮긴이), 아텐시온!" 모든 손님이 그를 바라보자 그는 장난치듯 선언했다. "여러분께 소개합니다. 케이티 스튜어트입니다!" 그런 다음 손님들이 흥미를 보일 만한 케이티에 관한 정보를 제공했다. "케이티는 서핑 수업에서 처음 만났어요. 그 수업을 들은 사람 중에 최고의 서퍼예요. 케이티는 케냐에서 일을 하다가 3년 전에 뉴욕으로 왔고 우리 옆 동네에 살아요. 브루클린 만세! 그리고 퍼그 두 마리를 키우죠. 케이티의 가장 좋은 점은 미치도록 바쁜 일을 하면서도 내가 전화를 걸면 한 번도 빼지 않고 다 받는 거예요." 소개가 끝나면 나머지 손님들은 우레와 같은 박수를 보냈다. 다소 유치하기는 했지만 유쾌하고 예리하고 예상을 뛰어넘는 소개였고, 서스턴이 아주 능숙하게 해냈기에 모두가 호응해 주었다.

그는 각 손님을 30초 동안 추켜세우면서 다른 손님들이 관심을 보일 만한 서너 가지 정보를 던졌다. 그는 사람들이 무슨 일을 하는지에만 초점을 맞추지 않았다. 때로는 수수께끼로 남겨 두기도 했다. (나는 케이티가 한다는 그 미치도록 바쁜 일이 무엇인지 궁금했다.) 그는 모든 손님을 이렇게 소개했고, 손님들은 하나같이 뜻밖이라 부끄러워하면서도 즐거워했다.

그의 유쾌하고도 이목을 집중시키는 소개 멘트는 모든 손님들이 서로를 바라보고 서로에 대한 정보를 얻을 기회를 주고, 모임이 시작할 때 부족했던 연결고리를 만들어 주었다. 서스턴은 손님 한 명 한 명에게 시간을 할애하여 그 손님을 공경했다. 체키니처럼 그도 손님을 추켜올림으로써 자신을 '낮추었다'. 그리고 모여 있는 모든 사람에게 잠시 멈추고 집중할 시간을 주기 위해 손님보다 자신을 우위에 두었다. 그는 자비로운 권위를 행사하여 모임을 잠시 멈추게 했다. 아부스타이트처럼 서스턴도 손님들이 직접 자기를 소개해야 하는 상황에서 그들을 구제했고, 그 과정에서 서로의 존재에 호감을 느끼도록 이끌었다.

집단 구성원들이 서로를 보는 게 뭐 그리 대수냐고 생각할지도 모르지만, 그것은 생명을 좌우할 만큼 중요하다. 한 연구에 따르면 최근까지도 의료팀이 환자를 수술할 때 수술 직전까지 서로의 이름을 모르는 경우가 흔했다고 한다. 존스홉킨스 병원의 2001년 연구 보고서에 따르면 수술팀원들이 서로를 소개하고 미리 걱정되는 점을 공유하면 수술 도중에 문제가 발생하거나 환자가 사망할 확률이 35퍼센트나 떨어졌다.[18] 우리 대다수처럼 수술의도 사람 목숨을 살리는 중요한 일을 할 때 서로를 소개하는 것 같은 어리석은 격식 차리기에 시간을 허비하면 안 된다고 생각한다. 그러나 그런 어리석은 격식 차리기가 수술 결과에 직접적인 영향을 끼치는 것이다. 간호사와 의사와 마취의가 좋은 모임의 원칙을 실천하면 복잡하고 정교한 수술 중에 서로와 더 편하게 이야기를 나누고 더 수월하게 해결책을 찾을 수 있다.

만약 모임에 관객이 있다면 서로의 존재를 인식하도록 하기 위해 다른 방법을 써야 한다. 콘퍼런스에서는 이런 연결 작업이 처참할 정도로 무시되곤 한다. 무대와 객석을 수직으로 연결하는 데만 온통 관심을 쏟고 청중들을 수평으로 연결하는 데는 별 신경을 안 쓴다.

스파크 캠프Spark Camp는 언론계에서 일하는 친구 다섯 명이서 시작한 주말 콘퍼런스로, "콘퍼런스가 언론계의 혁신을 주도하고 언론계가 직면한 문제에 현실적인 해결 방안을 제안하는, 효율적이고 창의적인 모임으로 재편될 수 있다"는 믿음을 토대로 만들어졌다.[19] 그리고 수평 관계에 더 초점을 맞추는 콘퍼런스가 가능한지 실험하는 것도 창립 이유 가운데 하나였다. 서스턴처럼 이 콘퍼런스의 조직위원회도 위원회의 권위를 이용해 청중들을 시작부터 공동체로 묶는 법을 알고 있었다. 첫 날 저녁에 70여 명의 참석자들에게 돌아가면서 자기 소개를 해 달라고 부탁하는 대신 조직위원회가 소개 시간을 주도했다. 그리고 내가 망친 디너 파티와는 달리 이 위원회는 소개 시간을 세심하게 준비했다.

첫 날 저녁 식사 시간 전에 조직위원회에서는 모든 참석자를 모아 놓고 각 참석자를 "아주 사적인 정보를 통해 재기 발랄하게" 소개하는 시간을 갖는다. 각 소개 멘트는 그 사람의 이름으로 마무리한다. 스파크 캠프 설립자 중 한 명인 앤드류 퍼감은 이 소개 시간의 철학을 이렇게 설명했다.

> 아주 간단해요. 우리는 지금껏 여러 행사에서 사람들이 스스로를 화려하게 소개하는 것을 제3자 위치에서 들어 왔어요. 그래서 우리는 참가자들의 소개를 대신 해 줘야겠다고 마음먹었죠. 그들이 돋보이도록 말이에요. 우리는 한 사람 전체를 스파크 캠프에 모신다고 진심으로 믿고 있어요. 그래서 그 사람의 사회적 성공에만 초점을 맞추기보다는 그 사람을 한 개인으로서 온전하게 소개하고 싶었어요.

조직위원회에서는 참석자들을 캠퍼라고 부른다. 캠퍼는 소개 멘트를 들으면서 자기 이야기라고 생각되면 일어나라는 지시를 받는다. 퍼감은 말했다. "사람들이 두리번거리는 걸 볼 수 있어요. 다들 한참 생각에 잠기는 듯하다가 누군가가 일어나죠. … 우리는 참석자 개개인을 조사하는 데 엄청난 시간을 썼어요. … 그리고 잘 알려지지 않은 누군가의 과거에 관한 정보를 발견하면 그것을 그 사람의 성취와 연결합니다." 이런 노력은 캠퍼가 다른 사람들 앞에서 스스로를 소개해야 한다는 부담감을 덜어 줄 뿐 아니라 서로에게 더 쉽게 다가갈 수 있도록 돕는다. 퍼감은 이어서 말했다.

일단 모두 동등한 위치에 놓이게 됩니다. 가장 성공한 사람조차 자신들의 배경 설명을 우리에게 넘겼으니까요. 우리의 들쑥날쑥한 인터넷 검색 실력을 알고도 말이죠. 우리는 암묵적으로 이렇게 선언해요. "우리는 한 분야의 전문가가 아닌 당신이라는 사람 전체를 이곳에 초대했습니다." 명시적으로는 이렇게 선언하죠. "우리는 당신이 거둔 모든 성취를 존중합니다." 그리고 모임에서 사람들은 종종 서로 이렇게 말합니다. "아, 당신이 그 바이올린 연주자였군요!" "잠깐만요, 내 남편이 그 양봉 박람회에서 만났던 사람이 바로 당신이군요!"

강연 도중에 관객들이 서로 유대감을 느끼게 할 수도 있다. 예를 들어 에스더 퍼렐 같은 뛰어난 강연자를 살펴보자. 인간관계 문제와 섹스 문제를 상담하는 그는 1천 명 이상의 대중을 상대로 정기 강연을 하는 베테랑 강연자다. 강연 내용도 흥미롭지만 퍼렐이 인기 있는 강사인 이유는 그가 관객을 하나로 묶는 능력을 가졌기 때문이다. 그는 청중들이 혼자가 아니라는 메시지를 은연중에 전한다. 누군가 퍼렐에게 배우자의 배신이나 이혼이나 권태기에 대한 질문을 하면, 그는 질문에 답하기 전에 청중을 바라보며 이렇게 묻는다. "이 질문에 공감하는 분이 몇이나 되나요?" "이게 궁금했던 사람이 또 있나요?" 그런 간단한 행위로 그는 일 대 다수로 진행되는 강연을 집단 경험으로 전환한다.

콘퍼런스 사회자는 퍼렐에게 배워야 한다. 대개 콘퍼런스 사회자는 토론에 참가한 전문가들에게만 지나치게 집중하여 그 전문가들이 어떤 질문을 할지에만 신경을 쓴다. 하지만 뛰어난 사회자는 전문가들의 토론이 청중과 분리된 발언이 아니라는 사실을 이해한다. 전문가 토론회도 모임이라는 맥락 내에서 존재한다. 따라서 토론회가 시작할 때 청중을 보면서 간단한 질문을 던지는 것만으로도 콘퍼런스 참가자들을 하나의 집단으로 충분히 묶을 수 있다. "여러분 중 스스로 인공지능 전문가라고 말할 수 있는 분은 몇이나 됩니까?" "이 분야에서 몇 분이나 일하고 계신가요?" "이 문제를 처음 생각해 보는 분 계세요?" "엉뚱한 강연장에 왔다는 걸 지금 막 깨달은 분 계신가요?"

나는 비전 실험실을 개최할 때마다, 개최지가 정부 기관이든 대학이든 금융 기관이든 어디에서나, 모임을 시작한 지 5분 안에 이렇게 말을 한다. "여러분이 다 함께 거미줄을 치는 장면을 상상하면 좋겠어요. 여러분 각자의 손목에서 거미줄이 나오고 있고 그 거미줄이 여기 있는 다른 서른두 명의 거미줄과 연결되는 거죠. 우리는 가장 약한 실이 견딜 수 있는 정도로만 깊이 연결될 수 있습니다. 자 이제, 여기 있는 그 누구도 약한 실로 연결되어 있지 않습니다." 이렇게 말하면 대개 모두가 불안한 듯 웃는다. 나는 다시 한 번 강조한다. "이섬에서는 그 누구도 투표로 쫓겨나지 않을 거예요. 그러나 여러분을 연결하는 실 중 가장 약한 실이 우리가 함께 얼마나 멀리 나아갈 수 있을지를 결정할 겁니다." 그리고 쉬는 시간이나 이동 시간에 이 사실을 끊임없이 환기한다. "거미줄을 치는 거예요. 거미줄을 치는 거예요. 거미줄을 치는 거예요." 왜냐하면 그들이 나와 연결되기보다는 집단으로서 서로 심리적으로 연결되어야 나와 그들이 모험을 제대로 해낼 수 있고, 함께 무언가를 만들어 낼 수 있고, 그 모임에서 달성 가능한 가장 대담한 성과를 거둘 수 있기 때문이다.

모임 너머 어딘가로

매주 하는 월요 아침 회의 같은 모임에 압도하면서 공경하기 기법을 적용하는 것은 지나친 거라고 여겨질 수도 있다. 그래도 나는 그런 모임조차도 질 솔로웨이처럼 접근하기를 권한다. 종류에 관계없이 모든 모임에서 이 방법을 적어도 조금은 실천할 수 있다고 굳게 믿기 때문이다.

그런데 그런 요소를 조금이 아니라 더 많이 더하고 싶고, 정말로 모임에 한 차원 높은 출발점을 부여하고 싶다면? 그런 사람을 위해

한 가지 방법을 더 소개한다. 모임을 시작할 때 사람들을 한자리에 모으고 싶다고 생각하게 된 직접적인 이유를 구현하는 것이다. 그 첫 순간에 참가자들이 모임의 목적을 마음 깊이 느끼도록 말이다.

대니얼 배러트는 브루클린하이츠 몬테소리 초등학교 교사다. 그와 그의 동료 교사들은 개학날 일부러 학생들과 뜨개질을 한다. 배러트는 설명했다. "우리는 이것을 '수작업'이라고 부릅니다. 학생들이 함께 조용히 있으면서 무언가에 집중할 시간을 보내는 거죠. 그리고 이런 작업은 학생들이 손으로 글씨를 쓰는 데도 도움이 됩니다. 소근육 운동이니까요." 이 학교에서는 개학날 1학년을 상대로 반일 수업을 진행하면서 몬테소리 학교의 핵심 원칙을 가르친다. 그 원칙 중 하나는 공동체 의식이다. 그렇다면 배러트는 1학년 학생들이 첫날 수업에서 이 공동체 의식을 체현하도록 어떻게 도울까?

그는 뜨개실 뭉치를 들고 와서 학생 한 명에게 던진다. 그리고 그 뭉치를 받은 학생에게 좋은 말을 해 준다. 그런 다음 그 학생은 배러트가 했듯이 실 한쪽을 잡고 실 뭉치는 다른 학생에게 던진다. 그리고 실 뭉치를 받은 학생에게 좋은 말을 해 준다. 이런 식으로 모두가 실을 잡을 때까지 실 뭉치 던지고 좋은 말 하기를 반복한다. 교실에는 실들이 거미줄처럼 어지럽게 얽히게 된다. "제가 잡고 있는 실을 당기면 여러분 모두 그 움직임을 느끼죠? 이것이 바로 공동체입니다." 배러트가 학생들에게 설명한다. "여러분이 하는 모든 선택과 모든 행동은 크건 작건 다른 사람에게 영향을 주게 됩니다."

배러트는 아이들 눈높이에 맞춘 창의적인 방법으로 학생들에게

(자신의 손님들에게) 왜 그들이 이런 활동을 하는지를 일깨운다. 이렇듯 사려 깊은 시작은 이후 모임이 진행하는 방향을 바꿀 수 있다. 그 진행 기간이 심지어 연 단위로 이어지더라도 말이다.

Chapter

6

"내 모임에서는
여러분의 진짜 모습을
보여 주세요"

혼자서는 해낼 수도 없고, 생각을 발전시킬 수도 없고,
치유할 수도 없는 것이 모이면 가능해진다. 그런데도 우리는
도움이 필요하다는 사실을 감추고 스스로를 가장 강한 존재로 내세우면서
마음 흔들리는 일은 거의 없는 것처럼 연기한다.

지금까지 모임의 목적을 정하고 모임 기획 및 운영 과정에서 그 목적을 기준으로 선택하는 법을 알아보았다. 회주로서의 권력을 당당하게, 그리고 자비롭게 행사해야 한다는 내 호소도 받아들여졌을 거라 생각한다. 임시 규칙과 임시 형식으로 모임 분위기를 띄운 사례도 살펴보았다. 모임을 개시할 때 해서는 안 되는 것과, 그런 것을 안 할 때는 대신 무엇을 해야 하는지, 그리고 모임이 시작하기 전에 손님을 준비시키는 법에 대해서도 지침을 제시했다.

이제 행사가 한창 진행 중이다. 순서는 정해져 있다. 일정대로 굴러가고 있다. 그러면 회주인 당신도 내 친구와 고객처럼 이런 생각이 들 것이다. '어떻게 하면 참석자들이 더 진실하게 모임에 임하게 유도할 수 있을까? 어떻게 사람들의 진짜 모습을 이끌어 낼 수 있을까?' 이와 관련해 나는 일반적으로 이런 조언들을 한다.

가식적인 모임을 인간적인 모임으로 바꾸려면

콘퍼런스만큼 허례허식과 가식이 만연한 곳도 없다. 콘퍼런스만큼 국경, 인종, 직업을 초월해 대화를 나눌 기회가 허비되는 곳도 없다. 콘퍼런스만큼 변화를 일으키고자 그토록 많은 사람들이 모여 피상적인 대화만 나누다 가는 곳도 없다. 이런 모든 것은 다른 사람들이 자기에게 기대할 거라고 예상되는 좋은 모습만 보여 주려고 자기를 숨기다 보니 생겨난 결과다. 이런 '콘퍼런스장 자아'가 가장 심하게 출현하는 무대를 꼽으라면 세계경제포럼을 들 수 있을 것이다. 세계경제포럼은 매년 수차례 전 세계 최고 부유층과 권력층을 초대해서 콘퍼런스를 진행하는 단체다. 그 가운데 특히 스위스 다보스에서 열리는 콘퍼런스(다보스 포럼)가 유명하다.

몇 년 전, 나와 내 동료는 세계경제포럼을 해킹할 방법을 모색했다. 세계경제포럼의 부속 모임에서 반反세계경제포럼을 진행할 수는 없을까? 늘 완벽한 모습만을 보여 주도록 세뇌당한 사람들을 설득하여 부족한 면을 드러내도록 할 수는 없을까? 사람들을 그들의 화려한 배경에서 끄집어내 포장된 겉모습을 버리고 인간 대 인간으로 만나게 했을 때, 이 세계에 정말 필요한 것이 무엇인지에 대해 더 나은 대화를 할 수 있지 않을까?

우리가 이런 모임 철학을 주입하기로 결정한 행사는 다보스 포럼이 열리기 두세 달 전에 세계경제포럼이 아랍에미리트에서 주관하는 비공개 콘퍼런스였다. 이 비공개 콘퍼런스의 목적 가운데는 다보스 포럼에서 다룰 안건을 논의하는 것도 들어 있다. 세계경제포럼은 수십 개의 '글로벌 안건 위원회'를 조직하여 인공지능부터 해양 오염까지 다양한 주제를 다룬다. 각 위원회는 "주요 글로벌 쟁점에 대해 혁신적인 접근법을 제안하고 공공선을 위한 프로젝트, 행사, 캠페인을 기획"하는 역할을 맡는다.[1] 900명의 위원들은 아랍에미리트에 모여 3일 동안 그 해의 주제를 두고 각 위원회에서 1년 내내 논의하고 작업한 결과를 토론하고 새로운 방향을 제시한다.

이 위원회에 참가한 사람들은 그들의 연약한 면모가 아닌 화려한 경력과 힘 때문에 초대를 받았다. 그렇기 때문에 이 회의에서는, 심지어 저녁 식사 시간이나 휴식 시간에서도 서로가 번갈아 가며 상대를 은근히 누르기 위한 자랑 대회가 펼쳐진다. 내가 참여해 보니 경쟁을 하지 않을 때조차도 대화가 대개 피상적인 수준에 머물렀다. 진정성이나 솔직한 감정 따위는 찾아볼 수 없었다. 내가 참석한 수많은 콘퍼런스들과 다르지 않았다. 참가자들은 자신이 얼마나 똑똑한지 과시하면서 다른 참가자들에게 깊은 인상을 남기고 싶어 했다. 그 결과 새로운 일자리를 얻을 수 있을지도 모른다. 그러나 진심이 담긴 소통은 이루어지지 않는다. 하나같이 '나'라는 브랜드의 홍보대사 내지는 언론 대변인처럼 행동했으니까. 세계경제포럼이 보험업계의 모임이 아니라 인류가 직면한 심각한 문제들을 해결하려고 모인 행사라는 사실을 감안하면, 이런 속물성은 해결책을 찾는 데 장애물로 작용하는 것 같았다.

나는 그해에 새로운 리더십 모델을 논의하는 위원회에 참여했다.

위원회의 과거 보고서에 따르면 이 위원회는 "리더십이 요구되는 맥락에서 관찰되는 근본적인 변화와 리더로 성공하기 위해 필요한 요소"를 탐구하고 심도 깊은 담론을 뒷받침하는 데 활동의 초점을 맞추고 있었다.[2] 더 구체적으로 이 위원회에서는 세계가 변화함에 따라 "새로운 리더십이 출현할 공간"이 생겨나고 있다고 판단했다. 그리고 "리더의 정서적 능력(가치관, 용기, 자의식, 진정성)"과 "리더의 사회관계와 인맥의 범위와 깊이"에 따라 그 공간이 규정된다고 보았다. 위원회에서 이런 기치를 내걸었기 때문일까? 위원으로 선정된 많은 이들은 보고서에서 제시된 자질들을 리더들이 계발하는 데 세계경제포럼의 문화가 오히려 장벽이 되고 있다는 사실에 적잖게 놀랐다. 이위원회의 위원이던 독일의 마케팅 전문가 팀 레베레히트와 나는 이런 문화를 바꿀 실험을 해 보기로 했다.

짐작하겠지만 우리의 실험은 모임 방식을 바꾸는 것이었다. 우리는 회의 시작 전날 다른 위원회의 위원도 초대해 소박한 디너 파티를 열자고 제안했다. 우리의 목표는 단순하면서도 복잡했다. 사람들이 인맥 쌓기 엔진을 끄고, 엘리베이터 스피치를 거두고, 사람 대 사람으로, 진심으로 서로 연결되는 자리를 마련하자는 것이었다.

그런데 어떻게 하면 인맥 쌓기용 행사에서 유대감 쌓기용 디너 파티를 열 수 있을까? 어떻게 하면 잔뜩 무장한 사람들을 무장 해제시킬 수 있을까? 어떻게 하면 공식 디너 파티에서 리허설 디너 파티 분위기를 낼 수 있을까? 어떻게 하면 단 하나의 아이디어나 단체를 대변하려고 온 사람들을 단 하루만이라도 그 이면에 감춰져 있는 복잡하고 다층적인 인격체로 돌려놓을 수 있을까? 어떻게 하면 평상시에 확신과 자신감을 뿜어내는 사람들로 하여금 연약한 면모와 회의를 드러내게 할 수 있을까?

처음에 우리는 일반적인 사전 업무에 집중했다. 우선 식당에 독실을 예약했다. 여러 위원회에서 열다섯 명을 초대했다. 잘 알지는 못했지만 뭔가 흥미를 끄는 구석이 있는 사람들이었다. 디너 파티의 중심을 잡기 위해 그들에게 "당신이 생각하는 좋은 삶"이라는 주제도 부여했다. 우리는 다른 프로젝트에서도 이 주제를 활용한 적이 있었는데 풍성한 대화로 이어졌었다. 이전 경험 덕분에 우리는 상황에 맞게 주제를 유연하게 운용할 줄도 알고 있었다. 또한 그냥 좋은 삶이 아니라 일부러 '당신이 생각하는' 좋은 삶이라고 표현해 각자의 생각을 이끌어 내는 장치를 미리 심어 두었다.

디너 파티 전날 밤 나는 잠을 설쳤다. 왜 이 사람들을 초대했을까? 잘 안 되면 어떻게 하지? 아무도 입을 열지 않으면? 주제가 대화를 이끌어 내지 못하면? 실제 대화가 어떻게 진행될지 걱정되었다. 그것만큼은 내가 미리 통제할 수 없기 때문이었다. 나는 우리가 서로 모르는 열다섯 명의 사람들 사이에서 심도 깊은 대화를 이끌어 낼 능력이 충분한지 확신할 수 없었다. 우리는 모임을 시작하면서 무엇을 마실지를 비롯해 거의 모든 세부사항을 숙지하는 데 아주 많은 시간을 썼지만, 실제 대화를 어떻게 구성할지에 대해서는 깊게 생각해 보지 않았고 그때그때 즉흥적으로 대처하기로 했다. 나는 뭔가 친밀한 모임을 만들고 싶었지만 그렇다고 친밀감 자체를 목표로 삼지도 않았다.

디너 파티 당일 나는 어머니와 남편과 함께 점심을 먹었다. 두 사람은 나와 함께 아랍에미리트에 왔다. 조명이 형편없는 아부다비의 쇼핑몰에서 점심을 먹으면서 나는 이런 걱정을 털어놓았다. 과연 사람들이 자신의 진짜 모습을 드러내 줄까? 누가 언제 발언할지를 어떻게 정해야 할까? 나는 조력자 역할 속으로 들어가 대화가 어떻게 진행될지에 대해 생각하기 시작했다. 가장 기본이 되지만 가장 자주 잊는 모임 원칙이 떠올랐다. 우리는 우리가 바라는 모임에 맞는 뼈대를 세워야 했다.

그냥 '당신이 생각하는 좋은 삶'이라는 주제를 툭 던져 놓는 대신, 그날 저녁의 어느 시점에 손님 한 명 한 명에게 그것이 무엇이든 '당신이 생각하는 좋은 삶'을 위하여 축배를 들어 달라고 부탁하면 어떨까? 괜찮을 것 같았다. 그런데 사람들이 자신의 추상적인 철학을 장황하게 늘어놓으면 어떻게 해야 할까?

다른 아이디어를 생각한다. 저녁 식사를 시작하기 전에 각자가 살면서 경험한 개인적인 일들을 들려주고 건배사를 해 달라고 하는 건 어떨까? 이거라면 좀 더 나을 것 같다. 그러나 이것도 너무 무리한 요구일 수 있다.

아무도 축배를 들지 않으려고 하면? 모두들 누군가 대신 나서 주기를 기다리면서 침묵하면?

그러다 기발한 아이디어가 튀어나왔다. "마지막으로 축배를 드는 사람에게 노래를 시키면 어떨까?" 남편이 이렇게 제안했을 때 우리는 웃음을 터뜨렸다. 그러나 남편은 진지했다. 일정이 빠르게 진행될

테고 꽤 괜찮은 벌칙이 될 것이다.

그날 저녁, 손님들은 어떤 일이 벌어질지 모른 채 식당에 도착했다. 그래도 다들 초대받아서 기분이 좋아 보였으며 기대를 품고 있는 것 같았다. 초대받은 사람들은 대통령 고문, 최고경영자, 저널리스트, 기업가, 시민운동가 들이었다. 남녀 성비는 비슷했고, 연령대는 20대 초반부터 80대 초반까지였으며, 출신지는 대여섯 국가쯤이었다. 우리는 독실 입구에 서서 손님이 도착할 때마다 환영 칵테일과 함께 따뜻한 인사말을 건넸다. 손님들은 식탁에 이름표가 세워져 있는 걸 보고는 지정좌석제임을 알았다.

모두 자리에 앉은 뒤 나는 잔을 들어 모두에게 와 줘서 고맙다고 인사했다. 먼저 나와 레베레히트를 소개했다. 우리는 모임 주제와 이 디너 파티를 기획한 이유를 설명했다. 노래 벌칙과 채텀하우스 규칙(참가자가 회의에서 획득한 정보를 자유롭게 사용할 수는 있지만 발언자의 신상과 소속, 또는 다른 참가자의 신상과 소속은 밝힐 수 없다는 회의 규칙-옮긴이)을 응용한 모임 규칙도 설명했다. 우리는 이 비공식 모임에서 경험한 것과 이곳에서 들은 일화를 외부인과 나눌 수는 있지만 이 모임에 참가한 사람들의 신원을 누설해서는 안 된다고 경고했다. 또한 각자 일화 하나를 들려주면서 건배사를 해 달라고 요청했다. 이야기에 담긴 가치관이나 이야기에서 얻을 수 있는 교훈을 말하고서 잔을 들어 건배를 외치면 그 사람의 이야기가 끝났다는 뜻이라고 덧붙였다. 그렇게 우리는 마침내 모임을 시작했다.

첫 세 사람의 건배사는 짧았다. 첫 번째 손님은 자신의 경험과 함께 선택권이 있는 삶이 좋은 삶이라면서 건배했다.("선택권을 위하여!") 두 번째 손님은 자신이 하는 재난 지역 구호 활동에 대해 이야기하던 중 감정이 북받쳐 오른 듯했다. 그의 건배사는 자신이 진정 중요하게 생각하는 것에 대해서는 인간적인 면을 드러내도 괜찮다는 것을 모임 참가자들에게 보여 줬다. 세 번째 손님은 자신이 생각하는 좋은 삶의 세 가지 요소에 대해 말했다. 자신을 위해 일하기, 남을 위해 일하기, 즐기기. 그는 이런 건배사를 외쳤다. "셋 중 둘만 있어도 나쁘지 않죠!" 그런데 누군가 그 말에 멜로디를 붙여 노래를 부르기 시작했다. "셋 중 둘만 있어도 나쁘지 않다네~" 모두가 웃음을 터뜨렸다.("셋 중 둘만 있어도!") 참가자들이 긴장을 풀기 시작했다.

그 직후 분위기가 다소 가라앉았고 우리는 잠시 건배를 멈추고 식사를 하면서 옆 사람과 대화를 나누기 시작했다. 나는 무슨 말을 해야 할지 고민하기 시작했다. 이 디너 파티가 시작하기 전, 나는 유리한 입장에 있었다. 이전에 같은 주제로 모임을 해 본 적이 있었기 때문이다. 미리 생각해 둔 건배사도 있었다. 그런데 그 순간 나는 내가 아주 안전한 건배사를 준비했다는 사실을 깨달았다. 좋은 삶의 이미지가 머리에 떠올랐다. 내가 열한 살 때의 어느 순간이었다. 나는 생각했다. *'이걸 이 사람들과 공유할 수는 없어.'* 심장이 뛰기 시작했다. 해야만 한다는 뜻이었다. 나는 숨을 크게 들이마신 뒤 떨리는 손으로 유리잔을 두드렸다. 사람들은 내가 이토록 일찍 건배사를 하는 것에 놀란 눈치였다.

나는 내가 생각하는 좋은 삶이란 서로 바라보는 삶, 즉 나도 다른

사람들을 보고 다른 사람들에게도 내가 보이는 삶이라고 말하면서
다른 사람들에게 내가 보인다고 느낀 아주 사적인 순간에 대해 이야
기하기 시작했다. 기억을 더듬어 재구성하면 대략 이렇다.

열한 살 때 초경을 시작했어요. 메릴랜드 주에 있는 친구 집에서
하룻밤을 보내고 있었기 때문에 어떻게 해야 할지 알 수가 없었
죠. 친구에게는 말하지 않았고 다음 날 집에 와서 어머니에게 말
했어요. 당시 저는 제 가치관과 판단 근거가 다른 사람의 반응
을 근거로 형성되던 그런 시기를 지나고 있었어요. 그래서 어머
니의 반응을 유심히 지켜보았죠. 어머니는 내 말을 듣자마자 탄
성을 지르면서 저를 번쩍 안아 올리고는 빙글빙글 돌았어요. 기
뻐하며 웃고 있었어요. 그런 다음 그 일을 축복하며 집안 곳곳
을 덩실덩실 돌아다녔죠. 저는 그날 어머니의 반응에서 여자가
된다는 것은 축하할 일이라고 배웠어요. 어머니는 거기서 멈추
지 않고 2주 뒤에 내게 초경파티를 열어 줬어요.

사람들은 웃으면서 박수를 보냈다. 다행히 남자들도 그랬다. 나는
계속해서 초경파티에 대해 이야기했다.

어머니는 제 친구가 아니라 자신의 여자 친구들을 초대했어요.
모두 이 중요한 여자로의 전환기를 경험한, 저보다 나이가 많은
여성들이었어요. 다들 제게 선물을 주었어요. 한 분은 제게 분홍

색 레이스 속옷 한 벌을 선물했어요. 그런 옷은 처음이었죠. 그러면서 여자라서 좋은 점 중 하나가 "속옷 서랍장을 열었을 때 보이는 화려한 색깔들"이라고 설명했어요. 다 함께 어머니의 애창곡인 '스위트 허니 인 더 록'의 〈아이들에 관하여〉와 '크로스비, 스틸스, 내시 & 영'의 〈아이들을 잘 가르쳐라〉 같은 노래를 불러주었어요. 그날 저는 제가 중요한 사람이라는 걸 깨달았어요. 저는 보고 있었고 또 보여지고 있었어요. 누군가 저를 지켜보고 있었어요. 제게는 그것이 좋은 삶이에요. 깜짝 소식을 하나 전하죠. 제 어머니가 여기 이 자리에 있습니다. 바로 저기 앉아 있어요.

우연이었지만 내 어머니는 다른 위원회의 위원이었다. 성이 달랐기 때문에 우리가 가족이라는 걸 아무도 몰랐다. 손님들은 자신들이 세계은행의 빈곤 문제 전문가라고만 알고 있는, 식탁에 앉아 있는 저 여성이 딸을 위해 초경파티를 연 어머니이기도 하다는 사실에 놀란 눈치였다. 나는 이렇게 사적인 이야기를 했다는 사실에 여전히 떨고 있었지만 될 대로 되라고 속으로 외쳤다. 그저 내 이야기가 다른 사람들의 마음도 열 수 있기를 바랄 뿐이었다.

와인 잔이 계속 채워졌고 건배사가 이어졌다. 한 여성이 어머니가 죽기 직전에 남긴 말을 나눴다. "나는 내 인생의 90퍼센트를 쓸데없는 것들을 걱정하는 데 보냈다. 너는 그러지 말거라." 일단 죽음이라는 주제가 언급되자 그 주제에 이끌려 다른 건배사들이 차례로 이어졌다. 어쨌거나 무엇이 좋은 삶인가, 라는 문제는 삶에 끝이 있다는 것을 전제로 하는 것이니까. 삶은 한정된 재화인 것이다. 또 다른 손님은 건배사에서 자신이 아침마다 하는 다소 "기이한" 행동에 대해 이야기하겠다고 했다. 아직 아무에게도 털어놓지 않은 이야기라고 했다. 그는 매일 아침 "죽음 명상"을 한다고 했다. 그 시간에 자신이 죽었다고 상상하면서 자신이 사랑하는 모든 사람과 사랑하지만 이 세상에 두고 가야 하는 모든 것을 떠올린다고 했다. 그렇게 그런 사람과 사물들 위를 떠돌면서 지켜보다가 어느 정도 시간이 지난 뒤에 손가락과 발가락을 꼼지락거리면서 깨어난다고 했다. 그렇게 하면 살아 있음에 깊이 감사하게 되고, 자신에게 무엇이 소중한지가 조금 더 명확해지는 것 같다고 했다. 그에게 좋은 삶이란 죽음을 늘 염두에 두는 것이었다. 그는 와인 잔을 들고 이렇게 외쳤다. "죽음을 위하여!" 자기 이야기가 끝났다는 신호였다. "죽음을 위하여!"라고 우리는 와인 잔을 들고 화답했다.

밤이 깊어 가는 가운데 이야기를 하는 사람과 이야기를 듣는 사람들의 눈에 자꾸 눈물이 고였다. 슬퍼서가 아니라 감동받았기 때문이다. 저녁 내내 사람들은 차례로 일어나서 "무슨 말을 해야 할지 모르겠는데" 또는 "이런 이야기를 하게 될 줄은 몰랐지만" 또는 "이 이야기는 입 밖으로 내 본 적이 없는데" 같은 말을 반복했다. 사람들은 자신이 미리 마련한 대본에 얽매이지 않았다.

한 남성은 어느 슈퍼 히어로들이 변장을 하면서 속옷을 밖에 입는다는 사실을 지적하면서 우리도 그러고 있다고 말했다. 그 말에 모두 웃음을 터뜨렸다. 그리고 물론 마지막 사람은 노래를 불렀다. 그는 레너드 코헨의 노래에 맞춰 건배사를 했다. 벽에 틈이 있으면 그 새로 빛이 반짝거리며 들어올 수 있다는 가사였는데, 아주 잠시나마 근심 걱정을 훌훌 털어 낼 수 있었다.

감동적이고 아름다운 저녁이었다. 모임 참가자들은 모두 문 앞에서 자기를 내려놓기도 전에 그들의 직책이 먼저 방 안으로 들어가는 사람들이었다. 그런 그들이 서로에게 자신의 새롭고, 정제되지 않고, 솔직한 면모를 꺼내 보였다. 그날의 디너 파티는 이런 모임에서 어떤 것이 가능한지를 보여 주었다.

진정성은 설계될 수 있다

아부다비에서 그토록 감동적인 저녁을 보낸 뒤 우리는 이 모임 양식을 퍼뜨리기로 했다. 이름은 그날 저녁 모인 사람들의 숫자를 붙여 '15인의 건배사'로 지었다. 우리는 조금 더 인간적인 면을 더하면 좋을 가식적인 모임을 물색하기 시작했다. 우리를 비롯해 이날 디너 파티 참석자 중 모임을 조력하는 데 어려움을 느끼지 않는 사람들이 그 뒤로 사우스캐롤라이나, 덴마크, 남아프리카공화국, 캐나다 등지에서 행사의 부속 행사로 15인의 건배사 디너 파티를 열었다. 어디에서 열리든 15인의 건배사는 마법 같은 효과를 냈다.

그래서 나는 이 양식을 다른 종류의 모임에도 적용해 보았다. 일 때문이든 가족이기 때문이든 서로 아는 사람들이 모였을 때에도 시험해 봤는데, 놀랍게도 언제나 효과가 좋았다. 이런 디너 파티를 여러 번 진행하면서 다양한 집단에서 서로 놀라우리만치 진정성 있게 소통하는 것을 확인하는 가운데, 나는 사람들의 정말 솔직한 면모를 밖으로 끌어 내는 데 일조하는 특정 패턴들을 포착했다. 환경도 중요하지만(우리는 되도록 어두운 조명에 촛불을 켜 놓은 독실에서 편안하게 먹을 수 있는 음식과 충분한 와인을 준비하려고 노력한다.) 다음과 같은 접근법으로 사람들이 가식과 허영을 버리고 진심을 드러내도록 용기를 줄 수 있다.

'둥치 발언' 대신 '새싹 발언'

한 가지 방법은 내가 '새싹 발언'이라고 부르는 것을 유도하는 것이다. 이와 유사하지만 더 지루하고 더 유명한 '둥치 발언'도 있다. 둥치 발언은 사람들이 미리 준비하고 수천 번은 반복한 정형화된 말이다. 우리 모두 둥치 발언을 준비해 두고 있다. 그리고 모임이 공적인 자리이고 중요한 자리일수록 이 둥치 발언을 꺼내 쓴다.

'둥치'가 땅에 단단하게 고정된, 나무에서 가장 튼튼하고 강한 부분이라면 '새싹'은 나무에서 가장 새롭고 연약하며 아직 미완성인 부분이다. 마찬가지로 '둥치 발언'이 자신이 내세우고 싶은 강점과 자기 홍보에 초점을 맞추고 있다면, '새싹 발언'은 남에게 드러내고 싶지 않은 자신의 연약한 부분이나 상처에 초점을 맞추고 있다. 15인의 건배사에서 내가 얻은 교훈은 우리가 중요한 모임에서는 대개 둥치 발언을 하지만 실은 새싹 발언이 훨씬 더 흥미롭다는 사실이다. 또한 새싹 발언은 사람들이 서로 더 가깝다고 느끼도록 하여 함께 더 대단한 것을 시도하게 하는 데 가장 적합하기도 하다.

콘퍼런스 같은 기회의 장에서는 언제나 둥치 발언을 활용하라는 가르침이 우리 문화에서 여전히 위세를 떨친다. 그러나 나는 그와는 정반대로 사람들이 화려한 둥치 발언은 놔두고 새싹 발언을 꺼내도록 유도하는 실험을 함으로써 흥미로운 결과를 얻었다.

하우스 오브 지니어스

이런 유형의 모임을 선도하는 모임이 4장 앞부분에서 잠시 언급한 '하우스 오브 지니어스'다.(당신 생각에 물론 나도 동의한다. 우리 시대의 흥미로운 모임들에는 더 나은 이름이 필요하다.) 하우스 오브 지니어스는 기업가인 토마 베돌라와 팀 윌리엄스가 창설했다. 이 두 사람은 모든 사람이 자기 회사나 직종에서 어떤 것이 잘나가는지에 대한 과장된 설교를 늘어놓고 실패담은 전혀 공유하지 않는 인맥 쌓기용 모임에 진저리가 났다. 그래서 새로운 사업 모임 양식을 시험해 보기로 했다. 그리고 그 모임 양식은 결국 전 세계로 퍼져 나갔다.

하우스 오브 지니어스의 모임 양식은 다음과 같다. 낯선 사람들이 모임 장소에 모인다. 그중 두세 명에게는 자신이 사업상 겪는 문제를 공유할 기회가 주어진다. 그것도 다른 사람의 문제를 해결하는 데 자신의 시간을 쓰겠다고 자진해서 이곳에 모인 다양한 배경의 사람들 앞에서. 사회자가 토의 과정을 아주 엄격하게 진행하고 의견을 조율한다.

나는 하우스 오브 지니어스 모임에 두 번 참가해 보았는데, 사람들이 자기 문제를 낯선 사람에게 솔직하게 털어놓고 자신의 진짜 모습을 꺼내 보이도록 유도하는 사회자의 능력에 매번 감탄했다. 사람들에게 자기 문제를 다른 사람과 나눌 기회를 제공함으로써 하우스 오브 지니어스는 포장보다는 진정성을 우위에 둔다. 이 모임도 우리 (그리고 회사)의 불완전한 면을 중심으로 설계되었다.

내가 참가한 두 모임 모두 뉴욕의 코워킹 스페이스에 있는 회의실에서 진행되었다. 모임이 정식으로 시작하기 전에 사무실 부엌 근처에서 짧은 소개 시간을 가질 수 있었다. 사람들이 하나둘씩 나타날 때마다 서로 인사를 나누도록 유도했지만 일과 관련된 이야기는 절대 하면 안 되었다. 한번은 내가 면바지를 입은 금발의 젊은이와 대화를 나누게 되었는데 곧 일에 대해 이야기하지 않기가 매우 힘들어졌다. 우리는 가벼운 수다만 떨려고 애썼다. 그는 내게 최근에 휴가는 다녀왔는지 물었다. 나는 그에게 반려동물을 키우느냐고 물었던 것 같다. 우리는 서로가 일이 아닌 주제에 대해 이야기하는 데 얼마나 서툰지 깨닫고는 웃음을 터뜨렸다. 어떤 질문은 이상하게도 자꾸 일과 연결이 되곤 했다. "이 모임에 이전에도 참여해 보셨어요?" "네."라고 답한 나는 "왜냐하면 저는…"이라고 말하다가 멈칫했다. 내가 모임을 연구하고 있다는 사실을 말하면 안 된다는 것이 생각났기 때문이다. 그런 말은 일과 관련한 이야기 금지 규칙에 어긋나는 행위다. "뉴욕에는 언제 왔어요?" 내가 물었다. "5년 전에요." "왜 오셨어요?" "어, 그 이유는 말할 수가 없네요." 우리는 또 웃을 수밖에 없었다. 그러나 시간이 지나면서 요령이 늘었다.

그다음에는 그날 모임을 이끌 사회자와 대화를 나누게 되었다.

"이전에도 사회를 본 적이 있나요?" 내가 물었다.

"네, 몇 번 해 봤어요."

"어떻게 하다가 이 모임에서 사회를 보게 되었어요?"

"음, 그 이야기는 나중에 하죠."

"다 끝난 다음에요?"

"'공개 시간'에요."

"아, 그렇군요."

드디어 주최 측 사람으로 보이는 한 젊은 여성이 우리에게 회의실로 들어가 자리에 앉으라고 말했다. "성은 밝히면 안 됩니다." 그는 규칙을 상기시켰다. 그런 다음 우리에게 이름표를 집어 들고 자리에 앉되 무슨 일을 하는지는 말하지 말아 달라고 강조했다. "디즈니월드에 대해서는 이야기해도 되지만 일에 대해서는 안 됩니다." 우리는 디즈니월드에 대해 이야기하기 시작했다. 몇몇 지각생들이 도착하고 난 뒤 우리는 마침내 정식 '하우스'가 되었다.

주최자는 환영 인사를 한 뒤 하우스 오브 지니어스의 배경에 대해 잠깐 설명하고 벽에 붙어 있는 이 모임의 목적과 규칙을 다시 읊었다. "피드백을 할 때에도 제안은 할 수 있지만 자기가 무슨 일을 하는지는 부디 밝히지 말아 주세요."

이날 모임에는 두 명이 해결하고 싶은 문제를 가져왔다. 하우스는 각 문제에 대략 45분을 할애했다. 첫 5분 동안은 해결하고 싶은 문제가 무엇인지 설명하는 시간을 가졌다. 이어서 2~3분 동안 진짜 문제가 무엇인지 확인하는 질문과 답변 시간이 이어졌고, 그런 다음 "처음 떠오르는 생각들"을 말할 수 있는 시간이 모두에게 각각 1분씩 주어졌다.(이때 질문을 해도 되지만 답은 들을 수 없다.) 나머지 시간 동안 하우스와 기업가는 대화를 나눈다. 사회자는 모두가 발언 기회를 가지도록 조율하며 좋은 피드백을 낼 수 있도록 돕는다. 과거의 성공 및 실패 사례, "오늘밤이 지나도 계속 문제 해결을 도울 수 있는" 연락처, 참고할 만한 책과 기사 등등. 모임이 끝날 무렵 우리가 누구이고 무슨 일을 하는지를 밝히는 '공개 시간'을 갖는다.

이날 모임에서 첫 번째 문제의 주인공은 더 포용적인 일터를 만들려고 노력하는 사회적 기업의 사장이었다. 그는 직원들이 "고정관념에서 벗어나 생각"하도록 유도하고 직원들과 진정한 파트너십을 맺을 방법을 찾고 있었다. 두 번째 문제의 주인공은 사람들이 더 많은 사람과 자신만의 여행 정보를 정리하고 공유하게 돕는 여행 앱을 개발하고 있는 젊은이였다. 그는 "적은 예산과 한정된 인맥을 이용하여 뉴욕에서 충성스럽고 적극적인 초기 사용자들"을 모을 방법을 모색하고 있었다.

각 문제를 논의하는 동안 나는 10여 명의 참가자들이 어떻게 하면 도울 수 있을지를 고민하는 모습을 목격했다. 참가자들은 두 문제 모두에 대해 더 많은 정보를 요구했다. 우리가 더 많은 질문을 할수록 문제의 주인공은 스스로를 더 많이 노출할 수밖에 없었다. "그러니까 얼마나 많은 기업과 이야기를 해 보았나요?" 그 수가 충분하지 않을 수도 있다. 우리의 답은 그들에게 더 많은 과제로 돌아갔다. "직업훈련 프로그램을 활용하는 건 생각해 보셨나요?" 우리는 그들이 놓친 점을 지적하기도 했다. "기업이 이들 집단을 고용하지 않는 이유에 대한 당신의 기본 전제에 문제가 있을 수도 있다는 생각이 드네요." 어쨌거나 열린 마음으로 임하기만 하면, 문제의 주인공들은 똑똑한 사람들에게서 귀중한 조언을 얻을 수 있었다.

흥미로운 역학 관계였다. 각 기업의 약한 지점을 더 많이 알아갈수록 우리에게서는 이들 기업가를 정말로 도와줘야겠다는 마음이 샘솟았다. 만약 문제의 주인공들이 인맥 쌓기용 행사에서 내게 다가와 자기 아이디어를 부풀려 말했다면, 나는 흥미는 생겨도 딱히 마음이 가지는 않았을 것이다. 그런데 그들이 이 모임에 자원해서 참가하여 자기 자신과 자신의 아이디어를 낯선 이들에게 모두 보여 줘야 하는 부담스러운 자리에 앉아 있는 것을 보고 있자니, 내 뇌와 자원을 전부 쏟아부어서라도 그들에게 도움이 되고 싶다는 마음이 생겼다. 문제의 주인공이 예민하게 굴거나 방어적이 되거나 정보 공개를 꺼리는 때가 드물게 있었는데, 그럴 때면 모두가 그 사실을 알아차렸고 돕고 싶은 마음은 가라앉았다. 위태위태하게 춤을 추는 무리를 지켜보는 느낌이었다. 기업가가 더 많은 내용을 공유할수록 나는 더 공감하고 더 돕고 싶었다. 기업가가 더 잘날수록 나를 덜 필요로 했고 나도 그들의 어려움에 마음이 덜 갔다.

어떤 면에서는 당연한 일이다. 사람들은 연약해 보이는 사람에게 더 신경을 쓰기 마련이니까. 브레네 브라운 같은 학자들은 오래전부터 이 사실을 강조했다.[3] 그러나 인간 행동이라는 측면에서는 당연하게 여겨지는 이 사실이 모임에서는 그렇게까지 당연하게 보이지는 않는가 보다. 회주는 사람들을 한자리에 불러 모은다. 때로는 하우스 오브 지니어스에서처럼 사람들이 서로 돕도록 하는 것이 명시적인 목표가 된다. 그런데 사실은 사람들이 모일 때마다 그들에게는 서로 도울 기회가 주어지는 것이다. 혼자서는 해낼 수도 없고, 생각을 발전시킬 수도 없고, 치유할 수도 없는 것이 모이면 가능해진다. 그런데도 우리는 도움이 필요하다는 사실을 감추고 스스로를 가장 강한 존재로 내세우면서 마음 흔들리는 일은 거의 없는 것처럼 연기한다. **우리는 모여야만 자기를 도울 사람을 만날 수 있다. 그런데도 우리는 모임에서 자신이 모든 것을 잘 통제하고 있는 것처럼, 다른 사람의 도움 따위는 전혀 필요 없는 것처럼 행동한다.**

우리는 서로의 단점 때문에 서로 사랑하는 법을 배운다

내가 다니던 대학원이 이런 역설을 아주 잘 보여 준다. 하버드 케네디 스쿨에는 세계가 직면한 문제를 어떻게 해결할 수 있을지를 고민하는 똑똑하고 열정 가득한 학생들이 진정한 문제의식과 진실한 두려움을 안고 모여든다. 그런데 이들은 서로를 돕기보다는 서로에게 위기의식을 느끼도록 하는 경우가 더 많다. 강의실은 이전에 몰랐던 것을 배우려고 모여드는 곳이지만, 그곳 문화는 우리에게 남들 앞에서 바보처럼 보이는 일만은 피하라고 가르쳤다. 자기 생각을 입 밖으로 내는 것은 그다지 현명한 행동으로 느껴지지 않았다. 그 말을 듣게 될 사람이 미래의 상사나 파트너, 혹은 직원이 될 가능성이 있으므로 자신의 장점을 보여 주는 것이 중요했다. "잘 지내세요?"라고 누가 물으면 모두들 미소로 답했다. 그리고 선거 캠페인에 나선 정치인처럼 절대로 진실을 말하지 않고 언제나 최고로 긍정적인 태도로 일관하는 끔찍한 습관에 빠지게 되었다. 우리는 과거 이야기를 할 때면 마치 국회의원의 언론 대변인처럼 허구를 지어냈다. 삶의 부침은 끝없이 올라가기만 하는 순조로운 서사로 교체되었고, 자신이 일군 성과를 겸손을 가장해 떠들어 댔으며, 각자 자신을 홍보하기에 바빴다.

나보다 1년 먼저 이 학교에 입학한 리사 라자루스는 이러한 문화가 배움을 얻는 외롭고 우울한 길이라고 대담하게 말했다. 그는 CANChange Agents Now이라는 작은 모임을 결성해 이런 문화에 저항했다. 이 모임이 지향하는 바는 단순했다. 케네디 스쿨 학생 중 이 문제에 관심이 있는 학생 여섯 명이 2주에 한 번씩 만나 세 시간 동안 그 2주의 나머지 시간인 333시간 동안 하던 것과는 정반대로 행동하는 것이었다. 모든 역경에 맞서서 우리는 그 시간 동안만큼은 솔직해지기로 했다.

우리는 잘돼 가고 있는 일들은 건너뛰고 곧장 잘 안 되고 있는 것들에 대해 이야기했다. 고통스러운, 진짜 이야기를 나눴다. 부모에게 버림받은 이야기, 학교에서 괴롭힘당한 이야기, 가난한 환경 때문에 수치심을 느꼈던 이야기⋯. 우리는 자신의 연약한 면모, 급소, 그리고 두려움을 있는 그대로 내보였다. 실제로 우리는 케네디스쿨의 관례와는 정반대로 장점이 아닌 약점을 더 소중하게 여겼다.

우리는 빌 조지 교수의 "전환의 순간들"[1]을 공유하는 데 초점을 맞춘 느슨한 방식으로 모였다. 리더십 전문가이자 하버드 비즈니스 스쿨 교수인 빌 조지는 《당신의 참된 길을 찾아라True North》의 저자이기도 하다. 조지 교수는 우리의 자아를 형성하는 데 결정적인 역할을 하고 우리의 세계관을 바꾸는 삶 속의 순간들을 '전환의 순간들'이라고 부른다. 그 순간들이 우리 마음속에서 우리를 정의하지만, 우리는 일상적인 대화에서 그런 이야기를 잘 꺼내지 않는다.

내가 참여한 CAN 모임은 격주로 수요일에 만났고 초반에는 전환의 순간들에 초점을 맞춰서 각자가 살아온 이야기를 공유했다. 우리는 모임에서 무엇을 해야 하는지 알고 있었고, 서로에 대해 더 알고 싶었다. 나는 CAN에 모인 다른 학생들을 잘 몰랐지만 그들이 들려준 어린 시절 이야기, 힘들게 내린 결정들에 담긴 사연, 부모와의 관계, 고향, 종교에 대해 들으며 그들을 완전히 새로운 눈으로 보게되었다. 그리고 나의 감춰진 이면을 보여 줘도 안전하겠다고 느끼고는 나의 어두운 면을 나눌 수 있었다.

구성이 단순하고 목적이 뚜렷한 이 모임은 나의 대학원 생활을 완전히 바꿔 놓았다. 학교는 이전과는 다른 공간이 되었다. 나는 무장을 내려놓았다. 귀는 열고 입은 다물었다. **우리는 서로의 단점 때문에 서로를 사랑하는 법을 배웠다.** 아버지가 노숙자인 해군 장교, 가난한 어린 시절을 보낸 기업가, 아버지의 부재로 가장 노릇을 해야 했던 감독…. 나는 그들의 행동을 다른 시선에서 해석하게 되었다. 그들의 화려한 경력에 질투를 느끼거나 위축되는 대신 그들에게 연민을 느끼기 시작했다. 그들이 내 이야기를 이해했듯이 나도 그들의 이야기를 이해했기 때문이다. CAN 모임 덕분에 다른 방식으로 대학원 생활을 하게 된 나는 그 모임에 참여하지 않는 다른 학생과 유사한 모임을 꾸렸다.

라자루스는 예리한 통찰력으로 동급생들을 꿰뚫어 봤다. 모두가 가면을 쓰고 있고 가면이 유용할 때도 있지만, 가면을 벗으면 더 깊은 관계를 맺고 함께 성장하고 더 성공적인 협업이 가능하다. 라자루스가 CAN 모임을 처음 시작한 지 10여 년이 지났지만 그 모임은 여전히 지속되고 있다.

생각은 정중하게 거절합니다

모임에서 진짜 모습을 이끌어 내는 데 도움이 되는 또 다른 접근법이 있다. 바로 사람들에게 생각 말고 경험을 들려 달라고 요구하는 것이다.

아부다비에서 연 디너 파티에서 우리는 손님들에게 이야기라는 형태로 건배사를 해 달라고 부탁했다. 그렇게 한 이유는 이야기의 질을 통제하기 위해서였다. 사람들이 미리 생각해 보지 않은 주제를 문장만 바꿔서 반복하는 것보다는 자기 이야기를 들려주는 편이 더 낫기 마련이다. 그런데 이야기를 강조한 덕분에 우리가 예상하지 못한 다른 효과도 얻었다. 그곳에 모인 사람들 사이에 유대감이 싹튼 것이다. 그건 우리가 명시적으로 이야기를 요청했기 때문에 가능했던 일이다. 우리는 이야기를 들려 달라고 부탁했기 때문에 이야기를 들을 수 있었다. 그리고 그런 부탁을 할 때 우리는 실제로 경험한 것과 머릿속으로만 생각한 것은 다르다는 점을 분명히 했다.

사람들에게 이야기를 들려 달라고 부탁하기만 해도 많은 모임이 더 좋은 모임이 될 것이다. 모스The Moth만큼 이 원칙의 힘을 제대로 보여 준 단체도 드물다. 모스는 스토리텔링이 사회적 유대감을 높여 준다는 아이디어를 널리 알리고 실천하는 연속 모임이다.

모스는 1990년대에 미국 남부 출신인 조지 도스 그린이 기존의 시 낭독 대회에 따분함을 느껴 시작한 모임이다. 소설가인 그린은 다른 작가 및 예술가를 만나려고 시 낭독 대회에 참석했다. 그런데 시 낭독을 들으면서 다른 세계를 경험하기는커녕 짜증만 나곤 했다. 그는 말했다. "시들이 어쩐지 기괴하게 느껴지기만 했어요." 그는 참가자들이 하나같이 시를 "이렇게 단조로운 리듬으로 낭독했어요. 시인이 무대에 올라서자마자 그런 뻔한 말투로 시를 읊기 시작하면 뭔가 벽이 세워지는 느낌이 들었어요."라고 설명했다. 그는 그 벽이 시인은 초월적이고 멀리 있는 존재라는 선입견 때문에 생겼을 거라고 생각했다. "시인은 어떤 깊은 전통의 일부여서 신이나 우주를 지배하는 힘과 연결되어 있고, 거기에서 시상을 얻는다는 선입견이죠. 시인은 샤먼이어서 저 위에서 어떤 정보를 끌어오며, 시인을 통해서 인간의 언어라고 하기 힘든 이 천상의 언어가 내려온다는 거예요." 아주 멋진 이야기처럼 들린다. 하지만 그린은 이런 발상이 탐탁지 않았다.

그린은 기존의 시 낭독 대회가 못마땅했지만 시인들에게 경외감을 느끼는 때가 있기는 했다. 시인들이 즉흥적으로 시 탄생 비화를 들려줄 때, 그러니까 자신이 만들어 낸 샤머니즘적 창조물의 기원을 이야기할 때 종종 그랬다. "제 할아버지는 주 북부로 낚시를 가곤 했어요. 저도 덩달아 일찍 일어나야 했죠." 시인이 이렇게 입을 열면 그린은 아마도 아주 오래전 이야기일 그날의 장면을 상상했다. 이런 이야기들은 하나같이 "문장이 완벽하게 자연스러웠"다. 그린은 이 점에 주목했다. "그래서 청중은 즉시 귀를 쫑긋 세우고는 시인과 공감할 수 있었어요. 벽이 되는 작위성이 사라졌기 때문이죠. 저는 언제나 그런 순간에 매료되었습니다." 그는 바로 그 순간을 중심에 두고 이런저런 모임 양식을 실험해 보았다. 그 과정에서 모스가 탄생했다. 그로부터 20년이 지난 지금도 모스는 스물다섯 개 도시에서 운영되고 있으며, 대체로 서서 진행하는 이 모임을 통해 그동안 1만 8천여 개의 이야기가 발표되었다.

나는 15인 건배사 모임을 운영한 내 경험을 들려주면서 그에게 왜, 그리고 언제 모임에서 이야기가 효과를 발휘한다고 생각하는지 물었다.

"이야기가 효과적인 순간은 대체로 연약한 면모가 드러난 순간이에요. 자신의 성공에 관한 이야기는 아무리 해도 쓸모가 없어요. 트럼프나 그런 이야기를 하죠." 그러나 연약한 부분을 건드리면 "사람들은 긴장을 풀고 안심하게 됩니다. 저도 실패한 경험이 있어요. 그 사람이 무슨 이야기를 하는지 아주 잘 아는 거죠." 그린은 몇 년 동안 스토리텔링 기술과 기법을 연구했다. 그는 좋은 이야기의 핵심 요소 몇 가지를 다음과 같이 간략하게 설명한다.

> 이야기는 당신이 어떤 선택을 했는지를 들려줍니다. 당신이 당한 일이 아니라요. 그런 선택에 초점을 맞추면, 당신의 상처를 끄집어내면, 당신이 겪은 고난들을 비롯해 인생의 다른 장면들을 이해하게 됩니다. 그렇게 사람들은 누구나 직관적으로 훌륭한 이야깃거리를 찾을 수 있어요. 그리고 그런 이야기를 듣는 즉시 우리는 그 이야기를 하는 사람이 누구인지 알 수 있지요. 그를 인간으로서 이해하게 됩니다. 그 사람은 더는 내 상사나 동료가 아닙니다. 실패를 해서 가슴이 무너지는 경험을 한 진짜 사람이 됩니다. 아, 나도 그거라면 이해해, 하면서 말이죠.

어두운 주제의 힘

손님이 새싹 발언 대신 둥치 발언을 하려 한다거나 자기 경험 대신 견해만을 이야기하려 하는 것과 마찬가지로, 회주 역시 회주 고유의 오류에 빠져들 수 있다. 모임 분위기를 유쾌하게 하려고 고집하는 것이다. 특히 주제를 정할 때 이런 경향이 두드러진다. 의미 있는 모임은 부정적이거나 비관적인 대화를 두려워하지 않는다. 거기에 그치지 않고 우울하고 위험한 대화를 위한 공간을 비워 둔다.

첫 15인의 건배사 모임 사례를 떠올려 보자. 우리가 선택한 주제인 "당신이 생각하는 좋은 삶"은 상당히 긍정적인 주제다. 되돌아보면 그 주제는 그다지 훌륭하지는 않았던 것 같다. 그 모임에 온 손님들도 그렇게 생각했다. 어쨌거나 죽음이라는 주제를 끌어와서 대화에서 오가는 말들과 분위기에 변화를 준 것은 한 사람만이 아니었다. 우리는 죽음에 대해 명시적으로 묻지 않았고 내 동료나 내가 그 주제를 끌어들이지도 않았다. 그러나 우리가 삶의 즐거움을 이야기하자 삶의 반대편에 대해서도 이야기해야 할 것만 같았다. 그리고 그렇게 하자 대화에 새로운 깊이가 더해졌다. 사람들이 더 집중하기 시작했다. 자기는 물론 자기가 사랑하는 것들도 언젠가 죽어 사라질 수밖에 없다는 데 생각이 미쳤기 때문일 것이다. 덕분에 모임에서 더 솔직한 대화가 오갔고 대화의 내용도 더 풍성해졌다.

레베레히트와 내가 15인의 건배사를 다른 모임에도 적용하면서 주제도 다양해졌다. 이방인, 신앙, 행복, 군사 행동에 따른 피해, 탈출, 국경, '그들', 두려움, 위험, 반항, 로맨스, 품위, 자아, 교육, 삶이 바뀐 이야기, 노동의 종말, 아름다움, 갈등, 조작, 진실, 미국, 지역, 여행 동료, 기원, 적절한 질문, 단절, 4차 산업혁명, 용기, 국경, 위험, 그리고 물론, 연약한 면모를 위해 건배했다. 시간이 흐르면서 우리가 깨달은 것은 행복이나 로맨스 같은 따뜻한 주제만이 최고의 주제는 아니라는 사실이었다. 오히려 두려움, '그들', 국경, 이방인처럼 **어두운 면이**

있는 주제가 만족스러운 대화로 이어졌다. 다양한 해석이 가능하기 때문이다. 이런 **주제는 사람들이 혼란스럽고, 정제되지 않았고, 도덕적으로 복잡한 자신의 연약한 면을 드러낼 여지를 주었다.**

안타깝게도 이런 주제는 많은 모임에서 퇴출당한다. 특히나 일과 관련한 모임에서는 긍정 숭배 문화가 분위기를 지배한다. 잘 돌아가고 있는 것들, 협력, 희망, 미래와 관련된 주제만을 다루려고 한다. 15인의 건배사 모임에서 손님들이 말하고 싶어 한 그런 이야기가 끼어들 틈이 없다. 잠시 멈춰서, 분위기를 띄우지는 않지만 성찰과 감동을 낳는 그런 이야기를 할 기회가 주어지지 않는다.

내가 조금 더 무거운 주제를 다뤄 보자고 제안하면 고객과 친구들은 다른 조언에 비해 훨씬 더 거부감을 나타낸다. 그래서 나는 모임에 어두운 주제가 끼어들 여지를 마련하는 것을 받아들여야 할 뿐 아니라 그 여지가 반드시 필요하다는 점을 그들과 당신에게 강조하기 위해 센 방법을 선택하겠다. 바로 가학-피학 성행위에서 지배자 역할을 하는 도미네이트릭스 여성의 입을 빌리는 것이다.

내게 처음 슈테파니 조이 바른케를 소개해 준 이는 독일인 디제이였다. 그는 자신이 아는 도미네이트릭스가 환경을 조성하고 장면을 연출하는 전문가라면서 한번 만나 보라고 권했다. 나는 한밤중에 주차장에서 몰래 만나야 하는 것은 아닌지 걱정했다. 다행히도(아니면 실망했는지도?) 우리는 뉴욕의 프랑스 제과점에서 만나 차를 마셨다.

조이라는 이름으로 활동하는 바른케는 법률을 전공한 뒤 낮에는 뒤셀도르프에서 변호사로 일하고 밤에는 유럽에서도 규모가 큰 편인 던전(가학-피학 성행위가 일어나는 곳-옮긴이)에서 도미네이트릭스로 지냈다. 결국 그는 독일과 법조계를 떠나 뉴욕으로 왔고 여전히 도미네이트릭스로 활동한다. 그는 자신의 일이 고객이 안전한 공간에서 더 음침한 판타지를 탐험할 수 있도록 돕는 것이라고 말했다.

"저는 사람들이 안전한 방식으로 스스로를 탐색하는 게 좋다고 생각해요." 그는 자신이 이 일에 관심을 갖게 된 건 성장 환경 탓인 것 같다고 말했다. 부모가 그에게 스스로를 "자유롭게 탐색하는 것을 금지"했기 때문이다.

나는 왜 사람들이 어두운 면을 파고드는 것이 중요한지 물었다. "그러면 세상이 더 좋아진다고 믿으니까요." 그는 웃으면서 말했다. 지나치게 단순한 생각 아닐까? 사람들이 자신의 어두운 면을 드러내는 게 세상이 더 좋아지는 거랑 무슨 상관이 있다는 걸까?

그는 잠시 생각에 잠겼다. "자신이 누구인지, 자신의 진짜 모습을 알면 그런 면을 덮어 버리려고 분노하거나 자기혐오에 빠지거나 하지 않을 테니까요."

바른케의 대답은 심리학자가 '그림자 통합'이라고 부르는 개념과 맞닿아 있다. 나는 심리 상담가이자 《성적 소수자들Sexual Outsiders: Understanding BDSM Sexualities and Communities》의 공저자인 데이비드 M. 오르트만 박사에게 연락을 했다. 바른케가 하는 일을 오르트만 박사에게 설명한 뒤 그의 의견을 구했다. 박사는 이메일에서 그림자 통합에 대해 설명해 주었다. "융 심리학에서 쓰는 용어인데, 누구나 그림자 요소(공격성, 폭력성, 지배 환상 등)를 지니고 있음을 전제로 합니다. 이런 요소들을 배척하거나 무시하는 건 효과적이지 않아요. 그러면 그 요소들이 오히려 더 커집니다. BDSM(결박, 구속, 사디즘, 마조히즘)은 그림자 요소를 의식적으로 통합하는 한 가지 방식인 거죠." 특히 바른케의 대답과 관련해서는 이렇게 말했다. "당신의 도미네이트릭스 친구는 자신이 무슨 일을 하는지 아주 잘 이해하고 있군요. 더 나아가 그가 치유 행위를 하고 있다고까지 말할 수 있겠죠."

다음에 있을 직원 회의나 가족 모임과 무슨 관계가 있다고 도미네이트릭스 이야기를 꺼내는지 의아해할지도 모르겠다. 당신에게 바른케의 고객이 되라고 이런 이야기를 하는 건 아니다. 나는 당신에게 그가 하는 말에 귀를 기울이라고 제안하고 있다. 그가 주업으로 하는 일을 회주는 농도를 적절히 희석해서 자기 모임에 적용할 수 있다. 바른케가 우리에게 주는 교훈은 어두운 면을 무조건 배척하기보다는 포용하는 편이 낫다는 진실이다. **어두운 면을 공적인 자리에서 퇴출시킨다고 해서 그런 면이 사라지는 것은 아니다. 오히려 모임에 도움이 되지 않는 방식으로 모습을 드러낼 것이다.**

낯선 사람 효과

안 그럴 것 같지만 실제로는 모임에서 서로 모르는 사람의 비율을 높이면 사람들이 더 솔직해지고 자신의 연약한 면을 더 잘 드러낸다. 상식에 어긋나는 것처럼 들리겠지만, 사람들은 모임 장소에 있는 사람들 다수가 모르는 사람이거나 아는 사람이더라도 새로운 눈으로 보게 될 때 더 기꺼이 자기 이야기를 나눈다.

뉴욕에서 연 15인의 건배사 모임 뒤에, 한 참가자는 자기가 데려온 친한 친구가 모임에서 우울증을 앓고 있다고 공개한 일을 두고 속상해했다. 자기에게는 한 번도 이야기한 적이 없던 그 사실을 낯선 사람들 앞에서 털어놓았다는 데 혼란감과 배신감을 느낀다고 했다. 하지만 그 친구는 우리 대다수가 비슷한 상황에서 하는 선택과 마찬가지 선택을 했을 뿐이다. 실제로 자기의 삶을 낯선 이에게 털어놓는 것이 더 쉬울 때가 많다. 아는 사람과 달리 모르는 사람은 우리 삶에 지분이 전혀 없기 때문이다.

낯선 사람에게는 우리의 내면을 끌어낼 수 있는 힘이 있다. 모르는 사람과 있을 때는 우리가 끊임없이 추구하는 과거의 나와 미래의 나, 즉 지금까지의 내 모습과 내가 추구하는 내 모습 사이에서의 균형 잡기를 잠시나마 재조정할 여지가 생긴다. 친구와 가족은 지금까지의 당신 모습을 안다. 그래서 때로는 당신이 추구하는 모습에 다가가는 데 방해가 되기도 한다. "그건 네가 아니야!" "넌 학교 다닐 때 생물을 그렇게 싫어했으면서 왜 의사가 되겠다는 거야?" "그냥 네가 코미디언이 되는 건 상상이 안 돼서." 이와 달리 과거의 당신을 모르며, 대개는 미래의 당신도 모를 낯선 사람 앞에서는 이것저것 실험하기가 더 쉽다. 낯선 사람은 우리가 추구하는 모습이 과거의 모습과 동떨어져 있더라도 그것을 시험해 볼 잠깐의 자유를 준다. 낯선 사람은 우리가 새로운 면을 드러낼 기회를 준다. **낯선 사람 앞에서 우리**

는 보여주고 싶은 모습을 보여주고, 감추고 싶은 모습을 감추고, 나아가 새로운 모습을 발명해 낼 선택의 자유를 누린다.

일부 회주는 이런 낯선 사람 효과를 굳게 믿고서 아예 서로 모르는 사람들만을 한자리에 초대하는 모임을 기획하기도 한다. 옥스퍼드대학교 교수 시어도어 젤딘의 일흔여섯 번째 생일 파티도 그랬다. 숱많은 하얀 수염이 인상적인 젤딘은 프랑스사 분야의 권위자이자 유명한 철학자다. 그는 그해 자신이 모르는 사람들만을 초대해서 생일 파티를 열기로 하고 BBC 방송을 통해 공개 초청장을 전달했다. 오고 싶은 사람은 지정된 날짜와 시간에 런던의 리젠트 파크에 와서 모르는 사람과 함께 대화를 나누고 자신의 생일을 축하해 달라고 말이다.[5]

수백 명의 사람들이 나타났다. 모두 낯선 이와 대화를 나눠야 한다는 과제를 수행해야 했다. 음식이 차려진 곳에는 젤딘이 "대화 메뉴"라고 부른 것이 차려져 있었다. 사람들은 짝을 이뤄서 여섯 가지 '코스 요리'를 즐겼다. '전채 요리'로는 "살아오면서 당신의 우선순위가 바뀐 적이 있나요?"와 "당신의 출신 배경과 경험이 당신을 구속했나요, 아니면 당신에게 도움이 되었나요?"가, '수프'로는 "살면서 시간 낭비를 했다고 여기는 때는 언제인가요?"가, '생선 요리'로는 "과거에는 어떤 것에 반항했고, 현재는 어떤 것에 반항하고 있나요?"가, '샐러드'로는 "당신 열정의 한계는 어디입니까?" 같은 질문이 나와 있었다.

새로운 눈을 뜨게 하는 방법

하지만, 손님 중에 낯선 사람의 비율을 높이겠다면서 영국 국민 전체에게 초청장을 보내서는 안 된다. 그리고 서로 아는 사람들의 모임이더라도 세심하게 진행을 한다면 낯선 사람 효과를 낼 수 있다. 나는 가족 모임이나 직원 모임에서 이렇게 하려고 노력한다. 적절한 질문과 모임 형식을 선택하면 오랫동안 알고 지낸 사람들끼리도 서로를 새로운 눈으로 바라보게 할 수 있다.

2~3년 전, 나는 남편과 함께 조부모님과 친척들을 보러 인도에 갔다. 그곳에서 양쪽 가족을 모두 초대해 함께 저녁을 먹기로 하고서 가족과 친척 열일곱 명을 전부 초대했다. 대규모 가족 모임을 여러 번 열어 봤기 때문에 미리 계획을 잘 세우지 않으면 대화 내용도 안부나 수다에 머물고, 사촌은 사촌끼리, 조부모님은 두 분이서만 시간을 보내리라는 것을 잘 알고 있었다. 먹고 마시다가 잠이 오면 헤어질 터였다. 그것도 딱히 나쁘지는 않지만 우리 부부는 특별한 저녁을 보내고 싶었다.

우리는 15인의 건배사 모임 양식을 살짝 손봐서 사용해 보기로 했다. 우리 가족 중에는 남들 앞에서 노래 부르는 걸 즐기는 사람도 많았으므로 노래 벌칙은 빼고 대신 건배를 먼저 한 사람이 다음 건배를 할 사람을 지목하게 했다. CAN 모임에서처럼 '전환의 순간들'을 도입하여 모두에게 살아오면서 세상을 바라보는 시선이 바뀌게 된 계기, 순간, 경험을 말해 달라고 했다. 그리고 다음의 결정적인 요소를 더했다. 그날 모인 사람들이 "처음 듣는 이야기여야 합니다." 가족 모임에서는 다소 무리한 요구일 수도 있었다. 우리는 친구보다는 가족과 더 가깝게 지내고 있었으니까. 그러나 우리 부부는 서로에 대해 모르는 게 없다고 생각하는 가족들이 서로를 새로운 눈으로 볼 수 있도록 도박을 하기로 했다.

한 사촌이 "아이들을 낳았을 때"라고 얘기하자 이미 규칙과 목적을 숙지한 가족들이 즉시 제재에 나섰다. "그건 우리도 다 아는 얘기잖아!" 규칙에 어긋난 발언에 즉각 제재에 나선 덕분에 나머지 가족들도 심기일전하게 되었다. 그리하여 가장 가까운 가족조차도 모르는 이야기를 나누기 시작했다. 한두 명은 알고 있던 이야기인 경우에도 그 일로 어떤 영향을 받았는지는 그날 처음 밝히는 거였다. 유전학자인 이모는 10대 시절 자신이 여자라서 의사가 될 수 없다는 이야기를 들었다고 말했다. 충격을 받은 이모는 더 열심히 공부했다고 한다. 공무원인 또 다른 이모는 인도의 공무원 시험을 통과하고 연수도 다 받았는데 몇 달이고 행정 업무만 하지 현장 근무에는 발도 디딜 수 없었다고 했다. 참다못해 왜 자신은 현장 근무에서 열외되는지 알아보고자 직접 트럭을 몰고 현장으로 나갔다. 그때 만난 어느 지방 정부 공무원은 이모에게 아무리 똑똑하더라도 여자라서 언제나 그런 차별 대우를 받을 거라고 말했다.

건배사가 이어지는 동안 나는 뭔가 놀라운 일이 일어나고 있다는 걸 느꼈다. 나와 남편의 원래 목표는 우리의 결혼으로 맺어진 사람들을 가족으로 엮는 작업을 계속 이어 나가는 것이었다. 그런데 지금 그보다 훨씬 더 흥미로운 일이 벌어지고 있었다. 아버지, 어머니, 아들, 조카가 가족에게서 예상치 못한 면모를 발견하고 있었던 것이다. 90대의 최고 연장자는, 대기업에서 일하던 50년쯤 전 자신이 영화관에 보낸 광고 영상이 그곳에 도착하지 않거나, 도착하더라도 상영되는 일이 없다는 사실을 알게 되었다고 했다. 그는 이 문제를 어떻게 해결했는지 들려주었다. 귀가 잘 안 들리기도 해서 좀처럼 입을 열지 않는 이 노인이 어느새 젊고 활기 넘치는 기발한 사업가가 되어 있었다.

할머니는 영어로 말하는 데 익숙하지 않아서 내게 대신 이야기를 전해 달라고 부탁했다. 내가 바로 이틀 전에 들은 이야기였다. 매우 보수적인 도시인 바라나시에서 자란 할머니는 자신이 어떻게 바나라스 힌두 대학교 최초의 여학생이 될 수 있었는지 알려주었다. 할머니는 7형제 가운데 장녀였고 아버지의 사랑을 듬뿍 받았다. 할머니의 아버지는 할머니에게 대학교에 등록하고 수업을 들으라고 말했다. 할머니가 대학교에 간 첫날, 그는 다른 지역에서 열린 친척의 결혼식에 참석했다. 이웃들이 딸을 대학교에 다니게 하는 것은 성별에 따른 규범에 맞지 않는다고 불평했지만 그는 집에 없었으므로 그런 불평을 듣지 못했다. 그가 집에 돌아왔을 때는 할머니가 이미 수업을 여러 번 들은 뒤였다. 그는 이웃들에게 정말로 자기가 딸을 자퇴시키기를 바라느냐고 묻고는, 애초에 대학교에 간 것이 잘못이라 하더라도 이미 시작한 교육 과정을 중단할 수는 없다고 잘라 말했다. 그 순간 할머니는 자기 아버지를 다른 눈으로 보게 되었고 어떻게 변화가 일어나는지를 배웠다고 한다. 변화는 천천히, 그리고 특권을 지닌 사람을 수호자로 삼아서 일어났다.

그날 저녁이 특히 인상 깊었던 이유는 모두가 적극적으로 참여하여 새로운 것을 시도했기 때문이다. 우리는 서로를 새로운 눈으로 바라보기 시작했다. 할머니는 대담한 대학생으로, 할아버지는 혁신적인 젊은 사업가로, 인도의 가족 모임에서는 묵묵히 돌보는 역할을 떠맡게 되는 이모들은 각자 분야의 선구자로 탈바꿈했다. 내가 정말 잘 안다고 생각한 사람들에게도 여전히 모르는 면이 있다는 점을 새삼 깨달은 날이었다. 우리는 어느 모로 보나 '낯선 사람'들은 아니었지만 낯선 사람 효과를 낼 수 있는 방법을 찾아냈다.

초대가 달라지면 손님도 달라진다

이렇게 사람들이 남들에게 보여 주려고 꾸민 모습이 아니라 진짜 모습을 드러내는 데 초점을 맞춘 모임을 열고 싶다면 참가자에게 그 의도를 충분히 알려야 한다. 15인의 건배사 모임에서 얻은 깨달음 가운데 이런 것이 있다. 모임 시작 단계에 이 접근법을 적용하기 위해서는 회주가 무엇을 원하는지, 그리고 손님들이 무엇을 문밖에 두고 들어와야 하는지를 되도록 명확하게 말해 줘야 한다는 것이다.

콘퍼런스나 힘 있는 사람들이 모이는 여타 행사의 부속 모임으로 15인의 건배사를 진행할 때, 나는 환영사를 통해 모임들의 전형적인 작동 방식인 가식과 과장에서 탈피하고자 한다는 의도를 알린다. 그런 관계에서 탈피하기 위해 우리는 사람들에게 일과 가정에서 잘 돌아가고 있는 부분은 문밖에 두고 오라고 요청한다. 그리고 사람들의 부족한 부분, 그들이 여전히 파악하지 못했고 어려움을 겪고 있는 부분에 관심이 있다고 말한다. 또 미리 준비된 발언이 아니라 여전히 형성 중인 말과 생각에 관심이 있다고 강조한다.

이와는 달리 15인의 건배사를 가족 모임에 도입할 때는 초대부터 바뀌어야 한다. 일반적으로 가족 모임에서는 아무도 새롭거나 놀라운 이야기를 하지 않는다. 이런 모임에 변화를 주려면 안내를 잘해야 한다. 그 방편으로 나는 가족들에게 익히 들어 알고 있는 자기 이야기는 문밖에 두고 자신의 자녀들조차 깜짝 놀랄 새로운 것들만 데리고 들어오라고 말한다.

회사의 요청으로 어느 부서의 행사를 진행하는 과정에서 중요한 회의 전에 15인의 건배사를 진행할 때도 있다. 그럴 때 잠재워야 하는 부서 내 역학 관계가 있다. 부서는 대개 익숙한 방식으로 돌아간다. 각자 맡은 역할이 있고 늘 그 역할에 맞게 말하고 행동한다. 따라서 나는 환영사에서 이 점을 지적하고 15인의 건배사 모임의 목적은 서로와 함께 시간을 보내는 다른 방식을 시험해 보는 데 있다고 설명한다. 그들이 어떻게 행동할지 미리 지적한 다음 그런 행동은 자제하고 새롭게 접근하라고 요청하면 대체로 참가자들은 열린 마음으로 이 지시에 따른다. 물론 늘 성공하는 것은 아니다.

환영사에서 사람들에게 신호를 보낼 때 그 신호가 꼭 구체적일 필요는 없다. 강렬하지만 암시적인 단서여도 된다. 첫 15인의 건배사 모임에서 나는 이 모임이 콘퍼런스보다는 결혼식 피로연에 더 가까웠으면 좋겠다고 말했다. 누군가가 농담을 했다. "누구 결혼식이죠?" 다른 손님이 그 농담을 받았다. "오늘 저녁 식사가 끝날 무렵 투표로 정합시다!" 사람들은 웃음을 터뜨렸고, 모임은 우리의 기획 의도대로 테이프를 끊었다.

그 뒤로 15인의 건배사 모임에서 나는 언제나 이런 식으로 말한다. "우리가 놀랄 만한 이야기를 해 주세요." "당신의 화려한 경력과 성과는 문밖에 두고 오는 겁니다." "이야기에 자기 자랑을 집어넣을 필요는 없습니다."

내가 발견한 건 또 있다. **사람들은 그 사람 자체로 존중받을 때 포장된 겉모습을 문밖에 두고 오라는 요청에 더 쉽게 응한다**는 사실이다. 사람은 어쨌거나 본능적으로 약한 모습을 보이고 싶어 하지 않는다. 일 관련 모임에서는 더 그러하다. 그러나 회주인 내가 개인이든 집단이든 참가자들의 장점을 미리 알리고 강조하면 사람들은 모임에서 자신을 과시해야 한다는 강박에서 어느 정도 자유로워진다. 나는 처음부터 이런 말을 한다. "여러분을 이 자리에 초대한 이유는 여러분이 아주 뛰어난 분들이기 때문입니다." 나는 어떤 점에서 뛰어난지를 설명하고 찬사를 보낸 뒤에 이렇게 덧붙인다. "그런데 우리는 당신의 경력이 얼마나 화려한지, 당신이 얼마나 대단한 사람인지에 대해서는 듣고 싶지 않습니다. 그건 우리가 이미 너무나 잘 알고 있는 사실이니까요."

회주가 먼저 시범을 보여라

더 솔직하게, 진짜 자신을 드러내는 이야기를 나누고 싶다면 손님들에게 무엇을 기대하며 무엇을 금지하는지를 알리는 것만으로는 충분하지 않다. 모임 초반에 회주가 본보기를 보여야 한다. 사람들에게 어떻게 해야 하는지 시범을 보이는 것이다.

손님들이 진짜 모습을 드러낼 수 있도록 돕고 싶다면 회주도 자신의 진짜 모습을 드러내야 한다. 나는 이런 모임을 열 때 저녁 식사 내내 모든 건배사에 온전히 집중한다. 진지하게 듣고 내가 손님들에게 바라는 그런 진짜 모습을 스스로 먼저 드러낸다.

내가 초경파티 이야기를 나눈 게 바로 그런 거다. 보통 나는 불편한 자리일수록 나의 전형과는 다른 면을 보여 주는 이야기를 하려고 애쓴다. 공대를 다녔던 이야기나 요리를 할 줄 모른다는 이야기처럼 사람들이 모를 만한 나의 모습을 강조하여 강렬한 인상을 남기고자 한다. 그런데 그날은 왜 열한 살 때의 이야기를, 그것도 초경에 대해 이야기했을까? 그런 이야기를 하면, 내가 진짜 모습을 드러내고 있고 손님들과 연결되고 싶어 하며 그들도 나처럼 자신의 진짜 모습을 드러내 주길 바란다는 점을 더 명료하게 전달할 수 있기 때문이다.

초경파티 이야기는 다소 즉흥적으로 나왔지만, 나의 네덜란드인 동료 베르나르뒤스 홀트롭은 이렇게 회주가 자기의 사적인 이야기를 나누는 걸 원칙으로 삼아 실천한다. 우리 둘과 동료들이 함께 사업가 수백 명의 모임을 조력했을 때, 그가 그 원칙을 실천하는 모습을 확인할 수 있었다. 그 모임은 사업가들이 서로에게 힘이 되어 줄 신뢰 관계를 형성하는 모임이었다. 홀트롭은 자신의 업무 비법을 공유했다. 참가자들이 연약한 모습을 드러내도록 하려면 우리 조력자들은 손님에게 요구하는 것보다 훨씬 더 사적인 이야기를 해야만 한다고 말이다. **우리가 드러내는 깊이가 모임 참가자들이 다다르게 될 깊이의 한계선이 되기 때문이다.** 손님은 언제나 우리가 나누는 것보다 살짝 덜 나눈다. 어떻게 보면 우리도 참가자인 셈이다.

선택은 각자의 몫

사람들에게 더 깊은 속내를 드러내라고, 평소에는 나누지 않는 이야기를 공유해 달라고 요청할 때는 사람들이 감수하는 위험을 잘 조정해야만 한다. 때로는 더 많은 위험을 감수하라고 등 떠밀기도 하고, 때로는 위험을 감수하기 두려워하는 사람들을 안심시켜야 한다.

15인의 건배사에 우리가 도입한 노래하기 벌칙은 사람들을 위험 감수 쪽으로 자연스럽게 유도하는 방법이었다. 건배사를 하지 않고 넘어가려는 사람들에게도 그와 비슷한 위험을 감수하도록 한 것이다. 사람들은 어느 쪽이 더 나은지를 선택해야 했다. 건배사를 하겠다고 일찌감치 나설지 아니면 마지막에 노래를 부를지. 노래 벌칙은 또한 모임이 끝날 무렵에 유쾌한 극적 긴장감을 불어넣었다. 건배사를 안 한 사람이 서너 명밖에 남지 않았다는 걸 문득 깨닫게 되면 남은 사람들은 노래를 부르지 않으려고 서로 유리잔을 두드리며 먼저 하겠다고 나서기 때문이다.

또한 회주는 사람들마다 성격이 다르다는 점에 주의를 기울여야 한다. 아무리 외향적인 사람이라도 지극히 사적인 이야기를 억지로 나누고 싶어 하지는 않는다. 일반적인 주제를 고르는 이유 가운데는 그런 주제로는 각자 얼마나 깊은 속내를 드러낼지를 꽤 자유롭게 정할 수 있다는 점도 있다. 모임에 온 모두에게 이야기를 공유해 달라고 부탁하지만 무엇을 얼마나 공유할지는 각자 선택에 맡긴다. 이런 선택권이 있고 없고가 사람들이 기꺼이 참여하는지, 아니면 거부감을 느끼는지의 차이를 낳는다.

동료 조력자이자 성공회교 목사인 렝 림은 사람들이 편안하게 느끼는 정도가 다르다는 사실을 수영장에 비유해서 설명한다. 그는 경영대학원이나 자기 농장 같은 데서 모임을 열곤 하는데, 자신이 여는 모든 모임에서 친밀감 쌓기에 초점을 맞춘다고 했다. 그러나 참가자가 자신을 얼마나 드러낼지는 각자 선택에 맡긴다고 분명히 말했다.

"저는 수영장 그림을 그립니다. 깊은 곳과 얕은 곳이 있죠. 어느 쪽에 들어갈지는 각자 선택할 수 있습니다. 아무도 모르는 어두운 비밀을 털어놓고 싶다면 그래도 됩니다. 아니면 모호하게 이야기할 수도 있겠죠. 어쨌거나 물에 들어간다는 건 곧 자신을 드러내는 것입니다. 그걸 하기만 하면 됩니다." 림은 "진짜 모습을 드러내 달라고 요청하되 얼마나 드러낼지는 철저하게 선택"에 맡기는 것이 중요하다고 말했다. 손님들에게 무엇을 얼마나 드러낼지를 선택할 수 있게 해 주어야 강요된 친밀감이 아닌 진짜 친밀감을 이끌어 낼 수 있다.

Chapter

7

변화를 일으키는 모임은
논쟁을 두려워하지 않는다

우리는 모임에서 상처 입는 것을 두려워한 나머지 논쟁 자체를 피하는
경향이 있다. 논쟁은 언제나 본질적으로 위험을 내포하고 있다.
눈 깜짝할 사이에 통제 불능이 될 수 있기 때문에 우리는 그런 위험 자체를
감수하지 않으려고 한다. 그러나 그러는 동안 우리는
정말로 중요하다고 생각하는 문제에 대해서 남들과 솔직하게
소통할 수 있는 수많은 기회를 놓치고 있다.

모임을 따뜻하게 데우는 방법에 대해서는 충분히 이야기한 것 같다. 이제 모임에 불을 붙이는 방법을 알아볼 차례다.

참가자들에게서 진정성을 더 잘 이끌어 낼 방법을 찾아 내게 조언을 구하는 회주들은 대개 따뜻하고 포근한 분위기보다는 불꽃처럼 활활 타오르는 분위기를 원한다. 능숙한 회주는 사람들이 공감하고 서로 연결되도록 하는 건 물론이고 건설적인 논쟁에 불을 붙일 줄도 안다.

앞 장에서 서로가 공유하는 부분을 통해 모임 참가자들이 더 가까워지게 하는 방법을 살펴보았다면, 이 장에서는 우리를 구별하는 부분을 활용하는 법, 즉 활발한 논쟁을 이끌어 내는 법에 대해 알아보려고 한다. 나는 논쟁이(바람직한 논쟁이고 뛰어난 회주가 중재한다면) 모임에 생명력과 활기를 불어넣을 뿐 아니라 모임을 더 선명하게 만든다고 믿는다. 우리는 '내가 바라는 건 무얼까? 내 신념은 무엇일까? 나는 누구일까?'와 같은 커다란 질문을 품고 있는데, 논쟁은 모임에서 그 질문에 대한 답을 찾을 수 있도록 우리를 도울 수 있다. 좋은 논쟁은 모임의 가치를 높인다.

성, 정치, 종교 이야기를 피하지 말 것

당신도 나처럼 모임에서 성, 정치, 종교 이야기는 피해야 한다는 격언을 듣고 자랐을 것이다. 흥미롭지만 위험한 주제는 피하라는 이 계명은 보편 원칙처럼 받아들여지고 있다. 하지만 나는 이 조언만큼 모임을 지루하고 평범한 시간으로 만드는 것도 없다고 믿는다.

분란을 일으키면 안 된다고 느끼는 본능은 인류만큼이나 오래되었고, 모임에서 논쟁이 벌어지면 안 된다는 규범은 최소한 1723년부터는 존재했다. 프리메이슨이라는 비밀 조직이 활발하게 활동하던 그때, 그 조직의 일원이던 제임스 앤더슨 목사는 '프리미어 그랜드 로지 오브 잉글랜드'(소규모 집회로만 활동하던 프리메이슨이 처음으로 구성한 대 지부-옮긴이)의 첫 헌장 초안을 작성했다. 이 헌장에서는 "공격적인 발언이나 행동, 허심탄회하고 자유로운 대화를 막는 요소"를 명시적으로 금지했다.[1] 그런 것들이 "우리 조직의 단합을 깨뜨리고 우리의 위대한 목적을 달성하는 데 방해"가 된다는 이유 때문이었다. 프리메이슨은 회주에게 잘못된 시금석이 될 관념을 채택하고 퍼뜨렸다. 차이를 부각하는 것은 언제나 해가 되며 무조건 단합해야 한다는 관념을.

그로부터 150년도 더 지난 1880년에 토머스 에디 힐은 《힐의 사회 및 사업 예절 지침서Hill's Manual of Social and Business Forms》라는 책에서 다음과 같은 조언을 통해 그런 관념이 여전히 퍼져 있음을 보여 준다. "일반적인 모임에서는 정치나 종교에 관한 이야기는 절대 하지 말 것. 의견이 다른 사람을 설득할 가능성도 없거니와 그 사람도 당신을 설득할 수 없을 테니까. 그런 주제를 논하면 아무런 소득 없이 감정만 상할 뿐이다."[2] 1922년에 에밀리 포스트는 《에티켓Etiquette》이라는 책에서 힐의 조언을 살짝 수정해 부정적인 주제는 어떻게든 피해야 한다고 말하면서 "상대가 동의할 거라고 생각하는 것들에 대해서만 이야기하자. 실패와 불행을 비롯한 기타 불쾌한 주제는 절대 건드리지 말자. 적을 가장 잘 만드는 사람은 위트가 넘치는 사람이다."[3]라고 조언한다.

정말이지 그토록 많은 모임이 시간 낭비이고 지루한 것도 당연하다.

오늘날에도 위의 조언들은 언론과 인터넷 채팅방에서 쉽게 발견된다. 소셜 질의응답 네트워크인 쿠오라Quora에 올라온 "성, 정치, 종교를 논하는 게 왜 무례한 행동인가요?"라는 질문에 "여섯 살 때부터" 에티켓 지침서를 읽었다고 주장하는 한 여성은 이렇게 답했다. "에티켓의 목표는 사람들이 환대받는다고 느끼게 해 주는 거예요. 그런데 싸움을 걸어서야 되겠어요?"[4] 취업 사이트 글래스도어Glassdoor에 실린 글에서는 정치, 성, 종교가 반反성삼위일체라고 경고한다. "경력을 망가뜨릴 수도 있는 실수를 하지 않도록, 왜 직장에서 이 세 가지 주제를 멀리해야 하는지 알아보겠다."

재미있는 것은 이런 조언을 따르지 않는다고 생각하는 사람들조차도 이 조언을 따르고 있다는 사실이다. 이 조언에 동의하지 않는 많은 회주가 실제로 모임에서는 논쟁보다 단합을 지향하는 선택들을 하면서 이 조언의 정신을 실천하고 있다. 논쟁과 토론이 설립 목적이던 대학교에서도 요즘에는 학생들이 심하게 논란을 일으키거나 반대하는 연사들에게는 초청을 취소하는 일이 심심치 않게 벌어진다. 조지 부시 대통령 시절 국무장관을 지낸 콘돌리자 라이스는 럿거스 대학교에서 졸업식 연설을 하기로 되어 있었는데 학생들의 반대에 부딪혀 물러설 수밖에 없었다.[5] 국제통화기금 총재인 크리스틴 라가르드는 스미스 대학교로부터 초청 강연 취소 통보를 받았다.[6] 하지만 대통령 영부인을 지낸 미셸 오바마는 당당하게 자기 뜻을 전하면서 학생들에게 권했다. "소음(논쟁과 대립과 교착을 뜻함-옮긴이)으로부터 도망치지 마세요. 그 소리를 향해 달려가세요."[7](사회학자 찰스 머레이가 미들버리 대학교에 강연을 하러 왔을 때 학생들이 그를 막아서는 과정에서 발생한 그런 소음[8]을 뜻하지는 않을 것이다. 그를 초대한 교수가 그 과정에서 다치기도 했다.)

대학교만 그런 것이 아니다. 내가 참석한 대다수의 콘퍼런스와 회사 행사에서는 전문가 토론회를 열었는데 그 토론회들은 거의 언제나 지루했다. 토론회의 주제를 선정하는 사람들은 협력, 동반자 정신, 번영, 연결고리 만들기, 새로운 지평선, 성장 같이 지극히 평범한 것을 고른다. 프리메이슨이 외친 조직의 단합을 깨뜨릴 수 있는 것은 피하라는 지침을 따르고 있는 것이다. 사회자를 고를 때도 에밀리 포스트가 강조했듯이 갈등을 무마하고 불쾌한 상황이 발생하는 것을 막는 일에 능숙한 사람을 고르는 경향이 있다. 토론회 사회자가 쉬운 질문 대신 어려운 질문을 던지는 것을 본 기억이 있는가? 토론회에 참석한 전문가들이 정말로 논쟁을 벌일 가치가 있는 주제를 두고 정말로 논쟁을 벌이는 장면을 본 기억이 있는가? 토론회는 대학교와 마찬가지로 토론의 장을 제공한다는 데서 자부심을 느껴야 한다. 그런데 지금은 어떤 대가를 치르더라도 논쟁은 피해야 한다는 교조에 굴복한 상태다.

나는 사람들이 허심탄회하게 자기 의견을 털어놓는 주민 공청회를 열고 싶다는 고객을 종종 만난다. 그런데 막상 모임 당일이 되면, 그리고 내가 행사의 주도권을 쥐는 데 실패하면, 주민회의는 늘 하던 이야기를 반복하고, 주최 측이 자신들의 관례가 옳다는 것을 재확인하고, 그래서 아무것도 바꾸지 못하는 그런 자리로 전락한다. 주최 측에 이의를 제기하면 많은 사람이 모인 곳에서 논쟁을 일으키는 것은 너무 위험하다는 답변이 돌아오곤 한다.

그렇다면 어떻게 해야 불꽃을 활활 태우되 그 불꽃에 삼켜지지 않는 모임을 마련할 수 있을까? 어떻게 하면 좋은 논쟁을 이끌어 내고 그 논쟁이 모든 참가자에게 득이 되게 할 수 있을까?

링은 프로레슬러에게만 필요한 것이 아니다

단합을 최우선순위에 둔 결과로 모임이 그저 좀 지루해지는 게 전부일 때도 있다. 그러나 때로는 그보다 더 심각한 일이 벌어지기도 한다. 단합이라는 목적이 모임의 핵심까지 파고들어서 가짜 목적이 되어 버리는 것이다. 그러면 모임의 진짜 목적은 뒷전으로 밀리고 만다. 내가 조력자로 참여했던 한 건축 회사의 점잖은 모임에서 그런 일이 벌어졌다.

"프리야, 불꽃이 튀지 않아요." 내게 조력을 부탁한 고객이 불안한 듯 속삭였다.

그는 회사의 미래에 관한 첨예한 논쟁의 장으로 기획된 행사가 점잖고 유쾌한 토론으로 전락하는 것을 지켜보고 있었다. 나는 건축가팀이 회사의 장기 계획에 대해 의견을 교환하는 모임의 기획과 진행을 돕고 있었다. 우리는 그날 아침에 미래에 벌어질 근본적인 변화를 상상하는 시간을 보냈다. 그 시간에 참가자들은 새로운 건물을 세울 필요가 없는 미래나, 최대 고객이 가톨릭교인 미래나, 건축이 구독 서비스 형태를 띠는 미래에 대해 이야기했다. 이런 도발적인 가설들은 건축가팀이 토론하고 있는 주제의 핵심을 꿰뚫는 대화를 이끌어 내기 위해 설계된 것이었다. 즉 앞으로도 계속 전형적인 건축 회사로 남을 것인가, 아니면 경험을 설계하는 건축 회사로 탈바꿈할 것인가를 고민하는 자리였다.

그 질문을 둘러싸고 입장이 분분했으므로 회사에서는 내게 모임을 조율하는 역할을 맡았다. 그런데 실제로 토론이 시작한 뒤에도 토론이 벌어지고 있는지 모를 정도로 분위기가 화기애애했다. 모두들 점잖게 미소를 지으며 좋은 말만 했다. 회사 경영진이 일부러 갈등의 핵심을 건드렸다가도 금세 물러섰다.

나는 이 팀을 단합시키는 요소보다는 분열시키는 요소로 토론을 이끌어 가려고 애썼다. 내가 제안했다. "앤이 지적한 문제로 다시 돌아가 보죠." 그러나 이 집단은 이 회사를 지배하는 '분란을 일으킬 만한 것은 무조건 피하라'는 규범을 아주 잘 실천하고 있었다. 회의실 밑바탕에 깔려 있는 갈등은 표면으로 올라올 생각을 하지 않았다. 나는 곧장 새로운 방법을 모색해야 한다는 것을 깨달았다. 안 그러면 모임이 아무런 결실을 맺지 못하고 끝날 테니까.

다행히도 아주 열린 마음을 지닌 회사 사장의 도움을 받을 수 있었다. 그는 건축가는 아니었지만 건축가 밑에서 일한 경험이 있었다. 우리는 모두가 자리를 비운 점심시간에 새로운 전략을 짰다. 건축가 팀이 없는 동안 우리는 회의실을 다시 꾸미고 수건을 구비해 두었다. 그리고 유튜브에서 영화 〈로키〉의 주제가를 찾았다. 우리는 링 위에서 경기를 벌이게 할 셈이었다.

회의실로 돌아온 건축가들을 맞이한 건 커다란 포스터 두 개였다. 하나는 '뇌'라는 선수를 찬양하고 있었다. 다른 하나는 '몸'이라는 선수를 떠받들었다. 우리는 매력적이고 유쾌하고 우아한 건축가 두 명을 골라 각각의 포스터에 프로레슬러의 몸통과 그 건축가의 머리를 합성한 사진을 실었다. 두 사람 다 포스터를 보자마자 웃음을 터뜨렸고 건축가팀은 우리가 무슨 일을 꾸미고 있는지 알아차렸다. 우리는 이들의 반응을 보고 생각할 여지를 주지 않으려고 곧장 계획을 실행에 옮겼다.

나는 회의실 한가운데로 들어가 이제 링 위에서 시합이 펼쳐질 거라고 선언하고는 규칙을 소개했다. 1회전에서는 각 레슬러가 3분 동안 자신의 견해를 뒷받침하는 강력한 근거를 내보인다. 몸 선수는 이 회사가 앞으로도 수백 년은 더 건축의 물리적인 측면, 즉 실제 건물을 세우는 일에 전념해야 하는 이유를 설명한다. 뇌 선수는 건물을 짓지는 않지만 병원 표지판을 달거나 공항의 탑승객 및 물류 흐름을 조정하는 등의 작업을 수주하는, 다소 추상적이지만 최근 선호되는 설계 회사로 전환해야 하는 이유를 설명한다. 시대의 흐름에 합류하느냐, 잘하는 것에 집중하느냐의 문제였다.

나는 사람들이 어떻게 반응할지 몰랐지만 건축가들이 서로 눈치를 보고 있다는 것은 알 수 있었다. 나는 그런 망설임을 몰아내려고 일부러 더 활기차게 목소리를 높였다.

각 '레슬러'에게는 모임 운영진 중 한 명이 코치로 임명되었고 코치에게는 하얀 수건을 한 장 제공했다. 코치는 자기 선수 뒤에 서서 어깨를 주물러 주면서 조언을 속삭였다. 레슬러 역할을 맡은 사람들은 고개를 이리저리 꺾으면서 실제 격투를 준비하는 척했다. 아무도 "링 위에서 하는 시합"이 무엇을 의미하는지 정확하게는 몰랐다. 실제로 주먹을 주고받는 걸까? 도대체 이게 뭔 짓거리지?

나는 나머지 건축가들에게도 역할을 부여했다. 그들은 관객이 되어 각 선수의 주장을 들은 뒤에 자신이 응원할 선수를 선택해야 한다. 여기에 아주 중요한 규칙을 하나 덧붙였다. 중립은 선택할 수 없으며 반드시 한 명 편에 서야 한다! 1회전이 끝난 뒤 5분간 휴식 시간이 주어지며, 레슬러는 그동안 다음 회전에서 어떤 주장을 펼칠지 조언을 구할 수 있다. 2회전에서도 각 선수에게 3분의 시간이 주어진다.

나는 관객들에게 시끌벅적하게 경기를 관람해 달라고 요청했다. 선수들에게 지지를 표하는 응원 함성이나 야유 둘 다 허용된다. 2회전이 끝난 뒤 관객들은 누구 편을 들지 최종으로 결정한다. 나는 한 사람도 빠짐없이 어느 선수를 지지할지 정해야 한다고 다시 한 번 강조했다. 이 집단은 편 가르기를 망설인다는 사실을 알고 있었기 때문이다. 이 과정이 끝나면 심판(관리 업무를 지원하기 위해 회의에 참관한 사장 비서들) 세 명이 누가 이 건축가 정글 대전에서 승리했는지 발표한다.

모두 들뜬 목소리로 이야기를 나눴다. 우리가 〈로키〉 주제곡을 틀자 모두 한바탕 웃었다. 몸 선수가 일어나 뇌 선수에게 도발적인 제스처를 취하면서 조롱을 보냈다. 시합이 시작된 것이다. 기꺼이 역할을 맡은 두 레슬러-건축가는 근본적으로 다른 두 미래에 대해 흥미롭고 예리한 주장을 펼쳤다. 그 덕분에 뻣뻣하고 예의를 차리고 보수적이고 점잖은 사람들은 그 20여 분 동안 소리를 지르고 야유를 보내고 웃고 조롱하고 귀를 기울였다. 어느 건축가가 결정을 못 내리고 미적거리며 두 선수의 중간 입장에 서려 하면 원래는 점잖았던 동료들이 몰아붙였다. "한쪽을 선택하세요!" 시합은 첨예하게 대립하는 열띤 토론을 낳았고 그것이야말로 이 건축가팀에게 필요한 것이었다.

시합 결과가 궁금한가? 정 궁금하다면 말하겠다. 몹 선수가 이 겼다.

이 건축가팀은 우리 대다수가 빠진 함정에 빠져 있었다. *상대의 기분을 상하지 않게 하려는 선한 의도가 정작 중요한 말은 한 마디도 하지 않는 습관을 낳았다. 그래서 새로운 아이디어가 오가지 않았다. 당연히 활발하고 솔직한 대화를 나눌 수도 서로 다른 입장을 표명할 수도 없었으며, 함께 지켜 나갈 중요한 합의를 도출할 수도 없었다.* 분란을 일으키면 안 된다는 핑계로 정말로 중요한 이야기를 회피함으로써 그들은 자신들이 정말로 중요하다고 생각하는 문제에 대한 답을 내놓지 못하고 있었다. 그렇게 자신들(개인과 회사 모두)의 미래에 대한 결정을 한없이 미루고 있었다.

우리는 모임에서 상처 입는 것을 두려워한 나머지 논쟁 자체를 피하는 경향이 있다. 논쟁은 언제나 본질적으로 위험을 내포하고 있다. 눈 깜짝할 사이에 통제 불능이 될 수 있기 때문에 우리는 그런 위험 자체를 감수하지 않으려고 한다. 그러나 그러는 동안 우리는 정말로 중요하다고 생각하는 문제에 대해서 남들과 솔직하게 소통할 수 있는 수많은 기회를 놓치고 있다. 책임지고 좋은 논쟁을 조율하는 것은, 즉 우리가 평소에는 피하기 일쑤인 논쟁에 틀을 부여하고 세심하게 이끄는 것은 회주에게 주어진 과제 중에서도 매우 어렵고 복잡하고 중요한 의무다. 그리고 제대로 해내기만 한다면 가장 큰 변화를 이끌어 내는 임무이기도 하다.

좋은 논쟁은 저절로 생겨나지 않는다

도대체 어떤 것이 '좋은 논쟁'일까?

좋은 논쟁이란 사람들의 관심사를 좀 더 깊이 들여다보도록 유도하는 논쟁으로, 위험도 따르지만 충분한 보상을 준다. 좋은 논쟁을 받아들인다는 건 단합이 모임에서 늘 가장 중요한 가치, 유일한 가치가 아니라는 발상을 이해하는 것이다. 좋은 논쟁은 가치관이나 우선순위처럼 우리가 소중히 여기고 타협하지 못하는 것들을 돌아볼 기회를 제공한다. 좋은 논쟁은 보수적이기보다는 혁신적이어서 현재보다 더 나은 무언가로 이어진다. 그리고 공동체가 앞을 내다보는 사고를 할 수 있도록 돕는다. 우리도 좋은 논쟁을 통해 성장한다. 좋은 논쟁은 말다툼이 한창일 때는 혼란스러울 수 있지만 제대로 작동할 때는 논점이 명백해지고 정화된다. 그리고 거짓이라는 독을 제거한다.

그러나 내 경험에 비추어 보면 좋은 논쟁은 저절로 생겨나지 않는다. 미리 설계하고 틀을 부여해야 가능해진다. 본질적으로 논쟁이란 사람들이 다툴 정도로 중요하게 여기는 주제를 두고 벌어지는 것이다 보니 바람직하지 않은 평화나 바람직하지 않은 갈등을 낳곤 한다. 아무도 자기 생각을 솔직하게 말하지 않거나(바람직하지 않은 평화) 내가 '추수감사절 문제'라고 부르는 것에 직면한다. '추수감사절 문제'란 모두가 그동안 쌓아 두었던 슬픔과 분노를 아무런 제재 없이 분출하면서 결국 목소리 큰 사람이 이기거나 사촌이 앞으로는 "친구랑 추수감사절을 보내겠다."라고 선언하고 나가 버리는 사태가 발생하는 것을 일컫는다. 의식적으로 도입하고 신중하게 틀을 짤 때 좋은 논쟁이 나올 가능성이 높아진다.

모임에서 그런 틀을 부여하는 방법 가운데 하나는 앞서 링 위에서의 시합 사례를 따라 하는 것이다. 그 사례에서는 의례를 활용해서 암묵적인 논쟁을 바깥으로 끄집어냈다. 모임 내에서 프로레슬링 시합이라는 일시적인 대안 세계를 창조해 솔직하면서도 파국으로 치닫지 않을 논쟁의 장으로 삼은 것이다. 이 사례에서는 앞서 살펴보았던 임시 규칙과 분위기를 띄우는 법을 응용했다. 링 위에서의 시합 목적은 어쨌거나 싸움이었다. **일상의 동료 관계에 적용되는 상황과 규범 내에서 논쟁을 벌일 방법이 없다면 그 상황과 규범을 잠시 바꾸는 수밖에 없었다. 그리고 안전하게 진행하기 위해 적절한 의례를 만들어 냈다.**

매해 공공선을 주제로 토론 대결을 주최하는 단체인 두섬씽닷오그DoSomething.org에서도 같은 방법을 쓴다. 이 대결을 홍보하는 포스터에 적힌 문구를 살펴보자. "산업계의 리더들이 비영리 분야의 다음과 같은 섹시한 주제를 놓고 벌이는 끝장 토론! '한 단체가 어떤 운동을 독점해서는 안 된다.' '해외 봉사는 백인 콤플렉스를 강화할 뿐이다.' '소셜미디어 캠페인도 결국은 슬랙티비즘(온라인 공간에서는 치열한 토론을 벌이지만 실제 정치·사회 운동에는 참여하지 않는 네티즌을 비꼬는 말-옮긴이)의 일종이다.' '널리 알리는 것만으로는 아무것도 바꾸지 못한다.'"[9] 이 토론 대결에서는 공공선 분야에서 금기시되는 주제를 전면에 내세우고 관객과 연사 들이 공개적으로 탐구한다.

많은 사회에서 자신들만의 레슬링 시합, 즉 갈등과 분쟁을 처리하는 공간을 별도로 만들어 의례를 치르고 있다.(그 덕에 다른 공간에서는 갈등과 분쟁이 제거된다.) 페루의 춤비빌카스에서는 마을 사람들이 매년 (평화의 왕자의 탄신일인) 크리스마스에 모여 서로 치고받는다.[10] 이 지역에서는 신뢰할 만한 사법부가 없기 때문에 이 싸움으로 한 해가 지나가기 전에 분쟁을 외부로 드러내어 해결하며, 모든 분쟁을 잊고 백지 상태로 새해를 맞이해야 한다. 남아프리카공화국 치푸디의 벤다족 남자들은 정기적으로 모여 무상그웨라는 권투 대회를 여는 풍습이 있다. 이 대회는 그동안 쌓인 감정을 풀고 해결하는 자리가 되기도 한다. 칠리지 은데바나는 쉰여섯 살 먹은 교사이자 가장이며 무상그웨 협회장이기도 하다. 권투 대회에서 '포이즌'이라는 이름을 쓰는 그는 《뉴욕 타임스》와의 인터뷰에서 이렇게 말했다. "마을에 문제가 있으면, 사람들이 다투고 있으면, 우리는 이렇게 말하죠. '잠깐, 싸우지 마. 무상그웨에서 이 문제를 해결하자.'"[11]

영화 〈파이트 클럽〉은 1990년대 후반 미국의 30대 남성들이 전반적으로 자신의 남성성을 잃고 있다고 느끼는 현상을 포착해서 담았다. 〈파이트 클럽〉에서는 매주 토요일 밤 이 남성들이 모여 자기 자신을 분출하는 지하 모임 '파이트 클럽'을 그린다. 이 영화에서 한 인물은 이 모임을 그들이 "이케아식 보금자리 꾸미기의 노예"가 되지 않아도 되는 곳이라고 표현한다. 파이트 클럽은 주먹다짐, 폭행, 고통 유발 등 현대 남성이 직장과 가정에서 해서는 안 되는 것들이 허용되는 공간으로, 자신의 어두운 면을 일상에서 분리해서 더 안전한 장소에서 분출하고 해소한다는 아주 오래된 관념을 차용했다. 이렇듯 다양한 유형의 파이트 클럽은 시작, 중간, 끝이 있는, 매우 엄격한 규칙과 전통과 의례를 따른다. 그렇다. 이런 파이트 클럽은 실제로 격투를 벌이는 공간이지만 건축 회사 사례에서 활용한 레슬링 시합과 같은 역할을 한다. 안전한 장소에서 갈등을 들춰내서 통제되고 건설적인 방향으로 풀어낸다.

당신의 모임에서도 의례화된 논쟁이 유용할 수 있다. 물론 나는 논쟁이 모든 행사에 필요한 것은 아니라고 생각한다. 많은 경우 평소에 하지 않던 것을 갑자기 시도하는 것은 바람직하지 않다. 때로는 우선 모임 참가자들의 입장이 극명하게 갈리는 주제가 무엇인지 탐색한 다음에 위험을 최소화하는 토론 규칙을 마련하고, 규칙을 지키며 그 주제로 대화의 장을 여는 것이 좋다. 그렇게 하면 관대하면서도 뜨거운 논쟁의 불꽃이 타오를 것이다. 이 방법은 우리 시대에 정치적으로 가장 첨예한 분열과 갈등을 낳은 문제를 해결하려고 노력하는 10여 명의 지도자를 초대한 어느 모임을 조력할 때 내가 쓴 방법이기도 하다.

분열 지도, 안전한 공간, 기본 규칙

어느 날 전화 한 통을 받았다. 영국에서 열리는 모임에 조력자로 참여하지 않겠느냐는 내용이었다. 아무도 선뜻 나서지 않는 모양이었다. 유럽 정치 지도자 10여 명이 모인다고 했다. 이들은 모두 같은 문제를 아주 다른 방식으로 해결하려고 노력하고 있었다. 엄밀하게 말하면 이들은 그 문제에서 같은 편이었지만 이들 사이에는 길고도 복잡한 역사와 산적한 국내 정치 문제들이 가로놓여 있었다. 그런데 이들이 협력해서 추진한 글로벌 프로젝트를 돌아보는 자리를 가진다는 것이었다. 그 프로젝트는 실패했다고 평가받고 있었지만, 그들 중 누구도 실패를 인정하지 않으려고 했다. 적어도 함께 있는 자리에서는 그런 내색을 하지 않았다. 그 모임을 기획하는 시간으로는 딱 3주만이 주어졌다.

주최 측에서는 점잖게 거짓 합의라는 포장을 유지하는 것과, 포장을 벗기고 이면에 깔려 있는 (인간관계 또는 전략에 따른) 문제를 깊이 파고드는 것, 어느 쪽으로 진행하든 상관없다는 태도를 보였다. 한편으로 그들은 이 동맹 관계를 유지하려면 모든 것이 잘 돌아가는 척하고 있는 편이 나을 거라고 판단했고, 다른 한편으로는 소기의 목적을 달성하지 못했으니 실패를 인정하고 그 원인을 제대로 분석할 때가 되었다고 생각하는 듯했다. 나는 이 모임에 처음 참가했고, 당사자가 누구인지, 서로 어떤 관계에 있는지 다 파악하지 못한 상태였다. 그래서 내가 좋은 논쟁을 유도하고 싶을 때 거치는 단계를 밟기로 했다. 나는 분열 지도를 그렸다.

어떤 집단에서나, 심지어 서로 모르는 사람들만 모인 집단에서조차 유독 더 뜨거운 논쟁을 일으키는 주제가 있다. 이런 대립은 갈등, 금기, 도발, 권력 불균형, 위선, 정체성 충돌 같은 것에서 비롯된다. 내가 하는 일 가운데 하나가 그렇게 집단을 분열시킬 수 있는 원천을 파악하고 그것을 어떻게 다룰지 정하는 것이다. 교회에서는 교구 내에서의 동성 결혼이나 헌금의 사용처가 그런 분열을 낳을 수 있다. 뉴스 편집실에서는 어떤 기사를 종이 신문 1면 혹은 홈페이지 메인에 실을지를 두고 입장이 맞설 수도 있고, 아직 공식 발표되지 않은 해고 소식도 분열을 낳을 수 있다. 대학교 행정처에서는 후원 입학 지원자 처리나 건물 이름을 새로 정하는 것을 두고 논쟁이 격렬해질 수 있다. 주제가 사람들의 두려움, 필요, 자아감에 영향을 미치거나 위협을 가할 때, 그리고 권력의 원천을 건드릴 때 논쟁에 불꽃이 튄다. 그런데 이런 요소를 세심하게 다루면 변화를 일으키는 모임이 된다. 일상적인 대화 밑에 깔린 가치관을 건드리기 때문이다.

이렇게 분열을 낳는 지점을 다루려면 그 지점이 어디인지를 알아야 한다. 따라서 분열 지도를 만들어야 한다. 다음 질문들을 자기 자신이나 다른 사람에게 던져 보자. 사람들이 피하고 있지만 피하고 있다는 걸 모르는 주제는 무엇인가? 이 모임의 성우(sacred cow. 지나치게 신성시되어 비판과 의심이 허용되지 않는 관습이나 제도-옮긴이)는 무엇인가? 모두들 알면서도 말하지 않는 것이 있는가? 우리는 무엇을 지키려 하고 있는가? 그리고 그 이유는?

앞서 언급한 건축 회사의 회의를 준비하는 과정에서 나는 여러 차례 일대일 면담과 대화를 나누었다. 이를 통해 이들에게 논쟁을 불러일으킬 수 있는 주제는 회사의 정체성, 즉 앞으로 어떤 회사가 되고 싶은가, 라는 문제임을 알 수 있었다. 나는 정치 지도자들이 모이는 회의도 같은 방식으로 접근했다. 이 지도자들의 입장이 갈리는 분열 지점은 어디인가? 그중 파헤쳐 볼 가치가 있는 쟁점은 무엇인가?

할 일이 많았다.

먼저 참가자들에게 일일이 전화를 걸어 인터뷰를 했다. 신뢰를 얻고 친분을 쌓으려고 노력했다. 나는 그들이 이 프로젝트에서 어떤 부분이 미진했다고 생각하는지, 그런 결과가 나온 주된 이유가 뭐라고 생각하는지를 알아내려고 애썼다. 두 가지가 눈에 띄었다. 첫째, 이 프로젝트의 주된 문제가 프로젝트 자체와 참가자들 사이의 관계에 있는지, 아니면 프로젝트와 프로젝트에 반대하는 이들 사이의 갈등인지를 두고 근본적인 이견이 있었다. 둘째, 참가자들이 소속된 기관의 규모, 자원, 인지도 차이로 빚어진 엄청난 권력 불균형이 참가자들 간 이루어지는 모든 상호작용에 영향을 끼쳤다.

당연한 거겠지만, 영향력이 작은 기관은 영향력이 큰 기관에 비해 프로젝트 진행 상황에 더 불만이 많았다. 이러한 불만들은 거의 다 대리전쟁을 통해 분출되고 있었다. 전단지를 어떤 언어로 만들지, 자료를 어떻게 공유할지, 연단에 누가 올라갈지, 어느 나라 신문에 관련 기사를 실을지 같은 사안을 두고 다툼이 벌어졌다. 겉보기에는 사소한 의견 충돌로 보이는 이런 갈등들은 이 프로젝트 참가자들 사이에서는 많은 사람들이 중시하는 더 큰 문제를 함축하고 있었다.

첫 전화 인터뷰를 끝낸 뒤 나는 참가자들이 주된 문제라고 여기는 것을 구체화하도록 유도하는 질문을 담은 디지털 설문지를 작성했다. 참가자들에게 모임 전에 완성해서 내게 보내 달라고 요청했고, 설문지 답변은 회의 당일에 큰 소리로 모두에게 읽어 줄 거라고 알렸다. 물론 작성자가 누구인지는 밝히지 않을 거라고 했다. 비밀이 보장되는 전화 인터뷰와는 달리, 비록 익명성은 보장되지만 내용이 공유될 거라는 사실을 염두에 두고 참가자들은 답을 해야 했다. 이런 변화를 줌으로써 나는 회의로 가는 과정에 참가자들이 감수해야 하는 위험 수준을 한 단계 높였다. 설문지에는 참가자의 출신 배경에 관한 질문도 들어 있었다. 참가자 스스로 자신의 핵심 가치관을 돌아볼 기회를 주기 위해서였다. "유년 시절이나 청년기에 당신에게 깊은 영향을 주었고, 어떤 면에서는 오늘날 당신이 이 일을 하게 된 계기가 된 순간에 대해 말해 주십시오." 그러나 대다수의 질문은 프로젝트에서 부족하거나 미진한 부분에 대한 것이었다. "이 프로젝트에서 정치적으로 올바르지 않거나 금기인 것이 있다면 무엇이라고 생각하십니까?" "프로젝트 참가자들에게 지금 가장 필요한 대화는 무엇이라고 생각합니까?"

참가자들은 설문지를 정성 들여 작성했고 다행히도 솔직하게 답을 했다. 나는 그들의 목소리와 관심사를 회의실에서 드러내는 데 필요한 재료와, 레슬링 시합이 아닌 대화를 주재하는 데 필요한 재료들을 손에 넣었다.

늘 하던 대로 나는 회의 전날 다 함께 저녁 식사를 해야 한다고 고집했다. 내 일을 회의실로 들어가 논쟁을 일으키는 것으로 시작하고 싶지는 않았다. 우선은 참가자들의 마음을 열어야 했다. 그날 우리는 '갈등'을 주제로 삼아 15인의 건배사 모임을 가졌다. 이 단어를 중립적인 단어로 만들고 싶었고 이 단어에도 밝은 면이 있다는 것을 보여 주고 싶었기 때문이다. 사람들은 이 주제를 처음 듣고 당황한 듯한 모습을 보였지만 곧이어 건배사가 시작되었다. 노래하기를 꺼려하는 사람들이 많아 저녁 내내 이어진 건배사를 통해 가족 간 갈등, 친구 간 갈등을 비롯해 온갖 종류의 갈등이 터져 나왔다. 그 갈등들 가운데 참가자들 사이에서 가장 큰 울림을 일으킨 것은 바로 내면의 갈등이었다. 건배사를 통해 몇몇 지도자들에게서 이전에는 보지 못했던 모습을 볼 수 있었다. 그런 모습에서 우리는 결정적인 가르침을 얻었다. 다음 날 있을 모임에 도움이 되는 중요한 깨달음이었는데, 참가자들도 인생이 던지는 모든 문제에 대한 답을 찾지는 못한 복잡하고 다층적인 사람들이라는 사실을 모두가 다시금 확인할 수 있었기 때문이다. 그리고 좋은 갈등은 우리를 새로운 곳으로 인도할 수도 있다는 사실을 깨달은 것도 커다란 수확이었다.

나는 회의 당일을 전체 토론으로만 채우기로 했다. 이렇게 바쁜 인사들이 한자리에 모이기는 쉽지 않을뿐더러, 이들은 허심탄회한 대화는 비공식 석상이나 별도로 마련한 자리에서만 나누는 경향이 있었다. 나는 이들이 모여서 자신들이 직면한 문제를 솔직하고 활발하게 이야기할 수 있는 근육을 기를 수 있는지를 한번 지켜보고 싶었다.

그래서 먼저 그날 회의에 적용할 기본 규칙을 세웠다. 나는 다음과 같은 질문을 했다.

- 어떻게 해야 안전하다고 느끼시겠습니까?
- 참가자들이 어떻게 해 줘야 오늘 대화에서 기꺼이 위험을 감수하시겠습니까?

시간을 내어 이런 질문을 함께 고민하면 참가자들이 대화에 적극 참여하고 대화 내용에 더 귀 기울이도록 유도할 수 있다. 내가 **일방적으로 규칙을 전달하는 대신 규칙을 함께 정하면 그들이 과거에 만났을 때 논의를 가로막았던 행동들에 이름을 붙이고 돌아볼 수도 있게 된다. 그리고 이를 바탕으로 새로운 행동을 유도할 새로운 규칙을 만들어 낼 수 있다. 덤으로 규칙에 정당성을 부여하는 장치도 마련되어 조력자가 "이것은 여러분이 제안한 규칙입니다."라고 말할 수 있게 된다.**

기본 규칙을 정한 뒤 나는 이름 붙이기 2막에 돌입했다. 설문지의 답변들을 소리 내어 읽었다. 질문과 주제에 따라 답변을 분류했고 최대한 익명성이 보장되도록 각색했다. 나는 참가자들의 개인적인 일화를 모두에게 들려주기 시작했다. 흔히 그러하듯 많은 참가자가 그동안 알려지지 않았던 어린 시절의 강렬한 이야기를 공유했다. 그 이야기들은 전날 저녁 모임에서 사람들이 느꼈던 감정을 되살려 주어 그 감정의 끈을 다시 이어 나가는 데 도움이 되었다. 설문지에서는 다양한 주제가 다뤄지고 있었지만 나는 금기에 관한 답변들을 읽는 데 훨씬 더 많은 시간을 할애했다. 답변들을 읽기 전에 나는 참가자들에게 포스트잇을 나눠 주고 내가 읽는 글에서 어떤 단어나 문구가 마음에 와닿으면 적어 달라고 부탁했다. 답변들을 읽는 동안 참가자들이 부지런히 받아 적는 것을 볼 수 있었다. 이 과제는 참가자들에게 뭔가 할 일을 주었고 인상 깊은 문구를 기억하도록 도왔다.

나는 정리한 답변들을 다 읽은 뒤에 회의실을 둘러보았다. 참가자들은 허리를 세우고서 내게 집중하고 있었다. 이상한 표정을 짓고 있는 사람도 있었다. 나는 지체하지 않고 한 사람씩 자기가 받아 적은 문구 중에 두 개만 읽어 달라고 요청했다. 이것도 이름 붙이기의 한 과정이었다. 20분도 채 지나지 않았을 때, 이전에는 이 프로젝트 팀에서 한 번도 언급되지 않았던 문구들이 모두의 귓가에 맴돌고 있었다. 서로 다른 참가자가 같은 문구를 반복해서 언급하는 경우도 꽤 있었다. 이 집단에서 공명이 일어났다는 뜻이다. 우리는 그런 주제들을 하나씩 살펴 가며 대화를 이어 나가는 대신 모든 것이 잘 보이게 확 펼쳐 놓고 대화를 시작했다. 반창고를 한 번에 확 떼어 내듯이 말이다. 회의를 시작한 지 90분도 안 되었을 때 이미 확연한 기대감과 안도감이 회의실을 가득 채웠다.

나머지 일정은 참가자 대다수가 공감을 표한 주제인 '금기'에 초점을 맞추었다. 우리는 금기라고 생각되는 것들을 하나하나 제시하고 살펴보았다. 나는 여섯 시간 동안 대화가 순조롭게 이어지도록 내가 아는 온갖 방법을 동원했다. 우리는 90분간 대화한 후에 잠시 휴식하고, 다시 90분간 대화한 후에 휴식하기를 반복했다. 점심시간을 따로 두지 않고 대화를 이어 나갔다. 일부 참가자가 대화를 독식하는 것 같으면 내가 개입해서 기본 규칙을 상기시키기도 하고, 다소 소극적인 참가자에게 발언권을 주기도 했다. 어떤 주제에 대해 참가자 두 명이 대립할 때, 그런 의견 충돌이 집단 전체에 도움이 된다고 판단되면 진정시키기보다는 조금 더 깊이 파고들게 했다. 한번은 과거의 특정 사건에 대해 두 사람이 대립각을 세웠다. 한쪽은 이런 식으로 말했다. "좋습니다. 그건 비공식적인 자리에서 더 논의해 보죠."

그러나 제3의 참가자가 그 사건은 몇몇 참가자들 사이의 관계를 실제로 반영하고 있으므로 다 함께 그 사건에 대해 논의하는 게 좋겠다고 제안했다. 다른 참가자들도 동의했으므로 나는 모두의 앞에서 그 두 사람이 논쟁을 계속할 수 있도록 이끌었다.

나는 참가자들에게 표면 아래에 감춰진 것들, 즉 우리 이야기의 밑바탕에 깔려 있는 전제들을 꺼내야 한다고 거듭 강조했다. 사람들이 너무 흥분했다 싶으면 흥분을 조금 가라앉히고 "빙산의 일각이 아닌 그 아래"를 보도록 이끌었다. 수면 위에 떠 있는 개별 사건에 매몰되지 말고 그 밑바탕에 깔린 신념, 가치, 욕구가 무엇인지를 생각해 보라고 말했다. 누군가 한 말의 의미가 다른 참가자들에게 더 잘 전달될 수 있도록 도왔다. 꼭 동의하지는 않더라도 이해할 수는 있도록 말이다.

그날 내내 나는 건축 회사 사례에서처럼 참가자들이 그저 서로를 점잖게 대하는 대신 좋은 논쟁을 벌이게 했다. 그들이 하나의 집단이 되어 서로를 지켜볼 수 있도록 근육을 길러 주었다. 나는 집단 전체와 각 참가자들이 잘 따라오고 있는지를 끊임없이 확인했다. 휴식 시간이 필요하면 휴식 시간을 가졌다. 긴장감이 감돌았지만 웃음이 터져 나오는 순간도 그에 못지않게 많았다. 긴장감이 한창 고조되어 있을 때도 그랬다. 한번은 이 프로젝트에 비교적 최근 합류한 참가자가 걱정스럽게 말했다. "왜 이렇게 부정적인 것에만 집중하는 거죠? 비생산적이지 않나요?" 나는 잠시 침묵했다. 반박하거나 변호하지 않고 기다렸다. 그러자 비교적 나이 많은 참가자가 그를 자애로운 눈빛으로 바라보며 이렇게 말했다. "그렇지 않아요. 오늘 우리는 지난 25년간 불가능했던 전환점을 맞이했어요. 그전에는 이런 대화를 나누지 못했거든요."

분열 지점을 정면 돌파함으로써 참가자들은 서로와 소통하는 더 생산적인 방법을 찾기 시작했다. 언제 협력하고 언제 협력하지 않아야 하는지 더 명확하게 인지하기 시작했다. 그리고 무엇보다 그동안 가슴에 쌓아 두고 있던 것들을 털어 낼 수 있었다.

시간이 지날수록 더 많은 위험을 감수하는 참가자들이 늘어났다. 그들은 자신이 설문지에 적은 내용을 직접 이야기하기 시작했다. 전화 인터뷰에서 내게 했던 말을 당당하게 소리 내어 말하기도 했다. 그날 회의가 끝난 뒤 그들은 앞으로도 계속 만나서 이런 대화를 더 깊이 나누기로 했다. 한 발짝 앞으로 나아간 것이다.

어떤 선물을 얻게 되는가? 어떤 위험을 감수해야 하는가?

어떤 모임에서나 논쟁을 이끌어 내는 일에는 위험이 따른다. 하지만 논쟁에 초점을 맞춰 모임을 기획하거나 모임 틀을 짰을 때 얻는 이점도 있다. 그렇다고 해서 모든 모임에 논쟁이 필요하다는 말은 아니다. 나는 논쟁을 통해 좋은 결과를 얻을 수 있을 거라고 믿을 때에만 좋은 논쟁을 기획한다. 적어도 논쟁으로 얻는 이득이 논쟁에 수반되는 위험과 손해를 상쇄할 수 있어야 한다. 모임을 기획할 때는 이런 손익 계산을 해야 한다.

이 책을 쓰기 위해 자료 조사를 하면서 나는 이다 베네데토를 만났다. 베네데토는 손님들이 평소에는 도전하지 못하는 위험한 일을 안전하게 시도할 수 있는 비공식 비밀 모임을 운영한다. 스스로를 "탈선 컨설턴트"라고 부르는 베네데토와 동료 오스틴은 섹스탄트웍스Sextantworks라는 모임 설계 회사를 함께 설립했다. 뉴욕의 저수탑에서 7주간 운영한 주류 밀매점 나이트 헤론Night Heron이 이 회사의 작품이다. 베네데토와 오스틴은 티모시 컨벤션Timothy Convention이라는 가짜 대회를 창립하기도 했다. 티모시 컨벤션은 뉴욕을 대표하는 월도프 애스토리아 호텔에서 매년 열리는 플래시몹 행사다. 이 대회에서는 서로 모르는 100명의 사람들이 검은 정장을 차려입고 호텔로 몰려와 "무해한 탈선행위"를 완수해야 한다. 호텔 투숙객에게 룸서비스를 제공한다든지, 가운을 입고 그런 차림에 어울리지 않는 곳에 간다든지, 팀 인원수에 맞게 월도프 애스토리아의 포크 나이프 세트를 손에 넣는다든지, 호텔 투숙객 두 명에게서 명함을 받는다든지, 호텔 청소 도구 창고에서 팀 단체 사진을 찍는다. 베네데토와 오스틴은 "뉴욕에서 가장 시끌벅적한 비공식 행사를 주최하는 사람들"로, 이들이 주최한 행사는 "결코 잊지 못할" 저녁으로 묘사되고 있다.

이들의 모임이 시시해 보일지도 모르지만 베네데토는 더 진지한 목적을 품고 이런 모임을 기획한다. 매번 모임을 기획할 때마다 베네데토는 스스로에게 이렇게 묻는다. '이 모임으로 얻는 선물은 무엇인가? 어떤 위험을 감수해야 하는가?' 그는 자신이 여는 모든 행사가 특정한 사람들의 특수한 필요를 충족시킨다고 생각한다. 그러나 선물을 받고 싶다면 어느 정도 위험을 감수해야만 한다. 베네데토는 말했다. "위험에서 자유로운 선물은 존재하지 않아요." 그는 위험을 "어떤 사람의 현재 상태에 위협이 되고, 현재 상태를 뒤흔들어 불안정하게 만들 수 있는 것"으로 규정한다.

베네데토의 모임에서 위험은, 이를테면 폐쇄된 건물에 불법 침입하기와 같이 대체로 법적이고 물리적인 것이지만 심리적인 위험이기도 하다. 티모시 컨벤션은 사소한 금기나 사회 규범을 어기는 내용으로 짜여 있지만, 행사 전체를 보면 참가자들이 자신에게 허용된다고 여기는 제약을 무시함으로써 "한계 뛰어넘기"와 "뉴욕과의 관계 바꾸기"를 실천하는 걸 돕는 쪽으로 디자인되어 있기 때문이다. 다음 모임에서 좋은 논쟁을 이끌어 내기로 결정했는가? 그렇다면 베네데토가 던진 질문에 먼저 답해 보자. 이 쟁점을 들춰내서 얻는 선물은 무엇인가? 어떤 위험을 감수해야 하는가? 그럴 만한 가치가 있는가? 논쟁을 세심하게 진행할 능력이 있는가?

Chapter

8

모든 것에는
끝이 있다

이제 당신이 모임을 통해 창조한 세계를 손님들이 떠날 수 있도록
또 다른 선, 즉 퇴장선을 그을 때가 왔다. 이번에도 회주는 손님들이 이 선을
건너갈 수 있도록 도와야 한다. 성공한 모임의 마지막 순간은 암묵적이든
명시적이든 이 선을 건너는 것, 즉 모임이 끝났다는 신호이다.
달리 말해 마무리 과정의 마무리는 분명한 점을 찍어서 참가자들이
정서적으로 모임으로부터 풀려나도록 하는 것이다.

밤이 깊었다. 밤새 달릴 수 있는 손님도 있고 눈꺼풀이 무거워 보이는 손님도 있다. 졸업반의 마지막 학생이 연단에서 졸업장을 받았다. 콘퍼런스에서의 마지막 강연이다. 남들보다 먼저 짐을 찾으려고 사람들이 주섬주섬 물품보관표를 챙긴다. 가족들이 다시 뿔뿔이 흩어지기 전 마지막으로 함께 먹는 아침식사다….

모임은 어떻게 마무리해야 할까? 어떻게 하면 좋은 분위기에서 모임을 끝낼 수 있을까? 어떻게 해야 우아하게 작별 인사를 나눌 수 있을까?

제발 나랑 헤어져 줘

앞서 살펴보았듯이 많은 모임에서 시작 없이 모임을 시작하곤 한다. 환영받고 안내받기를 바라는 인간의 욕구에 맞게 개회사를 하거나 음식을 제공하여 참가자들을 모임으로 불러들이는 대신, 대다수 모임이 공지사항을 전달하거나 소식을 발표하거나 사무를 처리하거나 후원자를 언급하는 식으로 시작된다.

이제 그것만큼 심각하면서도 그것과는 정반대 쪽에 있는 문제를 살펴볼 차례다. 바로 제대로 된 마무리 없이 모임을 끝내는 경향이다. 모임에서만큼은 우리 대다수가 확실하게 이별을 고하지 않은 채 연락만 끊어 버리는 고약한 사람이 되곤 한다. 그러면서도 스스로를 배려심 있고 절제하는 사람이라고 착각한다. 그러나 **손님들은 연인과 마찬가지로 제대로 된 이별 선언을 들을 자격이 있다.**

회주가 모임을 제대로 마무리하지 않는 것은 나쁜 사람이라서가 아니다. 그냥 별 생각 없이 건너뛰는 것일 뿐이다. 모임의 다른 요소처럼 모임의 끝도 저절로 다가와서 지나갈 거라고 믿기 때문이다. 모임의 끝을 마치 석양을 바라보듯 하는 것이다. 그러나 나는 미니애폴리스에서 연 모임의 끝을 지켜보면서 모임의 끝이 결코 석양이 될 수는 없다는 사실을 깨달았다. 모임의 끝이 석양이었다면 저절로 왔다가 알아서 지나갔을 테니까.

나는 미니애폴리스에서 어느 재단이 주최한 1박 2일짜리 워크숍을 동료 조력자와 함께 보조하고 있었다. 우리의 역할은 외부 평가자들이 재단이 후원하는 사업의 효과를 측정하는 방식을 바꾸도록 돕는 것이었다. 이게 별일 아닌 것으로 보이겠지만, 비영리 분야에서 사업 효과 측정 방식을 바꾸는 건 핵심적이고도 논쟁이 치열한 이슈다. 평가자들이 측정하는 기준과 방식을 바꾸면 조사 결과도 달라지고, 어떤 유형의 사업이 효과적이며 어떤 유형의 사업이 효과가 없는지에 관한 판단도 달라진다. 그리고 재단이 후원하는 사업도 바뀔 것이다. 재단에서는 어떤 사업이 실제로 효과가 있는지에 대한 기존 가설을 재점검할 준비가 되어 있었다. 이는 장기적으로 몇몇 비영리 단체와 관계를 끊고 새로운 사업들에 후원을 시작한다는 뜻이다. 사업 평가에서의 이런 작은 변화는 궁극적으로는 미국의 후원 활동 생태계 안에서 이 재단의 정체성과 역할에도 영향을 주게 된다.

이틀 동안 우리가 맡은 임무는 평가자들이 어떻게 가치를 평가하도록 훈련받았는지를 살펴보고 그 방식을 바꾸는 것이었다. 우리는 새로운 접근법을 가르치는 일보다는 그런 새로운 접근법을 받아들이고 더 나아가 믿도록 설득하는 일을 하도록 고용되었다.

우리는 워크숍 내용을 짜는 데 준비 기간을 통째로 쏟아부었다. 역할극을 짜고 복잡한 토론을 계획했다. 우리도 완전히 이해 못한 주제에 관한 전문적인 논의를 진행할 방법을 고민했다. 강연, 프로그램 진행 단계, 휴식 시간을 포함한 모든 것을 하나도 빠짐없이 분 단위로 꼼꼼하게 설계했다. 단, 워크숍의 마지막 10분을 어떻게 보낼지만 빼고. 우리는 워크숍의 끝을 석양처럼 맞이할 수 있을 거라고 막연히 기대했다.

눈 깜짝할 사이에 이틀이 지나 벌써 마지막 시간이 진행 중이었다. 행사가 공식적으로 끝나기까지 불과 7분만이 남아 있었다. 우리는 이 워크숍을 어떻게 마무리할지에 대해 드러내 놓고 논의하지 않았다. 선임 조력자가 연단에 올라서서 시계를 보고는 공항으로 가는 셔틀 편에 대해 공지했다. 청중은 그가 어떤 말을 할지 기다리며 그를 유심히 바라봤다. 강의실은 여전히 기대감으로 가득 차 있었다. 그는 청중을 내려다봤다. 이제 우리가 할 일은 모두 끝났다고 생각하고 있었을 것이다. 하지만 청중은 그가 무슨 말을 더 해 주기를 기다리면서 그를 계속 지켜봤다. 그가 마침내 입을 열었다. "네, 감사합니다!" 청중은 여전히 눈을 돌리지 않았다. 그는 다시 한 번 말했다. "여기까지예요. 워크숍은 끝났습니다!" 마침내 어색한 침묵 속에서 더는 기다릴 것이 없음을 깨달은 청중이 하나둘 자리를 뜨기 시작했다. 참석자들은 대화를 나누면서 가방을 챙겨서 나갔다.

우리는 마무리 없이 마무리했다. 우리는 그들이 이틀 동안 흡수한 게 무엇인지를 확인하지 않았다. 그들이 무엇을 받아들였는지 파악하지 않았다. 새로운 접근법을 조사관들에게 재교육하는 것을 비롯해 워크숍에서 배운 것을 일상 업무에 적용하는 방법에 대해서도 이야기를 나누지 않았다. 그리고 무엇보다 우리는 시계가 모임의 끝을 선언하도록 내버려 두었다. 고작 시계 따위에 맡겨 버린 것이다! 우리는 모임에서 가장 중요한 두 가지 순간 중 하나를 텅 비워 두었다. 참가자들이 무언가를 더 바라는 표정을 지으며 그런 부재에 의문을 제기했음에도 의미 있게 마무리하기를 거부했다.

이 이야기에서 위안 거리로 삼을 만한 것은 나만 그런 실수를 저지르는 게 아니라는 사실뿐이다. 초청장에 밤 10시에 끝난다고 적었기 때문에 서둘러 손님들을 내쫓는 파티, 마지막 발표를 3시 30분에 마친 뒤에 더는 안건이 없다는 이유로 흐지부지 흩어져 버리는 콘퍼런스, 학교 종이 울려서 오전 8시 32분에 그냥 끝나고 만 조회시간…. 대다수 모임에서 회주는 행사가 끝났음을 알리는 구체적인 매듭의 순간(진짜 작별 시간)을 선포하는 대신 행사가 깜빡거리다가 사라지도록 내버려 두는 소극적인 태도로 임한다. 너무 많은 모임이 끝나지 않은 채로 끝난다.

마무리가 중요한 이유

즉흥 연기 수업을 들은 적이 있다. 강사인 데이브 소여는 수강생들에게 그냥 좋은 배우와 뛰어난 배우를 구분하는 지점은 어떤 배우든 충분히 고민하고 계획을 세우는 등장 장면이 아니라, 배우가 무대에서 퇴장하는 순간이라고 말했다. 그냥 좋은 배우는 극적으로 등장해 배역을 완벽히 소화하면서 대사를 친다. 그리고 연기가 끝나면 자기 역할을 다했다고 생각하고는 서둘러 무대를 빠져나간다. 이에 비해 뛰어난 배우는 무대에서 어떻게 퇴장할지에 대해서도 똑같이 고민한다. 뛰어난 회주도 마찬가지다. 뛰어난 회주는 뛰어난 배우와 마찬가지로 **일을 어떻게 마무리하는지가 일을 어떻게 시작하는지만큼이나 사람들의 경험과 보람과 기억을 빚는 데 영향을 준다**는 사실을 잘 안다.[1]

첫 열여섯 마디만 듣고도 자신이 그 오페라를 좋아할지 말지를 알 수 있다고 말한 네오 무양가가 마무리에 대해 뭐라고 말했는지 궁금하지 않은가? 그는 오페라에서 두 번째로 중요한 부분은 "오페라 악보의 마지막 네 페이지"라고 말했다. "이 부분에서 작곡가는 합주

단이 연주한 첫 음들의 정당성을 마지막으로 확인해야 하고, 지휘자는 방금 전에 마법처럼 불러낸 대안 세계 전체를 깊은 심연으로 밀어서 떨어뜨리고 청중의 영혼을 다시 현실 세계로 불러들여야 한다."는 것이 그의 설명이다.

엄청난 요구처럼 들린다. 그러나 얼핏 느껴지는 것만큼 무리한 기준은 아니다. 무양가가 감상하는 오페라처럼, 희망컨대 회주인 당신도 모임에서 일시적인 대안 세계를 창조했을 것이다. 그리고 **회주라면 손님들이 그 대안 세계의 문을 닫고서, 그 세계에서의 경험 중 어떤 것을 들고 나와, 자신들이 떠나왔던 일상 세계로 다시 돌아가도록 도울 임무를 지니고 있다.** "그래서, 그건 도대체 어떻게 하는 건대요?" 아마도 이게 궁금할 것이다. 그 방법은 어느 교수가 연 깜짝 데킬라 파티처럼 아주 간단할 수도 있다.

버지니아 대학교 교수인 마이클 J. 스미스는 마무리를 제대로 할 줄 안다. 그는 20명씩 학생들을 묶어 2년 동안 집중 세미나 수업을 하는 정치철학 심화 과정을 담당하고 있다. 이 프로그램의 하이라이트는 수료 논문 제출이다. 학생들은 이 논문을 작성하는 데 1년 이상의 시간을 들이며, 마지막 몇 주는 밤샘으로 채워지는 아주 가혹한 시간이 된다. 어느 학생이나 자신이 살아오면서 가장 치열하게 보낸 몇 주로 꼽는다.

스미스 교수는 매년 학생들에게 수료 논문을 완벽하게 마무리한 뒤에 4월 둘째 금요일 오후 5시에 자기 연구실로 제출하라고 이른다. 교수들은 대부분 학생들이 제본한 논문을 두고 돌아가도록 연구실 문밖에 상자 하나를 둔다. 그러나 스미스 교수는 마감 시간이 되면 연구실에서 데킬라 잔들이 놓인 쟁반을 들고 학생들을 기다린다. 그 모습을 본 학생들은 놀라면서도 반가워한다. 제출할 논문 두 부를 들고서 복도 끝에 있는 그의 연구실에 도착했는데, 상자에 논문을 넣고 돌아가는 대신 스미스 교수의 환영을 받으며 깜짝 파티를 열고 논문 이후의 삶으로 안내받는다. 그런 간단한 행동만으로도 끝이 마무리가 된다. 스미스 교수는 논문 제출이라는 행위를 학생들이 결코 잊지 못할 순간과 연결시킨다. (2004년 수료생인 나도 그런 학생 중 한 명이다.)

모임의 죽음을 받아들여라

모임을 잘 마무리하는 첫 단계는 기술적이라기보다는 영적이거나 형이상학적이다. 무엇보다 앞서, 모임에 끝이 있음을 받아들여야 한다. 회주는 모임의 죽음이 불가피하다는 사실을 받아들여야 한다.

아주 뜬금없거나 너무나도 당연한 지침처럼 들릴 수도 있다. 모임에 끝이 있다는 것을 받아들이지 못하는 사람이 어디 있을까. 사람들은 왔다가 간다. 회주는 작별 인사를 건넨다. 도대체 누가 받아들이지 못했다는 것인가?

조금 더 자세히 들여다보자. 많은 모임에서 분위기가 가라앉는 건 필연적이다. 그러면 회주나 손님, 아니면 둘이 함께 모임을 좀 더 끌고 가려고 눈에 잘 보이지 않는 노력을 시작하는데, 그런 시도는 대체로 실패로 끝난다. 우리는 이런 노력을 애정 어린 눈길로 바라보곤 하며, 가끔은 이런 노력이 실제로 멋지기도 하다. 그런데 그런 노력은 모임에 분명한 마무리가 없을 때 나타나는 증상이기도 하다. 우리는 결혼 피로연장에서 밴드에게 〈마지막 노래One Last Song〉를 마지막으로 연주하게 한다. 그런데 그 부탁은 한 번으로 그치지 않고 서너 번 거듭된다. 그러니까 밴드는 같은 노래를 서너 번 반복하는 셈인데, 맨 처음 연주가 작별 인사를 대신하는 천둥소리였다면 그 뒤를 잇는 연주들은 천천히 바람이 빠지는 풍선 같은 느낌을 준다. 우리는 디너파티에서 손님들을 식탁에 오래도록 붙들고 있다. 한두 사람은 이미 꾸벅꾸벅 졸기 시작했는데도 집에 가장 가기 싫어하는 사람이 머물고 싶어 하는 한 파티를 끝내지 않는다. 우리는 콘퍼런스가 끝나고 난 뒤 "이 모임의 정신을 계속 살리기 위해" 왓츠앱 단체 채팅방을 만든다. 우리는 포기하는 것이 나을 무언가를 지속하겠다고 약속한다.

모임이 영원할 수 없다는 것을 인정하는 건 모임을 운영하는 기술의 하나다. 막연하게나마 모임을 연장하려고 노력하는 건 현실 부정일 뿐 아니라, 모임이 사람들의 가슴 깊이 좋은 기억으로 남도록 결말을 맺을 기회를 날려 버리는 것이 된다.

한번은 다소 엉뚱한 생각으로 두 불교 승려를 찾아간 일이 있다. 끝을 밀어내고 끝으로부터 도망 다니는 사람들을 돕는 데 일가견이 있는 두 승려가 일상적인 모임에 대해서도 가르침을 줄 수 있지 않을까, 하는 기대를 품고서.

로버트 초도 캠벨과 코신 페일리 엘리슨은 뉴욕 명상 치유 센터

New York Zen Center for Contemplative Care를 설립해서 명상을 지도하고 있다. 이 센터는 사람들이 죽음 문제를 다루고, 현실을 직시하며, 명상 수련을 하도록 돕는 혁신적이고도 사려 깊은 접근법으로 주목받고 있다. 당신이 무슨 생각을 하는지 안다. '왜 여기서 죽음 이야기가 나오는 거야? 나는 그저 소풍을 더 즐겁게 하려는 것뿐인데.' 내가 반복해서 깨닫는 것이 있는데, 그건 마무리를 제대로 못하는 이유의 뿌리가 끝을 회피하려는 경향이라는 점이다. 그리고 우리가 끝을 회피하는 이유와 우리가 끝을 받아들이는 법을 깊이 성찰하는 사람들은 죽음에 대해 자주, 오래 생각하는 사람들이다.

뉴욕 명상 치유 센터에서는 일반적인 명상 수업부터, 질병과 상실로 고통받는 이들을 돌보거나 호스피스 돌봄을 제공하는 이들을 훈련하는 프로그램까지 다양한 서비스를 제공한다. 이런 서비스 전체를 하나로 엮는 실이 있다. 그건 죽음이라는 현실과 모든 유형의 끝을 무조건 피하려고 드는 문화에 맞서는 노력이다. 예컨대 미국에서는 장례식을 슬프거나 애도하는 시간이 아니라 축제로 대하고 싶어 하는 사람들 숫자가 늘고 있다. 2010년 설문조사에서 응답자의 48퍼센트가 "삶을 기념하기"를 선호했고 "전통적인 장례식"을 원한 응답자는 11퍼센트에 불과했다.[2] 전체 응답자의 3분의 1이 자신의 장례식을 원하지 않는다고 답했다. 이렇게 삶을 기념한다는 발상은 언뜻 더 세련되고 이타적인 것처럼 보이겠지만, 이 두 승려는 이런 발상이 사람들이 죽음을 있는 그대로 받아들이는 경험을 하지 못하도록 막는다고 믿는다. 뉴욕 명상 치유 센터에서는 이와는 정반대의 철학을 추구하여, 사람들이 끝을 있는 그대로 마주하도록 최선을 다한다. 이를테면 센터가 속한 공동체에서 누군가가 죽으면 그들은 그 가족에게 시체를 직접 닦고 염장하기를 권한다. 시체를 운반할 때도 엘리베이터가 아닌 계단을 이용하라고 말한다. 죽음이라는 현실에서 고개를 돌리지 말고 그 현실을 똑바로 마주보도록 격려한다. 그리고 실제로 가족들이 죽음에 잘 대처할 수 있다는 것을 보여 준다.

뉴욕 명상 치유 센터는 '명상 치유법의 기초'라는 9개월짜리 교육 과정을 제공한다. 이 과정은 한 반이 20명 내지 30명의 학생으로 구성되며 "삶에서의 전환을 자비롭게 대하는 법"을 가르친다. 그래서 이 과정에 등록하고 끝과 더 친숙해지는 법을 배우는 학생들이 마지막 수업에 나타나지 않기도 한다는 사실이 더 흥미롭다. 두 승려에 따르면 언제나 교육 과정 중간에는 한 명도 빠지지 않고 출석을 하지만 마지막 날이 되면 꼭 대여섯 명이 나오지 않는다. 이렇게 마지막 날에만 결석하는 현상은 매년 반복된다. 코신이 말했다. "아프다고 하고, 급하게 마쳐야 하는 뜨개질이 있다고도 하죠! 정말 놀라울 지경이에요. 갑자기 일이 생긴답니다. 언제나 서너 명이 아들의 야구 경기에 꼭 가야만 한다고 알려 와요. 그것만 아니었어도 꼭 왔을 거라면서요."

학생들이 강사에게 수업을 연장하면 안 되냐고 요청하는 일도 비일비재하다. "거의 모든 반이, 언제나 마지막 주에, 집단 토론 시간에 내게 묻죠. 2주만 더 하면 안 되느냐고요. 그러면 저는 늘 이렇게 답하죠. '안 됩니다. 끝은 정해져 있어요. 9개월짜리 강좌에 등록했죠? 이제 아홉 달이 다 되었습니다.' 그런데 매번, 모든 반에서 그런 일이 일어나요." 코신은 자기들은 절대로 그런 요청을 받아들이지 않는다고 했다. "삶에는 연장이란 게 없어요. 제한되어 있습니다. 시작, 중간, 끝이 있죠. 수업도 마찬가지입니다. 과정을 다 끝냈는데 이제 뭘 하겠습니까? 재탕밖에 못 할 겁니다. 이 수업이 끝나지 않길 원하는 진짜 이유가 뭘까요?"

학생들의 이런 반응을 알고 있는 코신과 초도는 학생들이 수업이라는 모임의 끝을 받아들이도록 준비시키려고 노력한다. 아홉 달의 중간에 이르렀을 때 코신과 초도는 학생들과 함께 수업 공동체의 '중년'에 대해 이야기한다. "다시 한 번 둘러보세요. 이제 서로와의 관계가 달라지니 어떤 느낌이 드나요? 지금 우리는 중년을 거치고 있습니다. 앞으로 4개월 반이 지나면 이 반은 죽음을 맞이하게 됩니다. 그렇다면 이 관계 안에서 앞으로 4개월 동안 여러분은 무엇을 해야 할까요? 여러분은 떠날 때 어떻게 떠나시나요? 떠날 때의 습관 같은 것이 있나요?" 그들은 수업 공동체 자체와 그 속에서 학생들이 경험하는 것을 활용해 "학생들이 뭔가를 끝내는 습관"을 돌아보도록 인도한다.

왜 이렇게 하는 걸까? "모든 것에는 끝이 있기 때문입니다." 초도가 말했다. "끝이 없는 것은 없습니다. 어떤 면에서는 그 진실을 지키는 것이 우리가 이 센터에서 하는 일입니다. 우리의 대화도 원하든 원하지 않든 끝이 납니다. 호스피스 병동에 누워 있는 98세 할머니와의 만남도 그렇죠. 일주일 뒤일 수도 있고 하루 뒤일 수도 있지만 어쨌거나 끝은 옵니다. 의문의 여지가 없죠. 우리는 그 누구에게도 마법 같은 일이 가능하다고 말하지 않습니다." 두 사람은 1천 명의 의사들을 모아 놓고 60분짜리 강의도 진행하는데, 그 강의에서는 옆 자리에 앉은 사람끼리 말없이 상대의 눈을 들여다보며 잠시 동안 서로 깊이 교감해 보라고 한다. 그런 다음 상대가 나이 들고 약해지고 시들어 가는 모습을 상상하도록 유도한다. 그리고 묻는다. "이렇게 하니까 이제 처음 만난 사람에 대한 인식과 그 사람과의 관계가 어떻게 달라진 것 같습니까?" 코신은 말했다. "사람들은 눈물을 흘립니다. 정말 놀랍죠." 이 두 사람이 의료계 전문가와 일반인에게 가르치는 내용의 핵심은, 그중 한 명의 말대로 "어떻게 하면 그들이 모든 것을 반갑게 맞이하고 그 무엇도 밀어 내지 않게 할 것인가."다.

이 승려들이 강의 출석이라는 평범한 것에서 사람들이 죽음에 대해 느끼는 거부감과 똑같은 것을 발견했다는 사실이 흥미롭다. 그들의 이야기를 들으면서 깨달은 바가 있다. 그들이 수업을 마무리하는 과정에서 스스로에게 부여한 과제가 모임을 마무리해야 하는 모든 회주에게 부여된 과제와 같다는 사실이다. 그건 사람들이 끝으로부터 등을 돌리고 싶은 충동에 무릎 꿇지 않도록 돕는 것. ***회주의 역할은 사람들이 끝을 회피하지 않고 마주할 수 있도록 돕는 의도적인 마무리 의식을 만들어 내는 것이다.***

종료 공지

제대로 하기만 한다면 시작과 끝은 서로를 비추는 거울이 되곤 한다.

시작 직전에 사람들을 안내하는 시간이 필요하듯이 끝을 내기 전에도 사람들이 끝을 준비할 수 있게 해 줘야 한다. 이것은 안내라기보다는 종료 공지에 가깝다.

전 세계의 술집에서는 종업원이 큰 소리로 종료 공지를 한다. 왜일까? 당신이 그 장소에서 보내는 시간을 끝낼 준비를 시키는 것이다. 그 술집에서 당신이 아직 끝내지 못한 일, 이를테면 계산을 한다든지, 마지막으로 술 한 잔을 더 주문한다든지, 옆자리 남자에게 전화번호를 물어 본다든지 하는 그런 일들을 마무리할 기회를 주는 것이다. 종료 공지는 그날 밤 영업이 끝난다는 정보로 그 술집의 모임을 하나로 묶는다. 나는 일터에서건 가정에서건 많은 모임이 이 종료 공지의 이면에 자리한 발상을 적용하면 도움을 받을 거라고 믿는다.

종료 공지가 디너 파티와 콘퍼런스와 직장 회의에 도움이 되는데 우리는 왜 그것을 하지 않는 걸까? 한 가지 이유는 술집에서라면 영업 종료시간이 모두에게 공통으로 적용되는 법의 제재 대상이라는 점이다. 그 외의 모임에서는 옆자리에 앉은 사람조차도 서로 다른 경험을 하므로 회주는 모두에게 적용되는 끝을 강제하기를 망설이게 된다.

눈치 빠른 회주는 모임이 끝나 가는 순간을 알아차린다. 몇몇 손님이 눈을 비비거나, 회의 참가자들이 의자에서 몸을 꼬거나, 방청객이 질문을 하지 않고 있을 수도 있다. 그러나 회주는 고민하게 된다. 피곤해하거나 집중력이 떨어지는 사람들도 있지만 여전히 몇 시간이고 더 활동할 수 있을 것처럼 보이는 사람들도 있는 것처럼 보이기 때문이다. 모임 운영과 관련해 가장 흥미로우면서도 편이 확실히 갈리는 딜레마가 있다. 바로 '그런 상황에서 어떻게 해야 하는가?'이다. 적은 수의 사람들이 지쳤다는 신호를 유의미하게 보내기 시작할 때 모두를 해방시켜 주어야 할까? 여전히 분위기가 좋을 때 파티를 끝내야 할까? 아니면 손님들이 끝내자고 할 때까지 기다려야 할까?

우리 부부는 완전히 상반된 입장에 있다. 남편은 사람들이 원하는 만큼 머무르게 해야 한다고 굳게 믿는다. 반면에 나는 손님들이 탈출할 수 있도록 모임을 일찍 끝내는 걸 좋아한다. 신혼일 때 디너 파티를 열면 남편은 내가 늘 갑자기 "와 주셔서 감사합니다!"라고 큰소리로 외치는 것에 경악했다. 나는 손님들을 해방시키는 거라고 생각하며 그렇게 했는데, 남편 눈에는 내가 손님들을 쫓아내는 것처럼 비친 모양이다. 남편은 손님들이 이제 가겠다는 신호를 보낼 때까지 기다리는 가풍을 이어받았고, 나는 집주인이 명시적으로 보내 줄 때까지 손님들이 떠나지 못하는 문화 속에서 자랐다.

그래서 우리는 우리만의 종료 공지를 만들어 냈다. 일단 후식을 먹은 뒤에 대화가 어느 정도 끊기는 느낌이 들면, 나는 잠시 주의를 환기하고는 모두에게 아름다운 저녁이었다고 감사 인사를 전한다. 그런 다음 거실로 가서 취침 전에 마지막으로 술 한 잔을 함께 마시자고 제안한다. 피곤한 손님에게는 작별 인사를 하고 떠날 기회를 주는 것이다. 그러나 우리 부부는 모두가 함께 있으면 좋겠다고 강조한다. 거실로 가자는 제안은 일종의 느슨한 마무리, 종료 공지인 셈이다. 체크아웃을 할 수도 있고 좀 더 머무르며 한 번 더 즐겨도 된다. 피곤한 사람은 무례를 범하지 않고도 자리를 떠날 수 있고 남고 싶은 사람은 더 있을 수 있다. 장소를 바꾸고 인원을 정비한 다음 파티는 계속된다.

종료 공지는 마무리가 아니다. 밖으로 안내하는 길의 출발점이다. 우리 부부의 디너 파티에서처럼 종료 공지는 말로 전달할 수 있지만 꼭 그래야 하는 것은 아니다. 다리오 체키니는 자신이 주재하는 길고 긴 스테이크 파티가 끝날 시간이 되면 소 방울을 울리면서 곧 작별의 시간이 될 것임을 알린다. 회의 종료 시간 5분 전에 회의실 문을 두드려 회의에 끝이 있음을 참석자 전원에게 알리라고 보조 진행자들에게 지시하는 운영자도 있다. 이렇게 문을 두드리는 이유는 당장 끝내라는 것이 아니라 사람들에게 슬슬 마무리할 준비를 시키는 것이다.

언제 그리고 누가?

당신도 내 남편처럼 사람들에게 떠나라는 그 어떤 신호를 보내는 것에도 망설이는 타입일 수 있다. 그러나 종료 공지를 해야겠다는 생각이 조금이라도 들었다면 언제 그런 공지를 해야 하는지가 궁금할 것이다. 법률로 시간이 정해져 있지 않다면 언제 종료 공지를 해야 하는 걸까?

'언제'라는 문제는 특별한 안건이 없는 비공식 모임에서 더 복잡해진다. 회주는 좋은 분위기에 찬물을 끼얹은 사람이 되고 싶어 하지 않는다. 그렇다고 모든 사람이 지쳐서 나자빠질 때까지 미룰 수도 없는 노릇이다.

레이디 엘리자베스 앤슨은 거의 반세기 동안 엘리자베스 여왕의 파티 플래너로 일했다. 그는 무도회장에 아직 20여 명이 춤을 추고 있을 때 파티를 끝내라고 조언한다. 물론 이 조언은 특정한 모임을 염두에 둔 것이지만, 20이라는 숫자는 의미심장하다. 마무리를 너무 미루면 자칫 행사를 주도하기보다는 행사에 끌려간다는 인상을 주게 된다는 우려가 담겨 있는 것이다. 그는 《뉴욕 타임스》와의 인터뷰에서 "파티가 숨이 끊어질 때까지 기다리면" 그렇게 된다고 강조했다.[3] 그는 이 인터뷰에서 자신이 아직까지 후회하는 것은 밴드의 마지막 연주가 끝났는데도 어떤 손님의 요청을 받아들여 노래 한 곡을 더 연주하게 한 것이었다고 밝혔다. "밴드에게 연주를 다시 시킨 것은 제 경력에서 유일한 오점으로 남았어요. 결국 마무리가 엉망이 되었거든요."

그러니 스스로에게 물어보자. 무도회장에 20여 명이 춤을 추고 있는 시점이 내 모임에서는 언제일까? 언제 종료 공지를 해야 행사에 끌려가는 게 아니라 행사를 주도하는 게 될까? 아직 분위기가 좋을 때 끝내려면 언제 끝내야 할까? 언제 모임을 마무리해야 모임을 통해 모든 것을 충분히 이뤘다는 만족감이 들면서도 모임 에너지가 완전히 소진될 정도로 기다린 것이 아니게 될까?

그리고 종료 공지를 하는 결정은 누가 내려야 할까?

우리 부부는 결혼식 전날 장기 자랑 대회를 열었다. 인도 전통 결혼식의 상깃sangeet에서 영감을 얻어 마련한 행사로 손님 다수가 참여했다. 상깃은 결혼식 며칠 전에 가족과 친구 들이 함께 안무를 짜서 펼치는 공연이다. 친구들이 공연을 마친 뒤 축제처럼 분위기가 고조되었던 터라 즉석에서 댄스 파티가 벌어졌다. 모두가 한창 신나게 춤을 추고 있을 때 친구 두세 명이 어느 친구가 우리 부부를 위해 만든 영상이 보고 싶다고 했다. 이미 그 전날 조촐한 리허설 피로연에서 상영한 영상인데 다시 보고 싶다면서 간절하게 부탁했다. 우리는 그 영상을 다시 틀 계획은 없었지만 나는 그러기로 했다. '사람들이 그렇게 원한다면…'이라고 생각했던 것 같다. 우리는 음악 볼륨을 줄이고 영상을 봤다. 영상을 다시 보는 것도 재미있을 것 같았고, 잠시 휴식 시간을 두었다가 다시 댄스 파티를 계속해도 좋을 거라고 생각했다. 그런데 15분짜리 영상이 끝나자 열기가 가라앉았고 모두들 지친 기색을 보였다. 파티가 끝난 것이다. 나는 다른 누군가에게 의도치 않게 종료 공지를 할 기회를 줌으로써 모임을 마무리할 권한을 넘긴 셈이 되었다.

그러나 때로는 손님들이 스스로 마무리할 수 있게 두는 것이 옳은 결정일 때도 있다. 나는 여러 조력자와 공동으로 밤새 지속되고 그 자체로 하나의 생명체가 된 디너 파티를 조력한 적도 많다. 한번은 싱가포르에서 상당히 골이 깊은 갈등을 해소하고자 마련한 저녁 식사 모임을 공동 조력자로서 보조했다. 늦은 시간이어서였는지, 아니면 와인 때문이었는지, 그도 아니면 피곤해서였는지 모르지만, 밤 11시 30분이 되어서야 손님들은 마침내 속마음을 털어놓기 시작했다. 내가 막 모임을 마무리하려고 준비하던 시점이었다. 나는 종료 공지를 시작했다. 이 모임에서는 '체크아웃' 과정이었는데, 각 참석자에게 떠나기 전에 돌아가면서 자신의 감정을 표현하는 단어를 하나씩 말해 달라고 부탁했다. 그런데 참석자 중 한 명이 끼어들어서 이렇게 말했다. "이제서야 뭔가 서로 마음이 통하고 있는 것 같아요. 이대로 자러 가 버리면, 그리고 다음 날 일어나서 맑은 정신으로 샤워를 하고 다시 이 회의실로 돌아오면, 지금 여기서 내보인 것들이 전부 사라지고 말 거예요. 지금 당장 마무리를 하기보다는 대화를 계속 이어 나갔으면 합니다." 탁자 여기저기서 사람들이 고개를 끄덕였다. 나는 기꺼이 마무리 권한을 참석자들에게 넘겼다. 우리는 대화를 재개하고 그 뒤로 90분간 솔직한 이야기를 나누었다. 모임은 새벽 1시 30분에 끝났다. 모두들 지쳐 있었다. 하지만 하나로 뭉쳐서 정서적 돌파구를 찾은 밤이었다.

마무리의 해부학

종료 공지를 했고 사람들은 이제 끝에 대해 생각하기 시작했다. 모임 분위기도 서서히 가라앉고 있다. 그렇다면 실제 마무리는 어떻게 해야 할까?

강렬한 마무리는 두 단계로 진행된다. 각 단계는 모임 참가자들의 서로 다른 두 가지 필요에 초점을 맞춘다. 내부로 시선 돌리기와 외부로 시선 돌리기다. 내부로 시선 돌리기는 모임에서 겪은 일들을 이해하고 기억하고 인정하고 성찰하는 시간을 둔 다음, 마지막으로 다시 한 번 집단으로서의 유대감을 확인하는 것이다. 외부로 시선 돌리기는 서로와 작별할 준비를 하고 다시 세상 속 자기 자리로 돌아가는 것이다.

내부로 시선 돌리기: 마지막으로 다시 한 번 의미를 되새기고 서로 공감하기

(모든 모임은 아니더라도) 많은 모임이 잠시 멈춰서 모임에서 일어난 일을 성찰하는 시간을 두면 더 좋은 모임이 될 수 있다. 모임은 우리 삶에서 아주 작은 토막에 불과하지만 그 작은 토막은 삶의 다른 많은 토막들을 바꿀 잠재력을 품고 있다. 그리고 그 잠재력이 발현되려면 모임이 끝날 때 의미를 되새기는 시간을 갖는 것이 매우 중요하다. 이 모임에서 어떤 일이 있었는가? 그 일은 어떤 의미가 있는가?

모임에 의미를 되새기는 자리를 마련하건 마련하지 않건 참가자들은 각자 혼자서라도 그런 시간을 보낸다. '모임이 내게 무슨 의미가 있었지?' '다른 사람에게는 어떻게 이야기해 줄까?' 그런데 훌륭한 회주는 이 과정을 개인이 혼자서 속으로만 밟도록 내버려 두지 않는다. 그보다는 손님들이 하나의 집단으로서 함께 상황을 점검하는 시간을 보낼 수 있도록 신경 쓴다.

예를 들면 TED 강연의 운영진은 종종 코미디언에게 강연 일정의 마무리를 맡아 달라고 부탁한다. 며칠에 걸쳐 이어진 강연을 15분짜리 코미디 쇼를 통해 정리하는 것이다.(시작의 대가인 바라툰드 서스턴은 마무리의 대가이기도 해서 TED 강연에서 마무리 쇼를 담당하기도 했다.) 코미디언에게 부여된 임무는 결코 가볍지 않다. 이 임무를 제대로 수행하려면 1주일 내내 강연을 열심히 들은 뒤 같은 경험을 한 수백 명의 청중 앞에서 유머와 통찰력을 모두 동원해 다채로운 순간들에서 의미를 도출해야 한다. 어머니가 매일 저녁 식사 시간에 아이들에게 단순히 오늘 어땠느냐고 묻는 대신 '장미'와 '가시'(하루 중 가장 좋았던 순간과 가장 나빴던 순간)가 무엇이냐고 묻는다면 그는 아이들이 의미를 찾도록 돕고 있는 것이다. 밴드 경연 마지막에 한 밴드가 무대로 돌아와 그날 청중이 이미 들은 여러 노래들을 따서 매시업 연주를 할 때는 경연이라는 여정 전체를 조망하도록 돕고 있는 것이다.

이렇게 전체 과정을 돌아보는 건 내부로 시선 돌리기의 한 부분이다. 다른 한 부분은 마지막으로 다시 한 번 부족이 연결되는 시간을 보내는 것이다. 그건 **우리가 무엇을 했는지를 떠올리는 시간이 아니라 우리가 '누구'였는지를 확인하는 시간**이다.

이런 마지막 연결을 잘하는 모임으로는 르네상스 주말Renaissance Weekend이 있다. 이 행사는 1981년에 처음 열렸다. 필립 레이더와 린다 레이더 부부가 자신들이 아는 가장 흥미로운 사상가들을 초대해 집에서 파티를 열었다. 자신들이 점점 자기 일에만 파묻혀 세상과의 접점을 잃고 있다는 생각이 들었기 때문이다. 그래서 새해 전야에 조금 색다른 일을 벌이고 싶었다. 부부는 미국 전역에서 일하는 다양한 분야의 친구와 지인의 가족 60가구를 사우스캐롤라이나에 있는 힐튼헤드에 초대해 주말을 함께 보내기로 했다. 그들은 각 가족에게 모두와 나눌 수 있는 무언가를 준비해 달라고 부탁했다. 그 뒤 이 모임은 매년 열렸고 이 모임의 단골손님인 빌 클린턴과 힐러리 클린턴 부부가 유명 인사가 되면서 덩달아 유명세를 탔다. 25년 뒤 이 주말 모임 은 운영진을 갖추고 여러 행사를 진행하는 데까지 성장했다. 이사가 선임되었으며 매년 미국 전역에서 이 주말 행사가 다섯 번 열린다. 연말 모임은 현재 사우스캐롤라이나 찰스턴에서 열리며, 모임 참석 자 수는 거의 1천 명에 달한다.

운영진은 행사 목적이 인종, 종교, 나이, 직업, 정치관 같은 일반 적인 분류 잣대를 넘어서는 다리를 연결해 사람들이 함께 모여 서로 를 존중하면서 각자의 의견에 동의하고 반대하도록 북돋는 것이라 고 밝혔다. 이들은 이 행사가 사람들이 평등하게 대우받는 모임이라 고 강조한다. 그리고 일곱 살(그렇다, 일곱 살이다!) 이상인 참가자는 적어도 하나 이상의 토론회에 참석하도록 하고, 기조연설은 생략함 으로써 그 가치를 모임 틀에 적용했다. 안건은 매회 그 주말 참가자 들의 관심사를 반영해서 새롭게 결정된다. 르네상스 주말의 이사인 앨리슨 겔레스는 "만약 라마를 키우는 참석자가 세 명 있다면 라마 키우기에 관한 대화 자리를 마련하죠."라고 말했다.

축제가 벌어지는 4박 5일 동안 참석자들 사이에 특별한 친밀감 이 형성된다. 사람들이 가족과 함께 참가하기 때문이기도 하고, 모든 가족이 축제에 기여하는 일원으로 대우받기 때문이기도 하고, 사람 들에게 평소와는 다른 모습을 보여 주는 기회이기도 하기 때문이다. 겔레스는, 국가 안보 전문가에게 국가 안보가 아니라 사랑에서 배운 것을 이야기해 달라고 요청하면 말하는 사람과 듣는 사람 모두에게 흥미로운 일이 벌어진다고 말했다.

이렇게 친밀감 속에서 탐험하는 시간을 보낸 뒤 르네상스 주말 운영진은 집단의 경험을 어떻게 하나로 묶을까? 어떻게 부족을 연결하고 새롭게 생겨난 소속감을 마지막으로 다시 한 번 강화할까?

답은 "이것이 내가 숨을 거두기 전에 하는 마지막 말이라면"이라는 아주 특별한 마무리 과정을 통해서다. 이 과정에는 20명 정도가 연사로 참가한다. 각 연사에게는 2분간 시간이 주어지고 이들은 지금 자신이 인생 끝자락에 있다면 무슨 말을 할지 청중에게 들려준다. 시를 낭독하거나, 자기 신념과 관련한 일화를 전하거나, 의혹을 고백하거나, 크고 작은 비극들을 회상한다. "동기 부여가 되고, 감동적이고, 비극적이고, 유대감을 강화하죠." 겔레스가 말했다. 참가자들에게 자신의 육체가 실제로 죽는 것을 숙고해 보라고 분명하게 요청하면, 그들은 모임으로 형성된 부족의 형이상학적 죽음을 마주하도록 미묘하게 이끌리게 된다. 그런데 무엇보다 중요한 것은 집단이 흩어지기 전에 부족이 아주 극적인 방식으로 제 모습을 드러낸다는 점이다. 참석자들은 여기 함께 모인 '우리'라는 집단이 개방적이고, 상처를 감내하고, 생각이 깊고, 재미있고, 복잡하다는 것을 다시 한 번 경험한다. **부족 만들기는 의미 만들기의 핵심 요소다.**

외부로 시선 돌리기: 작별과 재진입

일단 모임 참가자들이 모임을 돌아보고 마지막으로 연결하는 시간을 가졌다면 마무리의 두 번째 단계로 나아갈 준비가 된 것이다. 이 단계는 사람들이 자기가 떠나온 세상 속으로 다시 돌아가는 것과 관련이 있다. 이 두 번째 단계에서는 다음 질문을 다룬다. **'나는 이 세계의 무엇을 지니고서 내가 속한 다른 세계로 돌아가고 싶은가?'**

모임이 진짜 세계와 거리가 멀수록 손님들이 진짜 세계로 돌아갈 준비를 단단히 할 수 있게 돕는 강렬하고 명확한 마무리를 제공하는 일이 더 중요해진다. 모임 구성원 간 유대감이 더 끈끈할수록, 부족으로서 결속력이 더 강할수록, 그 부족의 해산에 손님들이 더 잘 대처할 수 있게 돕고 다른 부족에 합류하거나 재진입하는 방법을 알려 줘야 한다.

평화의 씨앗Seeds of Peace을 예로 들어 보겠다. 평화의 씨앗은 중동을 비롯해 그 밖의 다른 지역에서 빚어지고 있는 갈등과 고통을 줄이려고 시작한 여름학교다. 1993년부터 매년 7월에 이스라엘, 팔레스타인, 이집트, 요르단뿐 아니라 인도와 파키스탄 같은 분쟁 지역에서 온 20여 명의 십 대가 메인 주 오티스필드에 모인다. 이 학교에서는, 학생들이 신중하게 설계된 교류 법칙을 3주 동안 따르면 원래는 불신하고 심지어 증오하기까지 하는 사람들과도 공존할 수 있는 대안 세계를 만들어 낼 수 있는지를 실험한다.[4]

평화의 씨앗에서 회주는 여름학교 교사인데, 대체로 평화의 씨앗 출신이다. 여느 여름학교와 마찬가지로 이곳에도 호수와 카누 타기와 미술 활동과 축구 경기가 있다. 또한 갈등 관계에 있는 양쪽의 십 대들이 그 갈등 관계를 더 깊이 살펴보는 110분 동안의 소규모 토론 시간도 매일 갖는다.

여름학교에서 시간을 보내는 동안, "저쪽"을 처음 만나는 경우일 때가 많은 십 대들의 관점이 변하기 시작한다. 3주 과정이 끝나고 학생들이 집으로 돌아가는 버스에 올라탈 무렵에는 서로 부둥켜안고 우는 학생도 많다. 이념상으로는 적이었지만 이곳에서 피와 살을 나눈 친구가 되는 것이다. 그런데 여름학교 교사들은 이 학생들이 이곳과는 정반대인 고향의 현실 속으로 재진입할 수 있는 기술을 전수해야 하는 아주 무거운 책임도 지고 있다.

갈등 해결 분야에서 사용되는 '재진입'이라는 용어는 잠시 동안의 대화에서 강렬한 경험을 한 사람이 자기가 원래 속해 있던 맥락으로 돌아가도록 돕는 걸 의미한다. 또한 이 용어는 참전 군인이나 형을 마친 수감자가 일상으로 돌아갈 때에도 사용된다. 그런데 지극히 평범한 모임조차도 일종의 재진입 작업이 필요하다. 회주는 손님들이 자신의 원래 세계로 돌아갈 때 모임에서의 경험을 돌아보면서 무엇을 들고 갈 것인지를 함께 생각해 보는 시간을 마련해야 한다. 평화의 씨앗에서는 이제 '씨앗'이 된 학생들이 여름학교 바깥의 적대적이고 혼란스러운 땅에 자기를 어떻게 심을 것인가, 라는 질문을 던진다.

평화의 씨앗에서 재진입 작업은 여름학교가 끝나기 나흘 전부터 시작된다. 장기 자랑 시간이 끝나면 여름학교 교장인 레슬리 르윈이 대강당의 무대 위로 올라가 마무리 연설을 한다. 연설 중간에 갑자기 조명이 꺼진다. 기술적인 문제인가 싶은 그 순간, 어디선가 록 그룹 메탈리카의 〈엔터 샌드맨Enter Sandman〉이 들려온다. 어둠 속에서 파란색과 초록색의 야광봉을 목과 팔에 건 교사 10여 명이 뛰어 들어온다. 교사들은 미친 듯이 춤을 춘 뒤에 대강당 뒷문으로 뛰어나가 호

수 쪽으로 달린다. 그때 여름학교 교사 두 명이 무대 위로 뛰어올라가 혼란에 빠진 학생들에게 어떤 일이 벌어질 것인지를 설명한다. 여름학교 교사 중 한 명이 다음과 같이 선언한다. "컬러 게임에 오신 것을 환영합니다. 앞으로 며칠 동안 여러분의 한계를 시험할 일련의 모험이 기다리고 있습니다. 곧 두 팀으로 나뉠 거예요. 그러나 여름학교에서 하나의 공동체로서 쌓아 온 가치들은 계속 지켜 가고 강화할 겁니다. 초록색 팀과 파란색 팀에 소속되어 새로운 것을 시도하고 평소의 자신과는 다른 자신을 발견해 보세요." 여름학교 학생들은 자기도 모르는 사이에 바깥 세계로 재진입하는 과정을 시작하게 된다.

그다음 날부터 이틀 동안 학생들은 암벽 등반, 카누 대회, 예능쇼, 장애물 경주를 비롯한 여러 시합을 치른다. 컬러 게임을 하는 이틀 동안 학생들에게는 새로운(임의의) 정체성인 초록색 팀과 파란색 팀이 의도적으로 덧씌워진다. "몇 년이 지난 뒤 졸업생들과 이야기해 보면 컬러 게임이 가장 큰 전환점이었다고들 말해요. 그리고 자신이 파란색 팀이었는지 초록색 팀이었는지는 물론이고 게임에서 승리했는지 패배했는지도 확실하게 기억하죠." 여름학교 교사인 카일 깁슨이 말했다.

컬러 게임은 시상식으로 마무리된다. 모든 사람이 호수에 모여 우승팀 발표를 지켜본다. 승리 팀이 먼저 호수로 뛰어들고 그 뒤를 나머지 사람들이 뒤따른다. 잔뜩 젖은 채로 다시 숙소로 뛰어가 마지막으로 팀 티셔츠(와 컬러 게임에서의 정체성)를 벗고 여름학교를 시작할 때 입었던 짙은 초록색의 평화의 씨앗 티셔츠를 다시 입는다.

컬러 게임의 모든 일정은 학생들이 일상으로 재진입하는 것을 돕도록 설계되었다. 재미있는 시합을 벌이는 경험인 동시에 티셔츠를 갈아입는 것만큼이나 쉽게 정체성을 입었다가 벗어 보는 경험인 것이다.

함께 보내는 마지막 저녁에 학생들은 똑같은 평화의 씨앗 티셔츠를 입고 "다시 동등한 입장"이 되어 모인다. 이때 여름학교 교사는 학생들이 컬러 게임에 참여하는 동안 경험한 '정체성 형성'에 대해 처음으로 드러내어 이야기한다.

> 여러분이 얼마나 빨리 정체성을 형성했는지 돌아보세요. 이틀 전에는 아마 말도 섞지 않았을 한 무리의 사람들이 지금은 '우리 팀'으로 영원히 기억에 각인되었습니다. 이틀 동안 전력을 다해 싸웠는데 지금은 초록색 팀 자체가 존재하지 않습니다. 소중히 여기고 지지하던 팀과 사명이라는 정체성이 구축되었고, 우리는 그 정체성을 중심으로 얼마나 빨리 모여들었던가요. 한번 떠올려 보세요.

여름학교 교사는 이것을 사회와 연결시킨다. "사람들은 집단으로서 사고합니다. 컬러 게임에서처럼 선한 힘이 될 수도 있지만 증오와 불신을 중심으로 재빨리 응집하게 만드는 악한 힘으로 작용하기도 합니다." 여름학교 교사들은 컬러 게임을 통해 학생들이 여름학교에서 배운 핵심 통찰 중 하나를 떠올리게 한다. 바로 '정체성은 어떻게 형성되는가?'라는 문제에 대한 답이다.

여름학교 마지막 날 마지막 수업의 제목은 "씨앗으로서의 삶"이다. 여름학교 교사들은 학생들이 집으로 돌아가면 얼마나 힘든 일을 겪을지에 대해 이야기한다. 그리고 재진입 과정을 먼저 경험한 여름학교 2년 차 학생들이 토론을 이끄는 소집단으로 나뉘어 다음과 같은 질문들의 답을 함께 고민한다.

- 집으로 돌아간다는 것은 어떤 의미인가?
- 어떤 느낌이 드는가?
- 무엇 때문에 불안한가?
- 무엇이 기대되는가?
- 어떤 문제에 부딪힐 거라고 생각하는가?

이 수업에서 씨앗들은 지난 몇 주간의 모임을 돌아보면서 자신이 경험한 것을 자신이 돌아갈 세계와 머릿속으로 접목하기 시작한다. 다음 날 아침 버스가 도착하면 학생들은 지난 3주 반 동안 매일 세 번씩 했던 '정렬'을 마지막으로 한다. 작별이라는 현실이 온몸으로 느껴진다. 이야기를 나누고, 2년 차 학생들은 시를 낭독하고, 그렇게 마침내 모든 일정이 끝난다. 지난 몇 년간 이 과정에서 여름학교 교장은 숙소 샤워실 벽에 적힌 시를 큰 소리로 낭독했다.

어느 날 밤 나는 꺼진 등불을 들고 있는 이방인을 만났다. 나는 멈춰 서서 내 등불을 그에게 빌려 주었고 그는 자신의 등불을 다시 밝혔다.

잠시 뒤에 거센 폭풍이 온 천지를 뒤흔들었다. 폭풍이 지나간 뒤 내 등불은 꺼져 있었다.

그런데 이방인이 돌아왔다. 그의 등불은 여전히 밝게 빛나고 있었다.

그는 자신의 소중한 불꽃을 내게 건넸고 그렇게 내 등불은 다시 타올랐다.

이제 학생들에게 해산하라는 지시가 내려지고 학생들은 공항으로 향하는 버스에 올라타기 시작한다. 서로 껴안고 작별 인사를 하면서 우는 이들도 많다. 한 달 뒤에 씨앗으로 다시 만날 예정이기는 하다. 그 모임은 집으로 돌아간 뒤에도 씨앗이라는 정체성을 지키는 데 도움이 될 것이다. 버스가 캠프를 떠나면 마지막으로 학교 종이 울려 퍼진다.

실 찾기

평화의 씨앗은 아름다운 모임이지만 우리들이 주최하고 참가하곤 하는 이런저런 모임과는 거리가 한참 멀다. 이스라엘인과 아랍인을 한 자리에 불러 모으는 모임이 아니라 그냥 친구 몇몇을 초대하는 거라면 어떻게 해야 할까?

그런데 극단적인 사례의 역학 관계가 평범한 모임의 역학 관계와 그렇게까지 다른 것은 아니다. 극단적인 사례가 유리한 점은 그런 모임에서의 역학 관계가 눈에 더 잘 보인다는 것일 뿐이다. 당신 모임이 아무리 평범하다 하더라도 당신은 집단을 만들고 일시적인 대안 세계를 창조했다. 그렇다면 당신은 불러 모은 사람들이 "무대를 철거"하고 자신들이 속한 다른 세계로 돌아가도록 도와야 한다. 암묵적으로든 명시적으로든 그들이 다음의 질문들에 답할 수 있도록 도와주자. '우리는 이곳에서 무언가를 함께, 집단으로서 경험했다. 그렇다면 이 모임의 맥락 밖에서는 어떻게 행동하고 싶은가?' '사람들을 다시 만난다면 이곳에서 경험한 일의 내용과 방식을 어떻게, 어디까지 이야기하기로 합의할 것인가?' '이 모임에서 경험한 것 중에 내가 모임 밖에서도 간직하고 싶은 것은 무엇인가?'

사내 구성원의 일부만 참석한 회사 워크숍을 기획하고 진행했다면, 그 모임에 참가한 직원들이 회사에서 각자 부사장, 비서, 연구원, 인턴으로 돌아갔을 때를 위해 어떤 준비를 시켜야 할까?

가족 모임을 통해 배우자와 함께였다면 힘들었을 유대감을 사촌들과 쌓았다면, 다음번에 배우자도 모두 참석한 가족 모임에서는 사촌들을 어떻게 대할 것인가?

손님들의 재진입을 돕는 작업에는 **모임 세계를 외부 세계와 연결하는 실을 찾도록 돕는 일**이 포함된다. 그 실은 몇몇 콘퍼런스에서 마지막 강연에 도입하기 시작한 구두 서약이나 서약문 작성의 형태를 띠기도 한다. 그런 실 찾기는 모임 참가자들이 앞으로 어떻게 달라질지를 공개적으로 약속할 기회를 준다. 대개 그런 약속을 적을 수 있는 메모 보드를 제공하기도 한다. 각 참가자가 미래의 자신에게 편지를 쓰고 모임 운영진이 한 달 뒤에 그 편지를 참가자의 주소로 보내는 것도 실이 될 수 있다. 두 세계를 어떤 식으로든 연결하는 물리적인 상징물도 실의 역할을 할 수 있다. 우리 어머니가 "친구 울타리"라고 부른 모임에서 바로 그런 상징물을 나눠 줬다.

내가 열다섯 살 때 어머니는 내 고등학교 친구 열두 명을 매주 우리 집 지하에 초대해 우리가 여성이라는 정체성을 생각하고 받아들이도록 도와주었다. 어머니는 인류학자로서의 자기 경험을 살려 우리가 겪게 되는 혼란스러운 시기를 잘 지날 수 있도록 안내하고 싶어 했다.

어머니는 그런 이야기를 딸인 나와만 나눌 수도 있었지만 그런 과정은 집단으로서 경험할 때 더 강력한 힘을 발휘한다는 데에 생각이 미쳤다. 어머니는 나와 내 친구들이 학교에서, 그러니까 방석을 깔아 놓은 우리 집 지하실과는 아주 다른 맥락에서 매일 만난다는 것을 알고 있었다. 6주 동안 우리 열두 명은 유대감을 쌓고, 비밀과 불안을 공유하고, 호흡법을 비롯해 학교에서 견딜 수 있도록 도와주는 심신 단련법을 배웠다. 마지막 날 어머니는 우리 모두에게 색색의 팔찌를 나눠 주었다. 당시에는 그 팔찌에 대해 깊이 생각해 보지 않았다. 그냥 모두들 팔찌를 받자마자 손목에 찼을 뿐이다.

그래도 다음 날 아침에 학교에 갈 때도 팔찌를 찼다. 모임을 함께 했던 친구들이 같은 팔찌를 차고 있는 것이 보였다. 그러자 내가 혼자가 아니라는 확신이 강해졌다. 우리가 함께 배운 것들을 실천할 용기가 생겼다. 그 팔찌는 모임에서 경험한 특별한 시간들을 현실 속 생활과 연결하는 다리가 되어 주었다.

20년 뒤 그 친구 울타리 멤버 중 한 명인 제나 피로그가 그 모임이 자신에게 어떤 영향을 주었는지 얘기해 줬다. 모임에서 여러 가지 활동을 했지만 한 번도 빠지지 않고 한 것이 명상이었다. 피로그에게는 이 명상 시간이 특히 깊은 인상을 남겼다.

서른다섯이 된 나는 버지니아 주 북부 고등학교를 지배하던 사회 역학 관계를 설명하고 이해할 수 있어. 지금은 그 사회가 훗날 내가 대학교나 일터에서 접한 사회에 비해 훨씬 온순했다는 것도 알아.

그러나 디파네 집 지하실에서 방석 위에 엎드려 있던 열다섯 살 소녀에게는 그 사회가 전부였고, 아직 어리던 내 마음은 그 사회에 내가 어울릴 수 있을지에 대한 불안으로 가득 차 있었어. 명상에 참여한 집단은 우리 학년의 사회 계층을 전부 반영하고 있었어. 한 명은 아마도 학교에서 가장 인기 있는 친구였던 것 같아. 그 친구와 가까워지기를 얼마나 간절히 바랐는지 아직도 생생하게 기억나. 또 한 명은 성적이 정말 좋았는데, 나는 멍청하게 보일까 봐 그 친구에게 말 한 마디 붙여 보지 못했지. 다른 친구들도 남자애들의 눈길을 끄는 데 능숙하거나 자신이 자라면 무엇을 하고 싶은지 확신을 품고 있는 듯했어.

그러나 그 모임에서 지하실 바닥에 엎드려 있는 동안은, 그리고 그 뒤에 디파네 부엌에서 같이 과자를 먹을 때만큼은, 우리는 모두 동등한 존재였어. 우리는 모두 평안했고 같은 목적을 위해 그곳에 있었지. 바로 명상법을 배우기 위해. 그래서 함께 이야기할 거리가 있었고, 나눌 거리가 있었고, 공유하는 관심사가 있었어.

친구 울타리에서 겪은 일들은 친구 울타리에서 끝나지 않았다. 어머니의 지하실에 만들어진 일시적인 대안 세계에서 함께한 이런 특이한 활동이 학교에서 새로운 연결고리 기능을 했다. 두 세계가 재진입이라는 실로 연결되었기 때문이다.

답례품은 '회주가 해야 할 일'이 되어 버리는 바람에 흔하고도 진부한 다리가 되어 그 역할을 제대로 하지 못하고 있다. 따라서 이제는 새로운 발상으로 답례품에 숨결을 불어넣을 때가 되었다. 아이 생일 파티이든 그보다는 조금 더 특수한 경우인 업무 관련 행사이든, 답례품을 나눠 줄 일이 생긴다면 스스로에게 이런 질문을 던져 보자. '어떻게 하면 이 답례품을 통해서 끝이 있는 순간을 영원한 기억으로 바꿀 수 있을까?' 한번은 어느 고객을 도와 디트로이트에서 아주 밀도 높은 회의를 진행했다. 그 모임 뒤 그 고객은 내게 재활용한 컨테이너에서 잘라 낸 금속 조각을 선물로 주었다. 그 회의에서는 디트로이트에서 나고 자란 사람들의 이야기를 나누었다. 이를 바탕으로 그 고객은 투자를 받아 디트로이트의 버림받은 지역에 호텔을 세우고 지역 경제를 되살리겠다는 꿈의 첫 발자국을 내디뎠다. 나는 여러 해 동안 그 컨테이너 조각을 책상 위에 두고서 도시를 재건하겠다는 그의 꿈을 기억했다.

그리고 이제 끝이 코앞으로 다가왔다

종료 공지도 했고 마무리를 위한 분위기도 마련되었다. 함께 내부를 돌아봤고 참가자들이 외부로 나아갈 수 있게 준비도 시켰다. 함께할 시간이 끝나 가고 있다. 모임이 이제 몇 분밖에 남지 않았다. 이제 뭘 해야 할까? 어떻게 해야 기억에 남는 마무리를 할 수 있을까?

먼저 하지 말아야 하는 것들에 대해 이야기해 보자. 공지사항, 사무 처리, 감사 말 같은 걸로 모임을 시작하는 습관을 버리기가 얼마나 힘들었을지 잘 안다. 끝이 다가오고 있는 지금 그런 감사 말과 공지사항들을 억누르고 있던 당신은 마지막 순간에 얼른 해치우고 싶은 유혹에 시달릴 것이다.

절대로 그러면 안 된다. 꿈도 꾸지 마라.

모임을 공지사항으로 시작하면 안 되듯이 모임을 공지사항으로 끝내서도 안 된다. 감사 말로 끝내는 것도 물론이다. 언젠가 아주 가까운 친구 두 명의 결혼식 사회를 봐 달라는 부탁을 받은 적이 있다. 예비 부부와 양쪽 가족이 신부의 집 거실에 모여 계획한 순서에 따라 결혼식 리허설을 하고 있을 때였다. 마지막 몇 분을 남겨 두었을 때 나는 예비 부부에게 받은 메모에서 '공지사항'이라는 단어를 발견했다. 무엇을 의미하느냐고 물었더니 예비 신랑이 답했다. "이 모든 예식이 끝나면 이렇게 말하고 싶거든요. '자, 이제 저희와 함께 연회장으로 가서 식사를 하시죠!'라고요."

나는 경악했다.

신랑은 자신이 감사 표시를 하면서(이제 음식을 대접하겠습니다!) 사무 처리를 하는 것으로(음식은 그곳에 마련되어 있어요.) 마무리를 하면 된다고 생각했을 것이다. 그러나 시작과 마찬가지로 끝은 강력한 힘을 발휘하고 기억에 각인되는 순간이다. 잘 끝내야만 당신이 손님들에게 안기고 싶은 느낌과 생각을 굳힐 수 있다.

나는 손님들은 예식장을 나서는 순간 음식이 어디에 마련되어 있는지 알게 되리라는 점을 예비 부부에게 납득시키려고 애썼다.(예식장 바로 옆방이 연회장이므로.) 내가 말하는 바를 이해한 예비 부부는 키스로 예식을 마무리했다. 공동체에 새로운 부부가 되었음을 선포한 것이다. 그리고 노래가 연주되는 동안 모두의 주목을 받으며 퇴장했고 그 뒤로 부모님이, 그다음에는 손님들이 예식장을 나섰다. 몇 년 뒤에 신랑은 내게 이렇게 알려 왔다. "요즘에 나는 그 어떤 모임도 공지 사항으로 끝내지 않아. 심지어 프레젠테이션 슬라이드 마지막 장에 '감사합니다'라는 문구도 안 넣고!" 나는 물론 기뻐했다.

사람들에게 감사를 표하지 말라는 게 아니다. 다만 모임을 감사 말로 마무리해서는 안 된다는 뜻이다. 그렇다면 감사 인사는 언제 해야 할까? 마지막 순서 바로 전에 하면 된다.

우리 아들의 음악 교사인 제시 골드먼은 마지막 순서 바로 전에 공지사항 전하기의 대가다. 그는 유아 대상 음악 교실을 일주일에 대여섯 번 진행한다. 사랑받는 교사이자 싱어송라이터인 골드먼은 45분 동안 진행되는 음악 수업을 마무리할 때 자기가 만든 안녕 노래good-bye song의 첫 음을 연주한다. 그만의 종료 공지인 것이다. 그러면 아이들은 수업이 곧 끝난다는 사실을 알게 된다. 이 첫 음을 내는 동안(엄밀히 말하면 마지막 노래의 첫 음과 두 번째 음 사이에) 그는 잠시 공지사항을 전달한다. "아직 수강료를 지불하지 않았으면 잊지 말고 꼭 내고 가세요." "다음 주에는 수업이 없습니다." "지난 수업 시간에 누군가 점퍼를 두고 갔어요." 공지사항 전달이 끝나면 안녕 노래의 나머지 부분을 이어 부른다. 너무 튀지 않으면서도 멋진 방법이다.

종료 공지, 공지사항, 극적인 마무리. 누구든지 첫 음과 두 번째 음 사이의 틈을 활용하는 골드먼의 방식을 응용해 자신만의 마무리 방식을 개발하면 된다.

또 하나만 더하자면, 감사 말을 전할 적절한 시간이 파악되었다면 그 시간에 직설적으로 딱딱하게 감사하다고 말하는 것만은 피하자. 그보다는 칭찬하는 시간을 마련하자.

사람들이 자리에서 일어서는 동안 감사 말을 줄줄이 늘어놓는 것으로 끝이 다가오고 있다는 것을 손님들에게 알리는 경우가 너무 많다. 이렇게 하면(설상가상으로 미리 준비한 대사를 읊기라도 한다면 더더욱) 사람들은 귀담아듣지 않는다. 그렇다고 모임에서 아무에게도 감사 말을 전하지 말라는 건 아니다. 다만 언제 할 것인가와 함께 어떻게 할 것인가를 고민할 필요가 있다는 뜻이다.

감사 표현을 하는 시간에 사람들의 직업이나 전문 분야를 설명하지 말자. "이 모임이 잘 진행되도록 도와준 레이철이 이끄는 제작팀, 영상부의 스콧, 사무를 맡아 준 새라…" 그런 정보는 링크드인에나 어울린다. 청중 가운데 모임 운영진 목록을 궁금해하는 사람은 아무도 없다. 그 사람의 직업을 소개하기보다는 그 사람을 칭찬할 방법을 찾아보자. 그러면 감사 인사를 받는 사람이나 청중 모두에게 더 의미 있는 시간이 될 것이다.

전 세계 10여 개 국가에서 열리는 데이브레이커Daybreaker라는 아침 댄스 파티에 참석했을 때, 행사가 끝날 무렵 그 모임의 회주가 아주 멋지게 감사를 전하는 장면을 볼 수 있었다. 데이브레이커에서는 술에 취하지 않고 정신이 멀쩡한 사람 수백 명이 오전 6시부터 모여서는 일터에 가기 전에 신나는 댄스 파티를 벌인다. 데이브레이커 모임 대부분은 비밀 장소에서 열린다. 내가 참석한 파티는 헤럴드 스퀘어에 있는 뉴욕의 명소 메이시스 백화점 지하에서 열렸다.

산타 할아버지와 산타 할머니, 뉴올리언스 관악대, 비보잉 팀, 야광 스웨터, 커다란 파란색 팽이로 변장한 사람까지 참여한 세 시간짜리 파티가 끝날 무렵, 행사 운영자인 라다 아그라왈이 마이크를 들더니 모두에게 잠시 앉아 달라고 부탁했다. 그는 이 행사를 준비한 운영진의 이름을 일일이 호명하면서 감사를 전했고, 이 팀이 이 요란한 행사를 준비하면서 어떤 위험을 감수했는지 이야기했다. 운영진 다수가 전날 밤에 바닥을 청소하느라 밤을 꼬박 새워야 했다는 것, 또 3백 명이나 되는 낯선 사람들을 건물에 들이면서도 누구도 도둑질을 하지 않을 거라고 믿어야 했다는 것을 말하며, 아그라왈은 이 팀이 뭔가 특별한 걸 만들어 내기 위해 노고를 감수했음을 알렸다. 그리고 (특별한 걸 만들어 내기 위해서는 뭔가를 감수해야 한다는) 바로 그 메시지를 들고 우리가 일상으로 돌아가기를 바랐다.

이렇게 그는 감사 말에 의미를 부여했다. 행사 전체 과정에서 도드라지게 눈에 띄는 것보다는 눈에 보이지 않는 무대 뒤편의 노고를 치하하면서 말이다. 그리고 그 감사 말을 나머지 참가자들에게 전하는 교훈으로 전환시킴으로써 감사 말이 틀에 박힌 행사 요소가 아닌 것처럼 느껴지도록 했다. 감사 말이 훌륭하기는 했지만 그는 그것으로 행사가 끝나도록 내버려 두지 않았다. 대신 모든 데이브레이커의 끝을 장식하는 시가 적힌 인쇄물을 나누어 주면서 행사를 마무리했다. 모임을 신선하게, 제대로 마무리하는 것이 얼마나 중요한지 알고 있었던 것이다.

이 책의 종료 공지

이제 책이 거의 끝나 가고 있다. 여러분에게 감사 인사를 마지막의 마지막 순간으로 미루지 말라고 했으니 나도 그러지 않을 것이다. 그래서 책이 끝나기 전에 잠시 멈추고서 이 모임을 열 수 있도록 도와준 분들에게 감사의 뜻을 전하려고 한다.

처음부터 나와 이 책을 믿어 준 에이전트 조이 파그나멘타, 지금의 모습이 되기까지 내 원고를 손보고 또 손봐 준 지칠 줄 모르는 편집자 제이크 모리시, 나를 응원해 주고 맨 앞에 서서 방어해 준 편집자 제인 프랜슨에게 감사드린다. 앤 부랙-와이스, 민디 풀리러브, 모라 슈피겔, 잭 사울, 켈리 하딩, 짐 길버트, 사이먼 포틴은 금요일 아침마다 '뒤죽박죽 모임'의 정신을 잃지 않도록 응원해 준 글쓰기 모임 회원들이다. 루크미니 기리다라다스, 톰 퍼거슨, 모 물렌, 케이트 크론티리스, 루이 아라우요는 이 원고를 꼼꼼하게 읽어 준 가족과 친구 들이다. 웻 도그팜Wet Dog Farm의 선한 직원들은 내게 이 책의 가능성을 일깨워 준 고마운 분들이다. 저자가 창의력을 발휘할 수 있도록 열렬히 응원하고 지지해 준 리버헤드 출판사 편집부, 그중에서도 특히 케이티 프리먼, 진 딜링 마틴, 리디아 허트, 케빈 머피에게 고마움을 전한다. 당신들의 궤도에 오를 수 있어서 행운이었습니다. 내가 통찰력과 열린 마음을 키우고 힘과 사랑을 간직할 수 있게 도와준 조력자 공동체, 특히 에이미 폭스와 모비우스 이그제큐티브 리더십Mobius Executive Leadership에도 감사드린다. 항상 나를 지지해 주는 여섯 명의 부모와 이 책의 씨앗을 심었을 때부터 추수할 때까지 옆에 있어 준 남편 아난드 기리다라다스에게도 고마운 마음뿐이다. 당신들이 없었다면 이 책을 쓸 수 없었을 거예요. 그리고 고인이 된 해럴드 '할' 손더스와 여러 대륙에 흩어져 있는 많은 분들에게 이 책을 바칩니다. 당신들은 내게 다르게 모일 수도 있다는 것을 보여 주었고, 그 뒤로 모든 것이 변했습니다.

모임 목적을 되새기자

모임을 마무리할 때는 잠시 이 책이 시작한 부분, 즉 모임 목적을 다시 떠올리는 시간을 가지게 될 것이다. 지금 끝나고 있는 모임이 애초에 시작하게 된 이유를 사람들에게 부드럽게 환기시킬 수 있는 방법들을 생각해 보자.

내 친구 에밀리가 비영리 단체의 봉사자로 자메이카에 갔을 때 경험한 일화를 들려준 적이 있다. 에밀리가 시골 아이들을 위한 수영장 파티를 함께 진행하고 있을 때였다. 파티를 마칠 때가 다가왔지만 마무리를 어떻게 할지 딱히 계획을 세우지는 않았다. 자메이카에 가기 얼마 전 내게 마무리의 중요성에 대해 한바탕 설교를 들었던 그는 걱정이 되었다. 게다가 그날 파티는 일반적인 수영장 파티보다 훨씬 더 감동적이었기에 더더욱 그랬다. 그날 파티에 온 아이들 다수는 섬나라에 살면서도 수영을 해 본 적이 없었다. 노예의 탈출을 막기 위해 노예의 수영을 금지하는 옛 식민 시절의 잔재가 여전히 남아 있었기 때문이다. 에밀리와 다른 봉사자들과 아이들은 그날 아주아주 즐거운 시간을 보냈고, 이제 파티가 끝나 가고 있었다. 그런데 마지막을 제대로 마무리할 아무런 준비도 되어 있지 않았다.

버스가 밖에서 기다리고 있었다. 에밀리는 몇 분 뒤에 아이들이 줄지어 버스에 올라타고 네 시간 동안 울퉁불퉁한 길을 달려 집으로 돌아가야 한다는 것을 알고 있었다. 그래서 그는 되도록 많은 봉사자를 모아서 현관 쪽 복도 양옆에 나란히 서서 아이들이 나오기를 기다리게 했다. 첫 아이가 나오자 봉사자들은 박수를 치고 환호하면서 차례대로 나가는 아이들과 손바닥을 마주치고 포옹했다.

"아이들은 처음에는 깜짝 놀라 당황했지만 곧 감격하는 눈치였어. 처음 만났지만 깊은 유대감을 형성한 사람들이 자신들에게 그렇게 환호를 보내고 있었으니까."라고 에밀리가 말했다. 아이들에게 그들이 '소중한 존재라는 것을 알리기'라는 모임 목적을 아주 잘 표현한 마무리였다.

조지워싱턴 대학교 비즈니스 스쿨의 교수인 내 시아버지는 내가 아무 말 하지 않았는데도 자신이 가르치는 강의에서 자신만의 매력적인 방식으로 그 모임의 목적을 환기하며 학기를 마친다. 매 학기가 끝날 때마다 시아버지는 학생들에게 보여 줄 세 장짜리 슬라이드를 만든다. 첫 장의 제목은 '워라밸', 두 번째 장의 제목은 '의미', 그리고 마지막 장에는 강의실에서 낭독할 시가 적혀 있다. 마지막 수업에서는 학기 중에 배운 내용(강의 제목은 '경영 컨설팅')을 복습하는 대신 컨설팅 업계에서 일하면서 빠질 수 있는 유혹과, 처음부터 자신의 삶에 의미와 균형을 위한 자리를 마련해 두지 않았을 때의 위험성에 대해 경고한다.

시아버지는 "학생들에게 위기가 닥치기 전에 균형 잡힌 삶을 사는 데 전력하라고 조언"한다. 이어 "삶의 모든 순간이 균형을 잃었다고 느껴지면 앞으로 18개월 내지 24개월에 걸쳐 균형과 통제력이 회복되는 모습을 그려 보면서, 그러기 위해 지금 당장 최우선으로 해야 하는 일이 무엇인지를 생각해 보라고 충고한"다. 그런 다음 카드 마술을 시연하고 이렇게 덧붙인다. "마법처럼 보이겠지만 기술일 따름입니다. 학기 중에 배운 것들을 마법 부리듯 할 수 있을 때까지 갈고 닦으세요." 그리고 아일랜드 시인 존 오도너휴의 시 〈새로운 시작을 위해For a New Beginning〉를 낭독하며 "시작의 은총 속으로 스스로를 펼치"라고 호소한다. 마지막으로는 수업 첫날 했던 것처럼 모두가 침묵 속에서 1분간 눈을 감게 한 다음에 수업을 마친다.

컨설팅 수업에서 이렇게까지 하는 것이 이상해 보일 수도 있다. 그러나 시아버지는 매년 학생들이 감동을 받으며, 강의실을 나설 때쯤엔 눈물을 보인다고 했다.(시아버지는 학생들이 뽑은 우수 강의상을 자주 받는다.) 나는 왜 마지막 수업을 이렇게 진행하는지 물었다. 시아버지는 이런 작별 의식을 통해 학생들에게 그 "강의실에 함께 모인 이유를 상기시킬 뿐 아니라 교수로서의 내 목적 또한 돌아볼 수 있어서"라고 했다. 그는 "내가 세상에 내보내는 시민이라는 인격체"에 투자한다는 생각으로 수업에 임한다고 했다. 수업 내용은 그런 더 큰 사명에 맞춰지기 마련이었다. 그래서 한 학기 동안 컨설팅에 대해 낱낱이 파헤친 뒤에 왜 교수인 자신과 학생인 그들이 그 강의실에 모여 있는지를 성찰하기를 원했다.

마무리 순간은 당신의 모임과 우주를 연결하는 시간이 될 수도 있다. 뉴욕에서 장례식장을 운영하는 에이미 커닝햄은 장례식이 끝날 때 일부러 가족의 슬픔을 애도하는 세상 모든 이의 슬픔과 연결하려고 노력한다. 그는 장례식을 마치면서 이렇게 말한다고 한다. "평화의 원천이 여러분에게 평화를 안기기를, 또한 애도하는 세상 모든 이에게 평화를 안기기를." 그는 개인의 고통을 더 보편적인 세계의 고통과 연결해 개인의 고통을 사소한 것인 동시에 대단한 것으로 만든다.

퇴장선

모임의 시작을 다루는 장에서 '문턱'이라는 개념에 대해 한 이야기를 떠올려 보자. 모임이 시작할 때는 문턱을 만들고 손님들이 그 문턱을 넘어오도록 돕는다. 모임을 마무리할 때도 그에 대칭되는 개념을 적용할 수 있다.

이제 당신이 모임을 통해 창조한 세계를 손님들이 떠날 수 있도록 또 다른 선, 즉 퇴장선을 그을 때가 왔다. 이번에도 회주는 손님들이 이 선을 건너갈 수 있도록 도와야 한다. 성공한 모임의 마지막 순간은 암묵적이든 명시적이든 이 선을 건너는 것, 즉 모임이 끝났다는 신호이다. 달리 말해 ***마무리 과정의 마무리는 분명한 점을 찍어서 참가자들이 정서적으로 모임으로부터 풀려나도록 하는 것***이다. 방식은 다양할 수 있다.

퇴장선은 물리적일 수도 있고 상징적일 수도 있다. 졸업식 날 프린스턴 대학교 학생들은 졸업식의 마지막 순서로 피츠-랜돌프 문Fitz-Randolph Gate을 통과한다. 학생들은 학교를 다니는 동안에는 이 문을 절대로 지나가면 안 된다는 경고를 받는다. 그러면 졸업을 하지 못한다는 전설이 전해 내려오기 때문이다. 졸업을 할 수 없게 될지 모른다는 긴장감과 정해진 날에만 문을 지나갈 수 있다는 법칙 덕분에 졸업식 날은 다른 날들과 확연히 구분되어, 드디어 학부 생활이 끝났음이 극적으로 구현된다.

콜롬비아의 어느 지역에서는 마을 사람들이 한 해의 마지막 날에 묵은해를 의미하는 아뇨 비에호Año Viejo라는 사람 모양 허수아비를 만든다. 대개 건초와 폭죽을 채워 만드는 이 허수아비는 불태워 버리고 싶은 한 해의 나쁜 기운을 상징한다. 사람들은 이 허수아비에게 옷을 입히고 재미있는 이름을 붙인 뒤 새해 전날 불태운다. 허수아비가 있든 없든 그 해는 끝이 난다. 그러나 퇴장선은 그 끝을 강조하면서 공식적으로 마무리한다.

퇴장선은 언어로 표시할 수도 있다. 내가 진행하는 비전 실험실에서는 마지막 의식으로 참가자 모두가 일어나서 원형으로 선다. 그런 다음 참가자들이 인터뷰와 워크북에 담아 내게 들려준 이야기를 골라서 내가 큰 소리로 읽는다. 모임 시작 단계에서 한 의식과 대칭이 되는 마무리 의식을 치르는 것이다.

이 마무리 의식에서 사용하는 재료는 참가자들이 모임 전에 제공한 것이 아니라 모임 중에 생겨난 것들이다. 하루 종일 나는 참가자들이 들려주는 말, 구절, 고백, 깨달음, 농담, 기발한 문장 들을 재빨리 적어 가며 중요한 순간들을 포착한다. 참가자들이 순서대로 마지막 발언을 끝낸 뒤 나는 그들에게 일어서서 서로를 바라보며 내 목소리에 귀를 기울여 달라고 요청한다. 나는 내가 포착한 중요한 순간들을 큰 소리로 읽는다. 모임 과정에서 자신들이 한 말을 하나하나 되짚어 듣는 사이 참가자들은 우리가 함께 모여 무엇을 했는지를 떠올린다. 또한 이 의식을 통해 나는 그들의 목소리가 얼마나 깊이 경청되었는지를 보여 주고 그들이 말한 것이 기억되었다는 메시지를 전달한다. 마침내 마지막 문장이 끝났다.(대개 마지막 문장은 이 의식 몇 분 전 참가자들이 돌아가면서 한 마지막 발언에서 고른다.) 나는 들고 있는 아이패드나 노트북을 끄고 잠시 멈춘 뒤 고개를 든다. 그 순간이 침묵 속에 흘러가도록 기다린다. 그런 다음 두 손을 한 번 마주 치며 이렇게 말한다. "이제 이 실험실이… 문을 닫았음을 선포합니다." 마지막 점을 찍어 모임을 끝낸다. 참가자들은 자유로운 몸이 된다. 그러면 대개 모든 참가자가 박수를 치기 시작한다. 정말로 끝이다. (파티에서는 이렇게 하지 않으니 걱정하지 말기를.)

모임의 마지막 순간이 어떤 식으로 진행되든 간에 거기엔 진심이 담겨 있어야 하며 그 모임의 맥락에 어울려야 한다.

처음 장례식장에서 일하기 시작했을 때 에이미 커닝햄은 사람들이 장례식장을 나서도록 돕는 방법을 몰라 애를 먹었다. 장례식장을 나서는 건 곤란하고도 어색한 것이었고, 사람들은 대부분은 어떻게 해야 할지 몰라 갈팡질팡했다. 그냥 걸어 나가면 되는 걸까? 기다려야 하나? 사람들에게 일일이 작별 인사를 해야 할까?(그런 건 슈퍼볼 관람 파티에나 어울리는 행동일까?) 누가 먼저 나가고 누가 나중에 나가야 할까?

커닝햄은 영감을 얻기 위해 다양한 문화의 장례식을 연구했고, 결국 유대교 전통을 참고하기로 했다. 유대교 전통 장례식에서는 장례를 주관하는 사람이 가족을 제외한 친지와 지인 들에게 두 줄로 서 달라고 부탁한다. 그 두 줄 사이에 무덤과 자동차를 연결하는 일종의 인간 통로가 만들어진다. 그런 다음 랍비가 가족에게 무덤에서 등을 돌리고 이 임시 통로로 걸어 나가라고 말한다. 통로를 지나가면서는 "헌신과 사랑의 기둥이 된" 친지 및 지인과 눈을 맞추라는 당부와 함께. 커닝햄은 이런 의식이 "가족들을 그다음 여정, 그리고 애도의 다음 단계로 안내하는 방법"이라고 설명했다. 가족이 다 지나가고 나면 나머지 조문객이 그 뒤를 따르고, 그렇게 조문객 전부가 천천히 묘지를 나선다. 이렇게 아주 단순한 절차를 통해 조문객이 질서 있고 우아하게 퇴장한다. 이 의식은 망자의 가족에게 가장 필요한 정서적 지지를 제공하고, 가족과 그 자리에 있는 사람들을 연결하고, 모두가 함께 앞으로 나아갈 길을 터 주는 의도적인 절차이다.

훌륭하고 의미 있는 마무리에 특별한 규칙이나 형식이 있는 것은 아니다. 모임의 정신에 맞춰 마무리를 각자 스스로 만들어 나가야 하고, 마무리를 얼마나 강조할지도 각자가 판단해서 정해야 한다. 매주 있는 정기 영업회의라고 해서 별도의 마무리 시간을 갖는 게 지나치다거나 어울리지 않는다고 생각하지 말자. 회의를 마치기 전에 함께 빙 둘러서서 "최전선은 우리가 책임진다!"라는 구호를 외치는 것만으로도 직원들에게 왜 자신이 이 일을 선택했는지 돌아보는 짧지만 의미 있는 시간을 제공할 수 있다. 친한 친구들과의 격의 없는 저녁 식사 자리라고 해서 마무리를 소홀히 할 이유도 없다. 친구들이 문을 나설 때 작별의 초콜릿을 쥐어 주는 것처럼 단순하고 조용한 행동만으로도 마무리가 달라진다. 최소한의 마무리 의식만으로도 모임에서 경험한 것들을 돌아보고 모임에 완결성을 부여하는 계기를 마련할 수 있다.

모임에 화룡정점이 되는, 그 모임을 특별하게 만드는 소박하지만 강렬하면서도 훌륭한 마무리 의식은 어디서든 접할 수 있다. 수강생 전체가 함께 "옴"을 내뱉으며 마무리하는 요가 수업과 그렇지 않은 요가 수업을 떠올려 보자. 이야기를 들려주면서 한 학기를 마무리하는 교사와 과제를 내주면서 한 학기를 마무리하는 교사를 떠올려 보자. 작별 인사를 위해 손님을 문까지 바래다주는 집주인과 손님이 알아서 나가도록 내버려 두는 집주인을 떠올려 보자. 때로는 잠깐의 침묵, 짧은 멈춤, 진심 어린 포옹만으로도 모임에서 일어난 일을 돌아볼 수 있다.

모든 규칙에는 예외가 있듯이 이 규칙에도 예외가 있다. 내가 이 장에서 권유한 마무리 방식과는 정반대로 마무리하는 친구들이 있다. 그 친구들은 굳이 작별 인사를 할 필요가 없다고 생각한다. 그래서 모일 때마다 끝이 가까워 오면 어떤 조율이나, 공지나, 의식 없이 다들 알아서 마음 내킬 때 사라진다. 유령 집단이 되는 것으로 마무리하는 것이다. 이런 마무리는 내가 제시한 소소한 규칙들에는 어긋날지 몰라도 내가 그 무엇보다 중요하게 여기는 원칙 하나만은 철저하게 지키고 있다. 그 친구들은 '이 모임은 다른 모든 모임과 다르다'고 당당하게 말할 수 있기 때문이다.

주 석

여는 글

1 Duncan Green, "Conference Rage: 'How Did Awful Panel Discussions Become the Default Format?'" *Guardian*, June 2, 2016, https://www.theguardian.com/global-development-professionals-network/2016/jun/02/conference-rage-how-did-awful-panel-discussions-become-the-default-format.

2 Harris Poll, *The State of Enterprise Work* (Lehi, UT: Workfront, 2015), accessed October 10, 2017, https://resources.workfront.com/ebooks-whitepapers/the-state-of-enterprise-work.

3 Tim Walker and Alia McKee, *The State of Friendship in America 2013: A Crisis of Confidence* (Brooklyn: LifeBoat, 2013), accessed October 10, 2017, https://static1.squarespace.com/static/5560cec6e4b0cc18bc63ed3c/t/55625cabe4b0077f89b718ec/1432509611410/lifeboat-report.pdf.

4 Angie Thurston and Casper ter Kuile, *How We Gather* (Cambridge: Crestwood Foundation, 2015), accessed May 15, 2015, https://caspertk.files.wordpress.com/2015/04/how-we-gather.pdf.

1장
모임의 진짜 목적을 정하라

1 칸 아카데미Khan Academy 같은 디지털 교육 단체는 '거꾸로 교실flipped classroom' 모델을 유행시켰다. 이 학습 모델에서는 학생들이 교과 과정을 동영상으로 학습하고 교사는 정보 전달자가 아닌 학습 조력자 역할을 한다.

2 Alan D. Wolfelt, *Creating Meaningful Funeral Ceremonies* (Fort Collins, CO: Companion Press),

1. 퓨너럴닷컴Funeral.com에서 2010년에
실시한 설문조사에 따르면 응답자 중 31
퍼센트가 자신이 죽으면 절대 장례식을
치르지 않으면 좋겠다고 답했다. 울펠트는
콜로라도 주 포트콜린스에 본부를 둔
상실과 삶의 전환기 센터Center for Loss and Life
Transition를 운영한다. 그는 진짜 장례식의
목적에 대해 폭넓게 글을 썼다. 그는
우리가 장례식의 여러 목적을 잊었다고
생각하며 점점 더 많은 사람들이 기존의 "
전통적인" 장례식보다는 "삶을 기념하는"
장례식을 원하는 흐름에 우려를 표명했다.
"우리는 기념하며 추도하는 것과 먹고
마시면서 기념하는 것을 혼동하는 것
같습니다. 그리고 안타깝게도 이런 혼동이
장례식에서도 나타나고 있습니다."

3 이 지역 정의 센터는 전 세계의 사법
체계를 개혁하고자 하는 비영리 단체인
법정 혁신 센터Center for Court Innovation와 뉴욕 주
사법당국의 협업으로 탄생했다.

4 "Alex Calabrese, Judge, Red
Hook Community Justice
Center: Interview," accessed
October 17, 2017, https://www.
courtinnovation.org/publications/
alex-calabrese-judge-red-hook-
community-justice-center-0.

5 Jim Dwyer, "A Court Keeps People
Out of Rikers While Remaining
Tough," *New York Times*, June
11, 2015, https://www.nytimes.
com/2015/06/12/nyregion/a-court-
keeps-people-out-of-rikers-while-
remaining-tough.html?_r=0.

6 Alex Calabrese in *Red Hook
Justice*, 5:16.

7 Cynthia G. Lee, Fred L. Cheesman
II, David Rottman, Rachel
Swaner, Suvi Hynynen Lambson,
Michael Rempel, and Ric Curtis,

*A Community Court Grows in
Brooklyn: A Comprehensive
Evaluation of the Red Hook
Community Justice Center*
(Williamsburg, VA: National Center
for State Courts, 2013), accessed
November 15, 2017, https://
www.courtinnovation.org/sites/
default/files/documents/RH%20
Evaluation%20Final%20Report.pdf.

8 Alex Calabrese in *Red Hook
Justice*, 7:18.

9 다음을 참고하라. Mitali Saran, "I
Take This Man/ Woman with a
Pinch of Salt," *Business Standard*,
December 6, 2014, http://www.
business-standard.com/article/
opinion/mitali-saran-i-take-this-
man-woman-with-a-pinch-of-
salt-114120600014_1.html; Sejal
Kapadia Pocha, "From Sexist
Traditions to Mammoth Costs, Why
It's Time We Modernised Asian
Wedding Ceremonies," Stylist.
co.uk, June 23, 2015, https://www.
stylist.co.uk/life/bride-groom-
cost-traditions-why-it-s-time-
asian-indian-weddings-changed-
modernised/60667; Jui Mukherjee,
"Mom and Dad, You're Not Invited
to My Wedding," *India Opines*,
November 13, 2014, http://
indiaopines.com/sexist-indian-
wedding-rituals/.

10 Kyle Massey, "The Old Page 1
Meeting, R.I.P.: Up-dating a Times
Tradition for the Digital Age,"
New York Times, May 12, 2015,
https://www.nytimes.com/times-
insider/2015/05/12/the-old-page-
1-meeting-r-i-p-updating-a-times-

tradition-for-the-digital-age/?_r=1.

11 A. G. Sulzberger, *The Innovation Report* (New York: *New York Times*, March 2014), http://www.niemanlab.org/2014/05/the-leaked-new-york-times-innovation-report-is-one-of-the-key-documents-of-this-media-age/.

12 Massey, "The Old Page 1 Meeting."

2장
목적에 맞춰서 버려라

1 Barack Obama, *Dreams from My Father* (New York: Crown, 2004), 337.

2 Heather Hansman, "College Students Are Living Rent-Free in a Cleveland Retirement Home," Smithsonian.com, October 16, 2015, https://www.smithsonianmag.com/innovation/college-students-are-living-rent-free-in-cleveland-retirement-home-180956930/.

3 Hansman, "College Students."

4 Carey Reed, "Dutch Nursing Home Offers Rent-Free Housing to Students," *PBS News Hour*, April 5, 2015, https://www.pbs.org/newshour/world/dutch-retirement-home-offers-rent-free-housing-students-one-condition.

5 "Music Students Living at Cleveland Retirement Home," YouTube video, 3:09, posted by "The National," November 9, 2015, https://www.youtube.com/

watch?v=hW2KNGgRNX8.

6 "Music Students Living at Cleveland Retirement Home," YouTube video.

7 Daniel Parvin in "Music Students Living at Cleveland Retirement Home," YouTube video.

8 Colin Cowherd, *The Thundering Herd with Colin Cowherd*, Podcast audio, June 4, 2015, 25:08, bit.ly/1IgyxQf.

9 Nikhil Deogun, Dennis K. Berman, and Kevin Delaney, "Alcatel Nears Deal to Acquire Lucent for About $23.5 Billion in Stock," *Wall Street Journal*, May 29, 2001, https://www.wsj.com/articles/SB991078731679373566.

10 Eric Pfanner and *International Herald Tribune*, "Failure of Alcatel-Lucent Merger Talks Is Laid to National Sensitivity in the U.S.: Of Pride and Prejudices," *New York Times*, May 31, 2001, http://www.nytimes.com/2001/05/31/news/failure-of-alcatellucent-merger-talks-is-laid-to-national-sensitivity.html.

11 "Alcatel-Lucent Merger Is Off," *BBC News*, May 30, 2001, http://news.bbc.co.uk/2/hi/business/1358535.stm.

12 Vikas Bajaj, "Merger Deal Is Reached with Lucent and Alcatel," *New York Times*, April 3, 2006, http://www.nytimes.com/2006/04/03/business/merger-deal-is-reached-with-lucent-and-alcatel.html.

13 Patrick Leigh Fermor, *Mani: Travels in the Southern Peloponnese* (New York: NYRB Classics, 1958), 31.

14 Richard B. Woodward, "Patrick Leigh Fermor, Travel Writer, Dies at 96," *New York Times*, June 11, 2011, http://www.nytimes. com/2011/06/11/books/patrick-leigh-fermor-travel-writer-dies-at-96.html.

15 "Ed Cooke—Memory Techniques for Learning," *The Conference,* August 19, 2014, http://videos. theconference.se/ed-cooke-memory-techniques-for-learning.

16 Maxwell Ryan, "Party Architecture: #1—Density," *Apartment Therapy*, December 15, 2008, https://www. apartmenttherapy.com/party-architecture-density-how-to-plan-a-party-5359.

3장
태평한 회주가 되지 말자

1 늑대인간 게임은 마피아 게임이라고도 한다. 모스크바 대학교 심리학과 교수인 드미트리 다비도프가 냉전시대에 개발한 이 집단 심리 게임은 밤새 지속되는 첨단기술 콘퍼런스에서 인기를 끌은 뒤 미국과 유럽 전역으로 퍼져 나갔다. 다음을 참조하라. Margaret Robertson, "Werewolf: How a Parlour Game Became a Tech Phenomenon," *Wired UK*, February 4, 2010, http://www.wired.co.uk/article/werewolf.

2 Alana Massey, "Against Chill," *Medium*, April 1, 2015, https:// medium.com/matter/against-chill-930dfb60a577.

3 Chris Anderson, *TED Talks: The Official TED Guide to Public Speaking* (New York: Houghton Mifflin Harcourt, 2016), 190.

4 Jessica P. Ogilvie, "Amy Schumer's Irvine Set Disrupted by Lady Heckler," *Los Angeles Magazine*, October 12, 2015, http://www. lamag.com/culturefiles/amy-schumers-irvine-set-disrupted-by-lady-heckler/.

5 Alamo Drafthouse, "Don't Talk PSA," YouTube video, 1:46, posted June 2011, https://www.youtube. com/watch?v=1L3eeC2lJZs.

6 Tim League, "Alamo Drafthouse: Them's the Rules," CNN.com, June 10, 2011, http://www. cnn.com/2011/SHOWBIZ/ Movies/06/10/alamo.drafthouse. league/index.html.

7 Lucia Stanton, *Spring Dinner at Monticello, April 13, 1986, in Memory of Thomas Jefferson* (Charlottesville, VA: Thomas Jefferson Memorial Foundation), 1–9.

8 Stanton, *Spring Dinner at Monticello.*

9 "Text from President's speech, Q&A at Benedict College," WYFF4. COM, March 6, 2015, http:// www.wyff4.com/article/text-from-president-s-speech-q-a-at-benedict-college/7013346.

10 "Remarks by the President at a

Town Hall on Manufacturing," Office of the Press Secretary, the White House, published October 3, 2014, https://obamawhitehouse. archives.gov/the-press-office/2014/10/03/remarks-president-town-hall-manufacturing.

11 2014년 연말 회견에서 오바마 대통령은 여기서 한 발 더 나아가 오직 여성 기자에게만 질문을 받았다. 다음을 참조하라. Kathleen Hennessey, "Obama Takes Questions Only from Women, Apparently a White House First," *Los Angeles Times*, December 19, 2014, http://beta.latimes.com/nation/politics/politicsnow/la-pn-obama-reporters-women-20141219-story. html.

12 Deborah Davis, *Party of the Century: The Fabulous Story of Truman Capote and His Black and White Ball* (New York: Wiley, 2006).

13 Guy Trebay, "50 Years Ago, Truman Capote Hosted the Best Party Ever," *New York Times*, November 21, 2016, https://www. nytimes.com/2016/11/21/fashion/black-and-white-ball-anniversary-truman-capote.html.

4장

유일무이한 대안 세계 창조하기

1 Kat Trofimova, "Ways to Spice Up Your Next Dinner Party,"

SheKnows.com, December 2, 2013, http://www.sheknows.com/food-and-recipes/articles/1064647/ways-to-spice-up-a-dinner-party.

2 "5 Ways to Spice Up Your Office Party," Evite.com, retrieved August 26, 2017, https://webcache.google-usercontent.com/search?q=cache:4Z5QBG-pOjcJ:https://ideas.evite.com/planning/5-ways-to-spice-up-your-office-party/+&cd=1&hl=en&ct=cln k&gl=us&client=safari.

3 Sophia Lucero, "Holding a Conference? Spice It Up with These Geeky Ideas," Wisdump. com, January 21, 2011, https://www.wisdump.com/web-experience/geeky-conference-ideas/.

4 Eric Gallagher, "Twelve Ways to Spice Up Your Next Youth Group Breakfast," *Catholic Youth Ministry Hub*, March 23, 2011, https://cymhub.com/twelve-ways-to-spice-up-your-next-youth-group-breakfast/.

5 "How to Plan a Jeffersonian Dinner," The Generosity Network, accessed August 25, 2017, http://www.thegenerosi-tynetwork.com/resources/jeffersonian-dinners.

6 "Junior Cotillion: 5th–8th Grade," National League of Junior Cotillions, accessed August 30, 2017, http://nljc.com/programs/junior-cotillion-5th-8th-grade/.

7 Philip Dormer Stanhope, *Letters to His Son on the Fine Art of*

Becoming a Man of the World and a Gentleman (Toronto: M. W. Dunne, 1901), 302.

8 "History," National League of Junior Cotillions, accessed August 30, 2017, http://nljc.com/about/history/.

9 "History," National League of Junior Cotillions.

10 엄밀히 말해 지역 당국의 허락을 받고 운영하는 디네앙블랑은 전형적인 플래시몹이라고 할 수 없다는 지적을 받았다.

11 이 규칙은 아주 뜨거운 논쟁을 불러일으켰으며 도쿄 디네앙블랑은 이 규칙을 따르지 않기로 했다. 도쿄 디네앙블랑의 저작권 사용권자인 이시하라 쿠미는 "예를 들어 도쿄에서는 동성 커플인 경우(반드시 동성애 커플만을 가리키는 게 아니라 그저 동성 친구가 더 편해서 동성과 함께 파티에 참석하는 사람들도 포함된다)에는 이 규칙이 적용되지 않습니다."라고 설명했다.

12 Dîner en Blanc, "Dîner en Blanc 2015 Official Video," YouTube video, posted on October 15, 2015, https://www.youtube.com/watch?v=x4Er5bWJeY8.

13 성별에 따른 분리 배석 규칙은 이 모임의 규칙 중에서도 특히 논란의 여지가 있다. 도쿄 디네앙블랑은 일본 문화에 맞지 않는다는 이유를 들어 프랑스 본부로부터 이 규칙을 따르지 않아도 된다는 허락을 받았으므로 동반자의 성별에 제한이 없다.

14 Walter Lim, "The Dîner en Blanc Debacle," Cooler Insights, August 25, 2012, http://coolerinsights.com/2012/08/the-diner-en-blanc-debacle/.

15 Rendall, August 25, 2012, comment on "SINGAPORE TAU HUAY TOO LOW CLASS FOR FRENCH UPSCALE EVENT DINER EN BLANC?!" *Moonberry Blog*, August 24, 2012, http://blog.moonberry.com/singapore-tau-huay-too-low-class-for-french-upscale-event/.

16 Allison Baker, "Why I'm Not Going to Dîner en Blanc," *Nuts to Soup* (blog), July 28, 2012, https://nutstosoup.wordpress.com/2012/07/28/why-im-not-going-to-diner-en-blanc/.

17 Maura Judkis, "Why Do People Hate Dîner en Blanc? The Word 'Pretentious' Keeps Coming Up," *The Washington Post*, August 26, 2016, https://www.washingtonpost.com/lifestyle/food/why-do-people-hate-diner-en-blanc-the-word-pretentious-keeps-coming-up/2016/08/24/3639f2c6-6629-11e6-be4e-23fc44d4d12b4_story.html?utm_term=.458b82f6d226.

18 Kevin Allman, "Le Dîner en Blanc: *The Great Doucheby*," *Gambit*, April 4, 2013, https://www.bestofneworleans.com/blogofneworleans/archives/2013/04/04/le-diner-en-blanc-the-great-doucheby.

19 Sabrina Maddeaux, "Toronto's Most Stupidly Snobbish Food-Meets-Fashion Event Returns," *Now Toronto*, August 5, 2015, https://nowtoronto.com/lifestyle/t/.

20 Alexandra Gill, "Dîner en Blanc

Is Overrated. Try Ce Soir Noir, Vancouver's Playful Alternative," *Globe and Mail*, August 26, 2016, https://www.theglobeandmail.com/news/british-columbia/ce-soir-noir-vancouvers-playful-subsititute-for-diner-en-blanc/article31585611/.

21 Jennifer Picht, "This Is What Happens When You Go to Dîner en Blanc in NYC," *Time Out*, September 16, 2016, https://www.timeout.com/newyork/blog/this-is-what-happens-when-you-go-to-diner-en-blanc-in-nyc-091616.

22 Shane Harris, "D.C.'s Snobbery-Free 'Diner en Blanc' Showed Washington at Its Partying Best," *Daily Beast*, August 31, 2015, https://www.thedailybeast.com/dcs-snobbery-free-diner-en-blanc-showed-washington-at-its-partying-best.

23 "2017 Global Mobile Consumer Survey: US Edition," Deloitte Development LLC. https://www2.deloitte.com/content/dam/Deloitte/us/Documents/technology-media-telecommunications/us-tmt-2017-global-mobile-consumer-survey-executive-summary.pdf.

24 Bianca Bosker, "The Binge Breaker," *Atlantic*, November 2016, https://www.theatlantic.com/magazine/archive/2016/11/the-binge-breaker/501122/?utm_source=atltw.

25 "A Brief User's Guide to Open Space Technology,"

Open Space World, accessed November 30, 2017, http://www.openspaceworld.com/users_guide.htm.

26 "Opening Space for Emerging Order," Open Space World, accessed November 30, 2017, http://www.openspaceworld.com/brief_history.htm.

5장
모임을 공지사항으로 시작하지 말자

1 "Party-Planning Guide," Martha Stewart.com, accessed August 30, 2017, https://www.marthastewart.com/275412/party-planning-guide.

2 Rashelle Isip, "The 10 Lists You Need to Make to Plan a Great Party or Event," Lifehack, accessed August 30, 2017, http://www.lifehack.org/articles/lifestyle/the-10-lists-you-need-make-plan-great-party-event.html.

3 David Colman, "Mystery Worker," *New York Times*, April 29, 2011, http://www.nytimes.com/2011/05/01/fashion/01POSSESSED.html.

4 Brooks Barnes, "'*Star Wars: The Force Awakens*' Has World Premiere, No Expense Spared," *New York Times*, December 15, 2015, https://www.nytimes.com/2015/12/16/business/media/star-wars-the-force-awakens-premiere.html?_r=0.

5 "All of us have anti-bucket lists"
Sarah Lyall, "Starring Me! A Surreal
Dive into Immersive Theater,"
New York Times, January 7,
2016, https://www.nytimes.
com/2016/01/08/theater/starring-
me-a-surreal-dive-into-immersive-
theater.html.

6 "Conceptual Art," *MoMA
Learning*, accessed September 12,
2017, https://www.moma.org/
learn/moma_learning/themes/
conceptual-art/performance-into-
art.

7 Jacob Slattery, "Hypnotic
Wonderment: Marina Abramović
and Igor Levit's *Goldberg
Variations* at Park Avenue
Armory," *Bachtrack*, December
10, 2015, https://bachtrack.com/
review-goldberg-variations-
abramovic-levit-park-avenue-
armory-new-york-december-2015.

8 Neal Hartmann, "Community
Strategy and Structure; Persuasion
and Ethics," MIT Sloan School of
Management, September 10, 2013.
다음도 참조하라. Daniel Kahneman
studies.

9 Micah Sifry, "[#PDF15 Theme]
Imagine All the People: The Future
of Civic Tech," *TechPresident*,
March 17, 2015, http://
techpresident.com/news/25488/
pdf15-theme-imagine-all-people-
future-civic-tech.

10 "Tough Mudder Facts & Trivia,"
Tough Mudder, accessed
November 27, 2017, https://
mudder-guide.com/guide/tough-
mudder-facts-and-trivia/#pledge.

11 Dan Schawbel, "Will Dean:
How to Build a Tribe Around
Your Business," Forbes.com,
September 12, 2017, https://
www.forbes.com/sites/
danschawbel/2017/09/12/will-
dean-how-to-build-a-tribe-around-
your-business/#1e9757224005.

12 Chris Gardner, "'I Love Dick'
Cast Inherits 'Transparent's'
Emotional Exercise," *Hollywood
Reporter*, May 4, 2017, https://
www.hollywoodreporter.com/
rambling-reporter/i-love-dick-cast-
inherits-transparents-emotional-
exercise-997344.

13 Gardner, "'I Love Dick' Cast."

14 Gardner, "'I Love Dick' Cast."

15 Kelly Schremph, "The Unexpected
Way 'Transparent' and Jill Soloway
Are Changing How Great TV Is
Made," Bustle.com, September 23,
2016, https://www.bustle.com/
articles/184353-the-unexpected-
way-transparent-jill-soloway-are-
changing-how-great-tv-is-made.

16 Schremph, "The Unexpected
Way."

17 Jason McBride, "Jill Soloway's
New Family," Vulture.com, July
25, 2016, http://www.vulture.
com/2016/07/jill-soloway-i-love-
dick-c-v-r.html.

18 "Atul Guwande's 'Checklist' for
Surgery Success," Steve Inskeep,
Morning Edition, National Public
Radio, accessed November 2017,
https://www.npr.org/templates/

story/story.php?storyId=122226184.

19 "How Spark Camp Came About,"
Spark Camp, accessed August
30, 2017, http://sparkcamp.com/
about/.

6장
"내 모임에서는 여러분의 진짜 모습을 보여 주세요"

1 "1,500 World Leaders, Pioneers
and Experts Volunteer to Tackle
Global Challenges," World
Economic Forum, accessed
September 25, 2017, https://www.
weforum.org/press/2014/09/1500-
world-leaders-pioneers-and-
experts-volunteer-to-tackle-global-
challenges/.

2 Lynda Gratton, "Global Agenda
Council on New Models of
Leadership," World Economic
Forum, 2012, http://reports.
weforum.org/global-agenda-
council-on-new-models-of-
leadership/.

3 Brené Brown, *Daring Greatly:
How the Courage to Be
Vulnerable Transforms the Way
We Live, Love, Parent, and Lead*
(New York: Gotham Books, 2012), 2.

4 Bill George, "Coping with
Crucibles," *Huffington Post,*
September 1, 2015, https://www.
huffingtonpost.com/bill-george/
coping-with-crucibles_b_8071678.
html.

5 "Party Puts Conversation on the
Menu," BBC, August 22, 2009,
http://news.bbc.co.uk/2/hi/uk_
news/england/london/8215738.
stm.

7장
변화를 일으키는 모임은 논쟁을 두려워하지 않는다

1 James Anderson and Benjamin
Franklin, "The Constitutions
of the Free-Masons (1734): An
Online Electronic Edition,"
edited by Paul Royster, Faculty
Publications, University of
Nebraska—Lincoln Libraries, 25,
http://digitalcommons.unl.edu/cgi/
viewcontent.cgi?article=1028&cont
ext=libraryscience.

2 Thomas Edie Hill, *Hill's Manual
of Social and Business Forms: A
Guide to Correct Writing,* (Chicago:
Standard Book Co., 1883), 153.

3 Emily Post, *Etiquette: In Society,
in Business, in Politics and at
Home* (New York: Funk & Wagnalls
Company, 1922), 55.

4 Anne Brown, August 11, 2015,
answer on the question, "Why is
it considered rude to discuss sex,
politics, and religion?," Quora,
https://www.quora.com/Why-is-
it-considered-rude-to-discuss-sex-
politics-and-religion?share=1.

5 Kelly Heyboer, "Condoleezza
Rice Pulls Out of Giving Rutgers
Commencement Speech," NJ.com,

May 3, 2014, http://www.nj.com/
education/2014/05/condoleezza_
rice_pulls_out_of_giving_rutgers_
commencement_speech.html.

6 Alexandra Sifferlin, "IMF Chief
Withdraws as Commencement
Speaker," Time.com, May 12,
2014, http://time.com/96501/imf-
chief-withdraws-as-smith-college-
commencement-speaker/.

7 White House Remarks by the
First Lady at Oberlin College
Commencement Address,
2015, accessed November
30, 2017, available at https://
obamawhitehouse.archives.gov/
the-press-office/2015/05/25/
remarks-first-lady-oberlin-college-
commencement-address.

8 Peter Beinart, "A Violent Attack
on Free Speech at Middlebury,"
Atlantic, March 6, 2017, https://
www.theatlantic.com/politics/
archive/2017/03/middlebury-free-
speech-violence/518667/.

9 "You're Invited to
DOSOMETHING.ORG's 2016
Annual Meeting," https://www.
dosomething.org, accessed
September 20, 2017, https://
dsannualmeeting2016.splashthat.
com.

10 Thomas Morton, "Takanakuy,"
Vice, March 12, 2012, https://
www.vice.com/sv/article/avnexa/
takanakuy-part-1.

11 Ben C. Solomon, "Musangwe
Fight Club: A Vicious Venda
Tradition," *New York Times*,

February 26, 2016, https://www.
nytimes.com/2016/02/27/sports/
musangwe-fight-club-a-vicious-
venda-tradition.html.

8장
모든 것에는 끝이 있다

1 행동심리학자 데이비드 카너먼은
"기억하는 자아"와 "경험하는 자아"에
대해 많은 글을 쓰고 강연을 했다. 2010년
TED 강연에서는 대장내시경 수술을 받은
두 환자의 경험이 어떻게 달라지는지를
예로 들어 설명했다. 수술 시간이 더
길었던(따라서 수술후통증도 더 오래 지속된)
환자는 수술 시간이 더 짧았던 환자보다
자신의 수술에 더 높은 만족도를 보였다.
수술의 마무리가 만족스러웠기 때문이었다.
"이야기를 규정하는 것은 변화, 결정적인
순간들, 그리고 끝입니다. 특히 끝이
아주아주 중요합니다."라고 그는 말한다.
다음을 참조하라. https://www.ted.
com/talks/daniel_kahneman_
the_riddle_of_experience_vs_
memory?language=de#t-383109.
다음 논문도 참조하라. Daniel
Kahneman, Barbara L. Fredrickson,
Charles A. Schreiber, and Donald
A. Redelmeier, "When More Pain
Is Preferred to Less: Adding a
Better End," *Psychological Science*
4, no. 6 (November 1993): 401–5.

2 "New Funeralwise.com Survey
Shows Contrasting Funeral
Choices," Funeralwise, December
8, 2010, https://www.funeralwise.
com/about/press-releases/funeral-
choices-survey/.

3   Courtney Rubin, "Queen Elizabeth's Party Planner Is Proud to Wear $35 Shoes," *New York Times*, April 23, 2016, https://www.nytimes.com/2016/04/24/style/queen-party-planner-lady-elizabeth-anson.html.

4   평화의 씨앗은 다른 프로그램과 마찬가지로 점점 진화했다. 그래서 현재는 미국과 영국 출신 십 대들도 여름학교 학생으로 받아들이고 있다. 또한 미국 십 대들만을 위한 2주 반짜리 여름학교도 운영하고 있으며 학생들이 속한 공동체의 교사들도 초대해 어른들도 참여하는 대화의 자리도 마련하고 있다. 홈페이지 https://www.seedsofpeace.org.

모임을 예술로 만드는 법

2019년 9월 19일 초판 1쇄 발행
2024년 5월 10일 초판 2쇄 발행

지은이   프리야 파커
옮긴이   방진이
펴낸이   류지호
편집   이기선, 김희중, 곽명진
디자인   김효정
펴낸 곳   원더박스 (03169) 서울시 종로구 사직로10길 17, 301호
            대표전화 02-720-1202 팩시밀리 0303-3448-1202
            출판등록 제2022-000212호(2012. 6. 27.)

ISBN 978-89-98602-99-4 (03320)